第四消费时代

第四の消費

[日]三浦展 著

马奈 译

人民东方出版传媒
People's Oriental Publishing & Media
東方出版社
The Oriental Press

图字：01-2014-5710 号

DAIYON NO SHOUHI
by Miura Atsushi

图书在版编目（CIP）数据

第四消费时代／（日）三浦展 著；马奈 译. —修订本. —北京：东方出版社，2022.5
ISBN 978-7-5207-2139-4

Ⅰ.①第… Ⅱ.①三… ②马… Ⅲ.①消费经济学 Ⅳ.①F014.5

中国版本图书馆 CIP 数据核字（2021）第 072464 号

第四消费时代
（DI-SI XIAOFEI SHIDAI）

作　　者：（日）三浦展
译　　者：马　奈
责任编辑：袁　园
出　　版：东方出版社
发　　行：人民东方出版传媒有限公司
地　　址：北京市东城区朝阳门内大街 166 号
邮　　编：100010
印　　刷：北京文昌阁彩色印刷有限责任公司
版　　次：2022 年 5 月第 1 版
印　　次：2024 年 10 月第 12 次印刷
开　　本：880 毫米×1230 毫米　1/32
印　　张：9.875
字　　数：200 千字
书　　号：ISBN 978-7-5207-2139-4
定　　价：65.00 元
发行电话：（010）85924663　85924644　85924641

序 言

除了物质以外什么才能让人变得幸福?

到 2022 年我走入社会已经整整四十年了,四十年里我一直在研究消费社会。本书将基于我的个人经验,概观日本消费社会,并在此基础上,进一步论述最新的消费社会状况,这也是本书最希望达成的目标。

我出生于 1958 年,就在这一年,东京塔建成,斯巴鲁 360、本田轻骑 Super Cub、日清方便面也是从这一年开始销售的。可以说我正是出生于日本经济高速增长的黎明时期。中学三年级时,石油危机到来,也是从那个时候开始,我就没再长高了,好像我身体的成长与日本经济的发展是同步进行的一样。

20 世纪 80 年代是泡沫经济的时代,也被称作高度消费社会,西武流通集团被视为 80 年代消费文化的象征,这一时期我进入该集团旗下 PARCO 工作,作为一名年轻的职员参与到市场杂志《穿越》的编辑工作中。我个人的成长历史与战后日本的消费社会史是分不开的,所以我认为,从我的视角以及经历来探讨消费社会的历史和将来是具有一定意义的。当然由于我在西武流通集团和 PARCO 工作过，可能会有些先入为主，而当时的西武流通集团、PARCO 都是引领新时代消费的企业，所以倒不如说那些先入之见反而有助于将时代特征清晰化。

出乎意料的是，论述消费这件事还是很不容易的，因为很少有资料会详细论述这样的问题——某一商品由于何种理由被生产出来，又是什么样的人群在什么样的时代洪流中购买了这个商品，从而导致这种商品畅销的。

实际上，发售商品需要经历相当复杂的过程，除了分析各种时代背景，考察销售对象的人口特征、爱好，还需要分析亲子关系、夫妻关系的变化，家庭收入所得的变化，以及生活追求和价值观的改变等，往往是进行了无数的分析之后，商品才开始发售。但是这些资料并不是谁都能看得到的，所以即使了解自己公司商品的情况，也无法了解其他公司或其他领域的商品情况。

消费者虽然在日常生活中会购买商品，但其消费也是随着时代的改变而变化的。有时候自己的价值观或爱好产生变化，自己都意识不到。这种变化的背景里，有年龄因素，也有社会因素。未婚或已婚、亲子关系、夫妻关系、收入，等等，每个人身上都有数不清的因素在起作用，这些因素综合到一起所表现出的结果，就是购买了某个商品或不购买某商品的行为。

虽然每个人都要消费，但消费只是每个人行为的一部分。所以如果要分析一个人的消费行为，就有必要了解这个人的全部情况。要了解一个人的全部，就不能不知道这个人所处的社会和城市，同时也必须把握社会和城市的变迁过程。因此，我尽量从各角度对消费和消费社会进行广泛的研究。

关于消费社会，可以说没有哪本书是足够全面的，没有人能说自己读了某一本书之后，就能完全了解从过去到现在消费趋势的变化、消费社会的变迁的。

这样一来，向生活在消费社会中的有经验的人进行咨询，就成了一种省事的方法，我认为我算得上是个有经验的人。这里的经验不是指生产某种特定商品的经验，而是编辑与市场相关的杂志、对许多企业进行市场调查、多角度地分析消费与社会的关系的经验，本书就是基于我三十年的经验而完成的。

最后，消费社会已进入第四阶段具体是什么意思，本书中将会有详细介绍。我进入 PARCO 工作之时，是消费社会第三阶段的开端。特别是 PARCO，以及 PARCO 所属的西武流通集团，担负起了推动第三消费社会进步的作用。所以我清晰地看到了第三消费社会的结束。简而言之，也就是“购物使人幸福”时代的终结。

我觉得这个“终结”是从 20 世纪 90 年代末期开始出现的。在随之而来的时代里，人们更多的是，询问除了物质以外什么才能让人变得幸福，这就是第四消费社会。1999 年，我选择了辞职，正是为研究第四消费社会才离开了公司。

中文版序言一
浅析各国消费社会演进历程

我的基本观点是，把消费社会分为四个阶段是日本独有的情况。进入第二消费社会，即大量生产、大量消费的本来只有欧美国家、日本和韩国，近年来中国等新兴国家也进入了这一阶段，或者说逐渐进入。这些国家可能并没有经历第一消费社会，而是突然跃进了第二消费社会。

相比之下，我认为德国与日本很相似。20 世纪初期德国不断推进城市的现代化，写字楼、电影院、剧院如雨后春笋，从第一消费社会到战后的第二消费社会的发展与日本有很多相似之处。不过，虽然我不清楚德国是否存在第三消费社会，却可以肯定并没有出现类似日本之后的消费社会的发展方式。

美国是日本的消费社会的典范，因此，比日本提早 30 年左右进入第一、第二消费社会。美国早在 1908 年就发售了 T 型福特，进入了大量生产、大量消费的时代。

我认为美国在 20 世纪 50 年代很接近第三消费社会。因为那时高中生就开着汽车到处兜风，家中充斥着不少并非生活必需品的东西。

此外，20 世纪 60 年代末到 70 年代初，反越战运动等反主流文化在美国如星火燎原之势，出现了与第四消费社会相似的情况。简单朴素的生活、生态、禅、DIY 等价值观普及开来，这些都和现代日本大同小异。更确切地说，日本的第四消费社会的源头正存在于这个时期的美国，特别是年轻人文化之中。

但是，每个国家都有自己本来的历史源流，这些源流并不是一条直线，所以并非每个国家的消费社会都经历了四个阶段的发展。即使有相似之处，也不清楚是否都以 30 年为单位发展的。毫无疑问，把日本的消费社会分为四个阶段也只是一种假设。

虽然如此，这个假设却被大多数日本人，特别是年轻一代所接受。可以肯定的是，日本正在逐渐进入新时代。

中文版序言二
后疫情时代的消费社会

本书的主题是今后日本的消费方向。笔者将 2005 年至 2034 年定义为第四消费时代，如今已然过了拐点，也意味着第四消费时代基本定型。与此同时，第五消费社会出现萌芽。时下正值新冠肺炎疫情蔓延之际，也对消费造成了重大影响。新冠肺炎疫情是否会成为催生第五消费社会的契机还是一个未知数，但似乎带来了一定程度的影响。

新冠肺炎疫情凸显贫富差距

在日本，新冠肺炎疫情使人们意识到的最大问题就是“贫富差距”。有人因为不是正式员工而遭到解雇，有人在“外出自肃”（自觉减少外出）期间收入或营业额下降，这些人与高枕无忧的公务员形成了鲜明对比。越是低收入者，越难从事居家办公的工作，这种倾向是日本的一大问题。

简而言之，以新冠肺炎疫情为节点，日本人明显分化为三个层次：

骤然跌落中产阶层，惶惶不可终日的人；

虽然保住了工作，但收入缩水，内心不安，不敢消费的人；

不管发生什么都不担心，能够继续保持中产以上生活水平的人。

与此同时，自杀的人在不断增多。2020 年日本自杀者数量同比增加 750 人（增幅 3.7%），达到 20919 人（简报值）。在此之前，自杀者数量连续 10 年下降，这是自 2009 年雷曼兄弟破产以来首次由降转升。其中，女性和青少年自杀人数的增多引人瞩目，这大概是因为新冠肺炎疫情蔓延滋长，人们不便外出，生活环境发生巨大变化。

新冠肺炎疫情冲击服务消费

新冠肺炎疫情对消费带来的最大影响是以外出就餐为主的服务消费萎缩了，因为外出就餐避免不了人与人之间面对面的服务。

自 20 世纪 80 年代中期开始，日本开始出现由实物消费转向服务消费的趋势，但是由于泡沫经济的扩张，实物消费达到了最高潮，而服务消费的趋势戛然而止。

随着泡沫经济的破裂，越来越多的大企业倒闭，但是从 20 世纪 90 年代后期开始，服务消费的潮流却再次兴起。在后泡沫时代，东西卖不动了，但是因为人们需要一日三餐，所以即便销售实物的商店减少，餐饮店以及提供各种服务的店铺却增多了，服务消费呈现不断扩大的趋势。

商业街上的床上用品店、烟酒店、米店、日用品店等逐渐消亡，取而代之的是居酒屋、咖啡馆、推拿店、便利店等。日本的便利店虽然销售实物商品，但同时提供多种服务，其价值并不在于卖东西这种行为本身，而是在于提供 24 小时营业的服务，因此日本的便利店可以归入服务业。

此外，人们听音乐不用再去买 CD，而是直接从网上下载，然而演唱会的市场规模在 10 年间扩大了 2.5 倍，现场演出行业整体增长了 1.8 倍。这正是服务消费发展的结果。

在第四消费社会，年轻人逐渐在共享住房、共享办公室等人与人交流的空间中发现价值，或者跑到小酒馆、澡堂子、胡同小巷里感受类似于昭和时代的人际关系的魅力。

然而新冠肺炎疫情直接冲击了上述人们聚集、对话、交流的场所，这对于提出“第四消费时代”的笔者来说也是一个巨大的打击。笔者一直强调人们自发地聚集交流、相互联系、相互理解的场所的重要性，但疫情的突然暴发令笔者困惑不已。

与实物消费相比，服务消费的阶层差距更大

新冠肺炎疫情是一个重大节点，然而即便没有新冠病毒，在日本这样的超级老龄化社会，护理消费也会持续增长，笔者 20 年前就在拙作《今后 10 年“团块世代”1400 万人将成为核心市场》中提到了这一点，因为以抵御风险为目的的预防性消费前景广阔。

疾病是最常见的风险，所以与健康相关的消费是护理消费的主体。由此可见，今后旨在保护健康的预防性消费与健康受损时的治疗性消费都会大幅增加。前者指的是维持并促进健康的食品、保健品、体育运动、瑜伽等活动以及必要的运动器材、消除疲劳的推拿按摩等消费；后者指的是医药品、医疗器械、医疗服务等消费。政府希望延长居民的寿命，因此会鼓励消费者积极投入预防性消费。

但是，富裕的人负担得起预防性消费，经济条件不好的人却无能为力，他们患病的风险较高，往往把更多的钱花在了治疗性消费上。

实际上，如果我们将单身人群的年收入划分为五档，以此观察他们的消费支出，就会发现年收入最高一档的单身者花在高尔夫球及球具、推拿按摩（除治疗外）、健身月卡及其他体育设施上的钱超出单身人群平均值的 2 倍，他们的整体消费支出达到平均值的 147%，大多数是预防性消费（选择单身人群的数据，是因为与三口之家相比，从单身者入手更容易看出消费最新变化）。

年收入最低一档的单身者花在医药品、口腔、外伤及皮肤病，和保健的消耗品、看护服务上的钱较多，支出金额为单身群体平均值的 85%，他们的整体消费支出为平均值的 63%，治疗性消费占据更大比重。这些都是贫富差距在护理和健康问题上的体现。

低层次需求与高层次需求

从实物消费向护理消费的转变也可以说是从“欲求”（wants）消费到高层次的“需求”（needs）消费的变化。

实物消费在泡沫经济时代到达顶峰，彼时的实物消费被称作欲求消费，因为那是一个花钱买“想要”而不是“必要”的东西的时代。

但是，在后泡沫经济时代，人们开始追求实实在在的东西，掀起了从欲求到需求的“逆流”。今后日本将进入超级老龄化社会，“团块世代”日渐衰老，简单的需求、低层次需求将会减少，旨在满足高层次需求的消费会越来越多。

低层次需求指的是对日常的基础性食品、日用品的需求，例如大米、面包、蔬菜、洗衣液、卫生纸等。高层次需求指的是提高生存和生活质量的需求，简而言之就是保持健康、延长寿命，也可以说是应对高风险的需求。随着超级老龄化社会的到来，人们渴望健康长寿，即便生病（哪怕感染新冠病毒）也能得到快捷的、无痛苦的治疗，并早日康复。

在人口结构年轻化的时代，低层次的需求占据中心地位，而老龄化社会带动了高层次需求的增长。当然，低层次需求并不会消失。今后人们也将分化为三类：

仅仅为满足低层次需求就需要全力以赴工作的人；

如果能力不足，连低层次需求也无法满足的人；

能够满足高层次需求的富裕的人。

市中心——郊区的结构变化

新冠肺炎疫情的蔓延给日本带来的另一大变化是城市结构。大城市圈的人口数量多、密度大，感染风险较高，因此越来越多的人搬到郊区或小城市居住。目前，东京的人口已连续数月净流出。

笔者很早以前就对人口从郊区涌向市中心的趋势提出了疑虑。考虑到大地震、瘟疫等风险因素，笔者一直强调有必要促使人口回归郊区。20—40 岁的青壮年劳动力倾向于住在市中心，近年来，他们的子女也大多选择居住在这里。然而，一旦发生大地震、瘟疫等，这些年轻人就会遭遇集体性的灾难，就会对国家的生存和发展造成重大损失。

此次新冠肺炎疫情的唯一正面作用是推动了居家办公。今后，在位于郊区的家中或共享办公室里上班的形式将快速得到推广。由此，日本郊区的行政机关如果抓住机遇，能够认真研究相关问题并提出建议，将大大促进郊区的发展。比如适宜工作的郊区应该是什么形态，它与市中心应该有何区别，与在市中心居住、上班相比，住在郊区、居家办公还有什么其他优势等。

在日本，越来越多的女性在结婚、生育之后会继续工作，她们晚上也想去繁华的商业街喝酒、逛街，因此有人认为不分男女，都应该居家办公，不能只要求女性下班就回家。

于是，人们开始反思是否应该过多地向市中心集中。男性和女性应该一起回归郊区工作、购物、生活，这种生活方式将在日本迅速普及。笔者认为，不仅仅是日本，全世界都会迎来这一趋势。

我们需要什么样的街区

大多数曾体验过居家办公的人不会再想回到乘坐人满为患的、摇摇晃晃的电车去上班的生活。笔者辞去公司职员的工作已经 20 多年了，现在从事自由职业，笔者就非常讨厌拥挤的电车，出门的时候宁可绕点儿路也不愿坐车。当前，“不用通勤也能工作”的观念深入人心，甚至能否居家办公将成为求职者选择公司的一项标准。

城市中心的租金贵、物价高，居家办公削弱了市中心的优势，甚至能够为日本的家长提供便利条件，满足他们让孩子亲近大自然的愿望。

如果长期居家办公，人们就需要一处场所，那里有绿色的植物，能够呼吸新鲜空气，做一些简单的运动。尤其是在发生地震等紧急状况，需要去公园等开阔场所避险时，人们愈发感受到家里有一个宽敞的庭院的重要性。

在不动产市场上，位于市中心、靠近车站的物业曾经一直很抢手，但是人们正在重新审视郊区的独门独院住宅的价值。

综上所述，今后适宜工作和生活的街区具备以下四点共同之处：

个性：区域内不仅有千篇一律的连锁商店，还有个性鲜明的个人商店；

历史：街区拥有历史气息浓厚的街道和各式各样的传统文化展示，并能将其应用到城市建设中；

文化：有大学、美术馆等；

自然：绿荫浓郁，水景宜人，空气清新。

社区的良好效果

上文提到，新冠肺炎疫情冲击了服务消费。另外，在一些人口回归的郊外住宅区，越来越多的居民在避免“三密”（即密闭、密集、密接，这是2020年日本年度流行词之一——译注）的情况下，互帮互助，社区的力量不断壮大。

市中心的居酒屋、夜总会等“三密”场所的酒局减少了，与此相反，人们利用郊区的空置店铺建起了儿童食堂、家庭食堂、夜间咖啡馆、轻食餐厅等。这些社区商业活动产生于居民自身，也更易于被大众所接受。

笔者已经多次提出这种模式，但它借助新冠肺炎疫情的契机推广开来却完全不是笔者的本意。正所谓“祸兮福之所倚”，能够不断催生好的现象就是好事。

政府发布紧急事态声明后，在市中心，人们交流的空间受到挤压，而郊区的居民互助增多，社区力量得到发展。

正倾向减弱，快倾向加强

我们来看一下个人倾向的变化。自 1973 年起，NHK 广播文化研究所每五年进行一次“日本人意识调查”，将人生观、生活价值观分为以下四个选项供人们选择：

1. 快倾向（着眼当下×关注个人）：自由快乐地度过每一天；

2. 爱倾向（着眼当下×关注社会）：与身边的人安稳地度过每一天；

3. 利倾向（着眼未来×关注个人）：制定可靠的计划，创造富裕的生活；

4. 正倾向（着眼未来×关注社会）：万众一心，把世界变得更美好。

从长期趋势看，近年来，正倾向不断减弱。1973 年初次调查时，正倾向占约 14%，而在 2018 年最近一次的调查中仅占约 4%。尤其是在 20 世纪 80 年代，正倾向的下降最为显著。在号称“高消费社会”的泡沫经济时期，这种现象是可以理解的。

相比之下，快倾向由 1973 年的 21% 逐渐上升至 2018 年的约

26%，爱倾向由 31%大幅攀升至 46%。

一言以蔽之，家庭至上观念深入人心，父母对孩子言传身教，人们越来越重视身边近在咫尺的人（通过智能手机保持联系的人）。

前首相安倍晋三提出了“重建美丽日本”的宏伟目标，他在国会进行的虚假答辩多达 118 次，然而内阁支持率也没有明显下降，这似乎与正倾向的弱化密切相关。

社会倾向减弱，个人倾向加强

社会倾向的衰退从内阁府的“关于社会意识的舆论调查”中也可见一斑。

调查询问受访者同意“必须更加关注国家和社会”（社会倾向）还是“必须更加重视个人生活的充实”（个人倾向），2020 年选择前者的人占 45%，选择后者的人占 41%。

从历年的情况看，1985 年至 2009 年社会倾向大致呈上升趋势，2011 年起开始下降，而个人倾向加强，近年来二者几乎并驾齐驱。从长期来看，回答“不能一概而论”的人减少，个人倾向增强。从年龄段来看，19—29 岁乃至 40 岁左右的人群的个人倾向上升，从 2001 年到 2020 年，年轻一代的个人倾向愈发明显。

由于这种趋势与第四消费社会的价值观相互矛盾，随着个人倾向的强化，新的价值观和生活方式不断出现，它们或许会成为第五消费社会的雏形。

表 0-1　NHK 广播文化研究所“日本人意识调查”

生活目标	简称	1973年	1978年	1983年	1988年	1993年	1998年	2003年	2008年	2013年	2018年
1. 自由快乐地度过每一天	快倾向	21.0	19.9 <	22.4 <	25.0 >	23.0 <	25.1	24.1	24.0	25.6	25.6 <
2. 与身边的人安稳地度过每一天	爱倾向	30.5 <	35.2	35.4 <	38.5	39.7	41.4	41.4 <	45.1	45.0	45.9 <
3. 制定可靠的计划，创造富裕的生活	利倾向	32.5	30.7	31.9 >	28.5	28.6 >	25.5	26.0 >	23.5	22.9	23.5 >
4. 万众一心，把世界变得更美好	正倾向	13.8	12.7 >	9.1 >	6.5	6.6	6.5	6.7	5.6	5.3 >	4.2 >
5. 其他		0.3	0.2	0.2	0.3	0.3	0.2	0.2	0.3	0.2	0.1
6. 不了解或无回答	DK（Do Not Know），NA（No Answer）	2.0 >	1.4	1.0	1.2	1.7	1.2	1.7	1.5	1.0	0.7 >

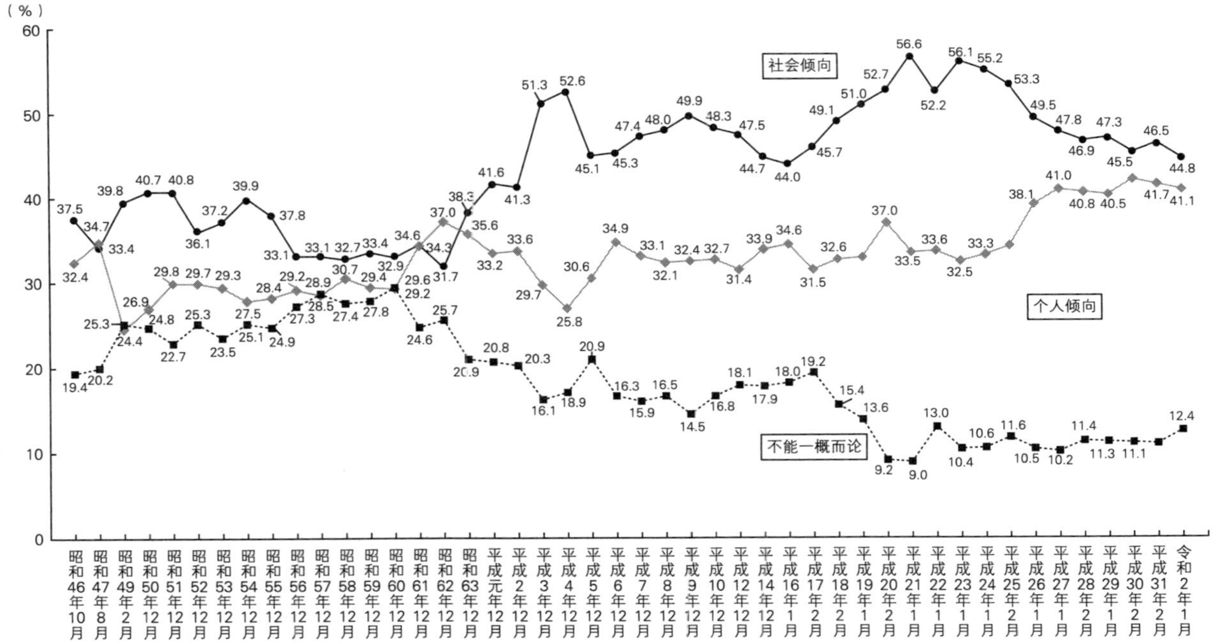

注 1：截至昭和 55 年 12 月的调查，问题均为“对于‘今后国民必须更加关注国家和社会’和‘仍需专注于个人生活的充实’两种意见，您的想法更接近哪一种”。

注 2：截至平成 28 年 2 月的调查，调查对象为 20 岁以上的人。从平成 29 年 1 月的调查开始，调查对象为 18 岁以上的人。

来源：内阁府“关于社会意识的舆论调查”

图 0–1　社会倾向或个人倾向

目　录

第三章

从第三消费社会向第四消费社会的转变

第四章

消费社会的去向

第一章 | 消费社会的四个阶段

> 让具有工作意愿和工作能力的所有国民，充分发挥他们的能力，就能创造出一个不亚于西方国家的高收入社会，没有贫困和不幸的社会，通过国民自由发挥创造力来取得雄厚的经济实力，并由此实现国民福祉。使这样的社会变为现实，只要我们愿意努力，就一定能够梦想成真。
>
> ——下村治《日本经济增长论》(1962 年)

消费社会已经进入第四个阶段，这正是本书的主题。

无论在什么时代，人都是要消费的，无论是古罗马、文艺复兴时期的意大利，还是 13 世纪的中国杭州、江户时代的日本江户和大阪，消费市场都很活跃。这些社会也可被称为“消费社会”。

但是，本书探讨的消费社会仅限于产业革命之后的时期。近代以后，技术革新使得工业的生产力大大提高，需要大量的消费者来消费这些工业所生产出来的商品，本书涉及的消费社会即是这个时期以后的社会，而不是对第一产业的产品进行消费的社会。

第一消费社会（1912—1941 年）

近代意义上的日本消费社会始于 20 世纪初期，日本在甲午战争、日俄战争中取得胜利，由于第一次世界大战的大量战时需求，日本经济呈现一片繁荣景象。但是，在严重的通货膨胀影响下，不仅普通劳动者的实际工资下降，甚至还发生大米骚乱，贫富差距逐步扩大。到了 1920 年，棉线、生丝价格暴跌，进一步引发了恐慌。但是大资本力量得到了强化，很多人一夜“暴富”。

另外，由于大城市人口增加，大大促进了城市地区的消费增长，于是大众消费社会于昭和初期诞生于大城市，这就是第一消费社会。

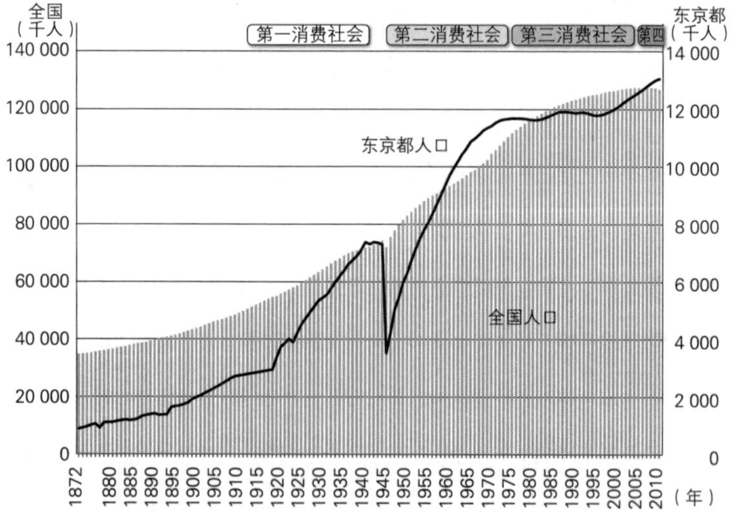

资料来源：日本统计协会《日本长期统计总览》

图 1-1 全国和东京都的人口

本书将日本大正元年至第二次世界大战，即 1912 年到 1941 年的 30 年整，定义为第一消费社会。

可以说第一消费社会仅在东京、大阪等大城市发展。1920 年全国人口为 5596 万人，东京人口为 370 万人，仅仅占到 6.6%；但是 10 年后的 1930 年，全国人口为 6445 万人，东京人口 541 万人，比例增加到 8.4%；到了 1940 年，全国人口达到 7193 万人，东京人口增长到 736 万人，已占到全国人口的一成以上（图 1-1）。

大阪府的情况也很相似，1920 年人口为 259 万人，1930 年人口增长到 354 万人，到了 1940 年人口已达到 474 万人。第一消费社会正是伴随着人口不断向城市地区集中而发展起来的。

在大城市的繁华街区经常可以看到穿着十分时尚的年轻人，也就是“摩登男孩”“摩登女郎”的身姿。“摩登”的意思就是进步文化，在衣食住行的各个方面，摩登的文化都被人们认为是好的。于是便出现了西餐热潮，咖喱饭、炸猪排、可乐饼被称为大正时期的三大西餐。

20 世纪 20 年代美国被称作广播时代（Radio Days），到 1925 年（大正十四年）日本也拥有了收音机广播，这也是媒体开始迎来大众人群的时代。

大正时代也是批量生产时代的开端。1913 年（大正二年）森永食品公司开始发售牛奶糖，银座千疋屋更名为 Fruit Parlour。同年，东京电器（东芝的前身）成功批量生产钨丝灯泡，即马自达牌电灯泡。伴随着西服的普及，胜家缝纫机也于同年开始发售家用缝纫机。

另外，1913年宝冢歌剧团成立，迎来娱乐文化迅猛发展的时代。宝冢大剧场于1924年开业。1920年大阪的梅田电车站前，阪急建成了一座五层高的大楼，二层设有白木屋的销售柜台。这是日本第一个车站大楼百货商场，阪急百货商店于1929年（昭和四年）正式开业。人们住在郊外，乘坐电车往返于大阪市中心，休息日再乘电车去到更远的郊外游玩，这种生活方式逐渐形成。

将市中心与郊外连接起来的这种方式，在东京也很快普及起来。1928年白木屋在五反田电车站前又开业了一家车站大楼百货商店。之后不久，涩谷、新宿等车站前，也陆续出现了很多百货商店。新宿的三越始于1929年，伊势丹始于1933年，浅草的松屋始于1931年，涩谷的东急东横店则开业于1934年。

1919年可尔必思开始发售，1921年森永食品公司发售奶粉，1922年合伙公司江崎商店开始销售古力克（奶粉）。1922年《周刊朝日》《Sunday朝日》创刊，《文艺春秋》和《朝日Graph》创刊是在1923年。和收音机一样，杂志也作为一种大众媒体而诞生了。

1923年丸之内建成了“丸”大厦，日比谷内帝国宾馆的新馆落成，田园调布地区也开始出售分户住宅。1922年上野公园举办和平纪念东京博览会，展示了有“文化住宅”之称的红瓦西洋风格小住宅，郊外的住宅地区被称作“文化村”。城市中心地区逐渐变得写字楼林立，郊外也开始正式进行住宅地的开发。

资生堂尝试连锁店模式，寿屋（现三得利）制出第一瓶日本产威士忌，S&B咖喱的前身孔雀牌咖喱开始销售，施敏打硬

(Cemedine) 胶合剂出现，菊池制作所发售印有老虎商标的暖水瓶(现 Tiger 暖水瓶)，这些事情全部发生在 1923 年。

1923 年 9 月 1 日，日本发生了关东大地震。东京以平民区为主遭到严重破坏，但同时这场灾难也使东京加快了向现代都市发展的脚步。

进入昭和时代后，日本桥三越的增建改造工程完工（1935 年)。1932 年地铁三越前站已经开始运营。1932 年，相当于今天的东京 23 区的东京市 35 区制度确立。同年还开始建设钢筋水泥的公寓，以对抗强烈自然灾害，其中同润会公寓就是典型之一。

综上所述，第一消费社会即是以城市为中心的，占当时国民总数一成或二成的中产阶级享受消费的时代。从这时开始，我们现在生活的原型，也就是西方化的生活方式就已经形成了。

第二消费社会（1945—1974 年)

经过了 1929 年的世界大萧条，和第二次世界大战及战后的匮乏生活，日本完成了复兴，随之迎来的是经济高速增长期。1955 年日本自由党和民主党完成保守合并，自由主义体制确立，同年日本生产率本部①和日本住宅公团设立，1956 年日本道路公团成立，日本

---

① 日本以财界赠款和日本政府、美国的补助金为资金来源，以促进生产发展为目的而建立的财团法人。又称 JPC。

开始在真正意义上进入追求以私家住宅、私家车为标志的美式批量生产、大量消费的社会。早在1950年在兵库县西宫球场就举办了“美国博览会”，从中可看出，日本人对于美式生活方式的憧憬。

1960年日本公布了收入倍增政策，1964年承办东京奥运会，1968年成为继美国之后的GDP经济强国，“昭和元禄时代”一词一时间扩散开来。之后1970年又举办了大阪世博会，1972年承办札幌冬奥会，都取得了巨大成功。

因此，这里我把从日本战败到1973年石油危机导致经济高速增长期结束，也就是从1945年到1974年的30年间，定义为第二消费社会。

与第一消费社会相同，在第二消费社会时期，人口逐渐加速向城市集中（图1-1）。而第二消费社会并不仅仅限于东京等大城市，而是扩大到了全国范围。以家用电器为代表的批量生产商品在全国的普及和推广，是第二消费社会最大的特征，这是不言而喻的。

第一消费社会虽然也出现了批量生产商品普及的萌芽，但是更多的消费品仍然是由家庭内手工业生产出来的，因为批量生产难度较高，所以生产出来的商品价格必然会高很多。大多数劳动者阶级为少数中产阶级及以上的人们制造物品、提供服务，这就是第一消费社会的实际状况。

也就是说第一消费社会中享受消费的仅仅限于生活在城市的中产阶级及以上，其他的大多数国民依然处于贫困状态。换言之，第一消费社会中存在着“消费差距”这一矛盾，而解决这一矛盾的，

本番迎えるマイカー商戦

〝大衆車〟出そろう

サラリーマン目当てに

軽乗用車も新顔二つ

宣告私家车时代到来的新闻报道称“交通事故已造成超过1万人丧生，一方面呼吁‘汽车快消失吧’的国民怒气高涨，另一方面今年又有许多新车陆续登场”。这是因为有很多人甘愿冒着发生事故的风险也想要拥有属于自己的私家车吧。（《朝日新闻》1966年10月11日）

为全国更多国民带来享受消费机会的，正是第二消费社会。

在第二消费社会中，由于近代工业化的真正发展，批量生产商品逐渐普及到生活的各个角落。三洋电机在 1953 年开始销售电动洗衣机，新闻记者大宅壮一将这一年称为“电化元年”。昭和三十年代（1955—1964 年）有“三大神器”之称的洗衣机、电冰箱、电视机同时普及，而在接下来的昭和四十年代里 3C（小轿车、空调、彩电）开始普及，模仿美国生活方式的日本生活终于得以实现（图 1-2）。

丰田花冠的发售是在 1966 年。这一年汽车加速普及，也被称作“私家车元年”。1966 年到 2001 年的 35 年间，花冠始终保持着日本国内销量第一的成绩，累计销售超过 3500 万辆，真称得上是“怪物商品”了。

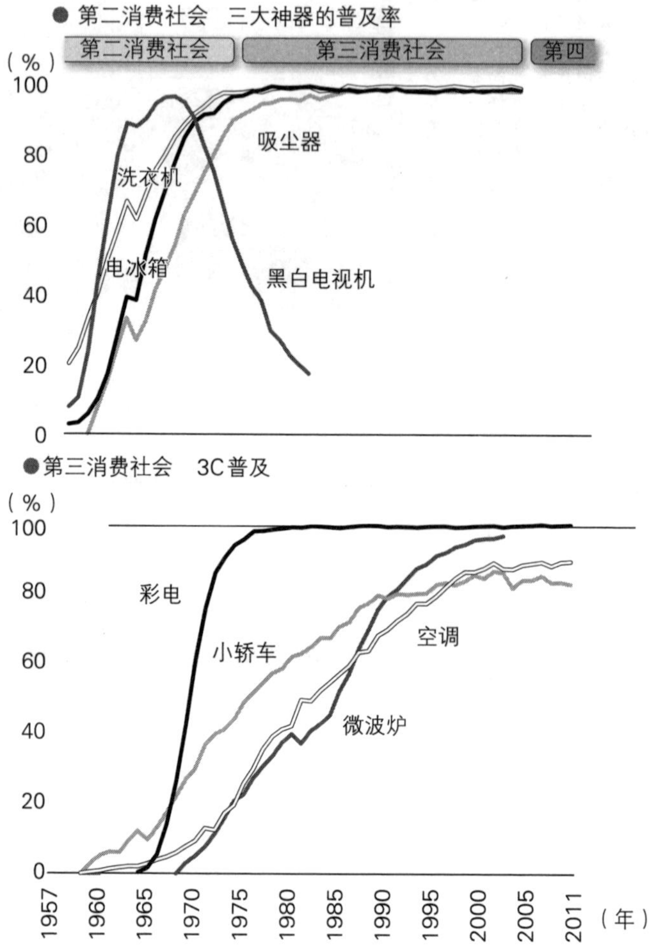

资料来源：日本内阁府《消费动向调查》

图 1-2 主要耐用消费品的普及率

据汽车工业会的网页登载，1955 年日本通产省发表了“国民车构想”，希望能在 1958 年秋季开始生产搭载 2—4 人、最高时速在 100 公里以上的小汽车。虽然这个构想未能实现，但是不少汽车制造商都萌生了自己开发这种汽车的想法，人们将这一构想当作了具体指向，认为政府有意让国民享有属于自己的汽车。斯巴鲁 360（1958 年）、三菱 500、马自达 R360（1960 年）等，都是以国民车构想为契机开始上市的。1964 年马自达 323，1966 年日产阳光、丰田花冠发布，奠定了其家用车的地位。生产斯巴鲁 360 的富士重工业于 2012 年宣布从小型汽车市场撤出，不禁使人觉得恍如隔世。

如果将花冠的日本国内年销售总量和方便面（袋装）的年销售总量制成图来看的话，二者的曲线基本相同（图 1-3）。这也许就是第二消费社会大众商品的特征吧。

夫妻和两个孩子所组成的小家庭是消费的主要单位，这是第二消费社会的人口动态特征。1955 年小家庭的数量为 750 万，而到了 1975 年则倍增至 1500 万。地方上出生于大家庭的年轻人，有不少都到东京这样的大城市结婚生子，所以小家庭数量不断增长（参照本书第二章）。

但是为了慎重起见，要说明的是，第二消费社会虽不如第一消费社会的表现那样明显，但仍然是大城市圈先行发展起来的消费社会，这一点是确定无疑的。汽车首先在大城市普及，然后才扩大到地方上，在钢筋水泥住宅中的西洋化生活方式也是于昭和三十年代在大城市圈内开始的，而地方上则稍晚一些。

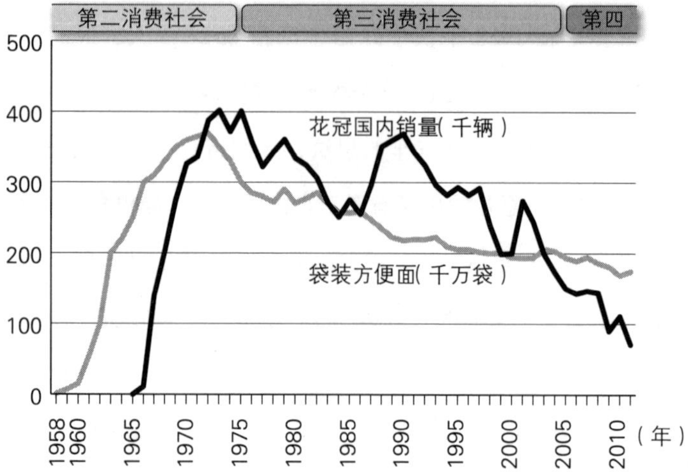

资料来源：丰田汽车株式会社、日本快餐食品工业协会

图 1-3　花冠和方便面的销量

即使存在这样的地域差异，从地方上的人们憧憬大城市生活的角度来讲，第二消费社会也可以称得上是消费扩大到全国范围了吧。

顺便说一下，1945 年日本汽车保有量仅为 14.4 万辆，1960 年增加到 340 万辆，1975 年达到了 2914 万辆。而此后 15 年的 1990 年更是达到了 6050 万辆，为 1975 年的两倍以上（图 1-4），这是由于地方上的数量有所增加。

这个时代为人们所熟知，所以我想说到这里就可以了。

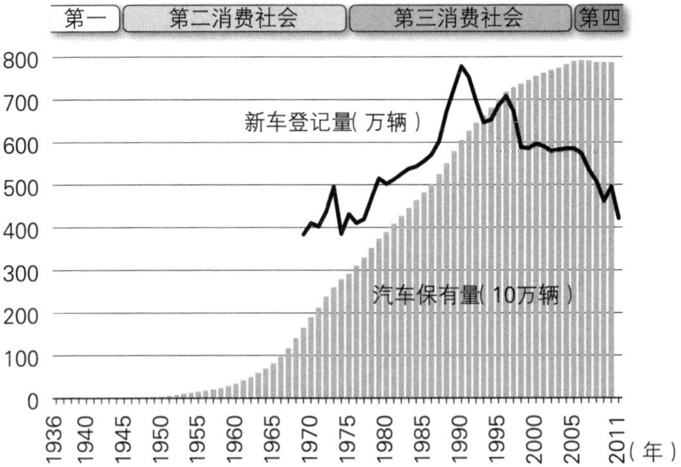

资料来源：日本国土交通省“汽车保有量”，日本汽车销售协会联合会，全国小型汽车协会联合会

图 1-4 汽车保有量和新车登记量

第三消费社会（1975—2004 年）

石油危机之后一般被称作“低增长期”。从 1956 年开始到 1973 年的 18 年间，年平均经济增长率为 9.1%，1974 年呈负增长，从 1974 年到 1990 年的 17 年间，年平均增长率降为 4.2%。就连泡沫经济时期增长率尚能维持在 6%左右（图 1-5）。1993 年土地价格下跌，经济增长率再次出现负增长。之后一段时期虽有所恢复，然而 1997 年、1998 年北海道拓殖银行、山一证券、日本长期信用银行仍不可避免地破产了。1998 年由于消费税上调等影响，经济再次呈负增长。

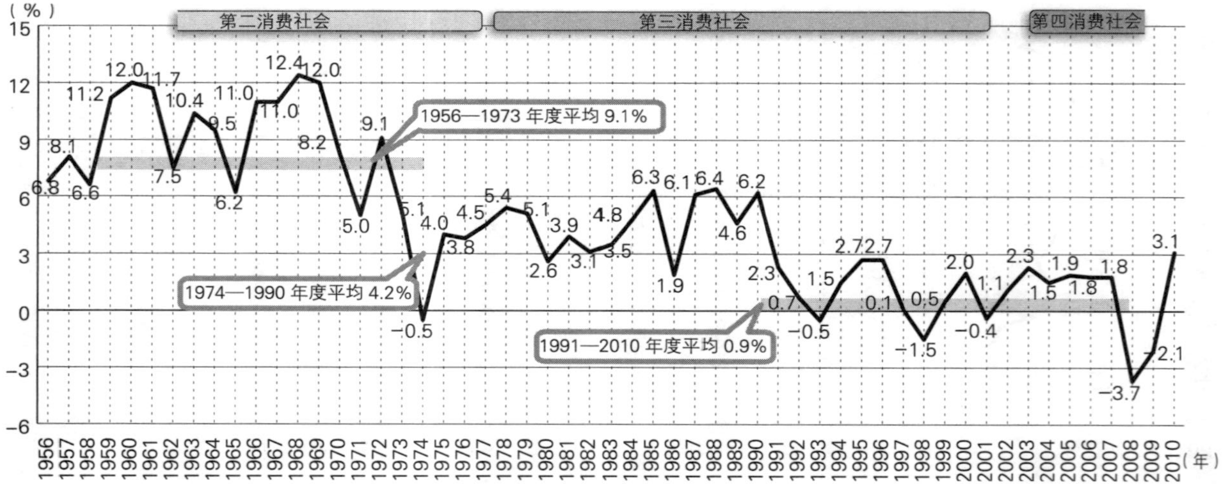

注：以年度为基础，93SNA 连锁方式推算，平均为各年度数值的算术平均值，1980 年以前数据引用自“平成年版国民经济计算年报”（63SNA 为基础），1981—1994 年数据参见年报（平成年可靠数据）。之后数据来自 2011 年 7—9 月 2 次快报（2011 年 12 月 9 日公布）。
来源：社会实情数据图鉴主页

图 1–5　经济增长率曲线

大概这个时期就是第三消费社会“结束的开始”。

有关这一时期的特征将在后面详细说明，这个时期消费单位开始由家庭转向个人，也可以说是“由家计到个计”。为适应一个人吃饭而产生的“个食”食品也从这个时代开始出现在百货商店的食品卖场上。

另外像随身听这样个人化的商品也变得十分有人气，“轻薄短小”被誉为畅销的秘诀。1982 年我进入 PARCO 工作时，《日经商业》1982 年 2 月 8 日推出一期特集题为“产业结构——轻、薄、短、小化的冲击”，这也是我人生当中记住的第一个市场用语。

日经流通新闻于每年 12 月发布人气商品排行榜，据该特集报道，1981 年电脑、小型汽车、便携式收音机、迷你音响等轻薄短小商品均在榜上，从中可以看出人们的消费意向，而与轻薄短小相对的重厚长大商品，则给人以土气、过时的感觉，轻薄短小的商品更加时尚漂亮，也更能体现流行品位。

轻薄短小商品的背后是离婚率上升、依靠父母生活的寄生人群扩大，以及单身人数增多等社会现象。这些内容将在下一章做详细说明。而这种消费逐渐变得个人化的社会，就是第三消费社会。

第四消费社会（2005—2034 年）

第三消费社会是何时结束的，第四消费社会又是何时开始的，这个问题并不像日本战败或石油危机那样一目了然。前面提到的

1997年金融危机，的确是一个巨大的契机。代表日本股份公司的几个大企业相继破产，有人把这种情况也视作一种战败，这种意见成为当时的流行论调。从这个意义上来说，我们可以把1997年当作一个转换期。

另外，1998年起自杀人数忽然开始增多，到今天为止每年有超过3万人自杀，这一现象也是我们把这个时期作为转换期的理由之一。社会学家山田昌弘指出，自杀、恶意犯罪、拒绝上学的人数都是从1998年前后开始增加的，所以社会上存在着“1998年问题”（《寄生社会的走向》，2004年）。第三章中将介绍到的各种意识调查也显示，1998年以后人们的意识方面出现很多变化。

15岁至64岁的劳动力人口在1995年呈现最大值，之后开始减少，因此也可把这个时期看作转换期（图1-6）。同样，由于总人口从2007年后开始逐渐减少，所以也可把这一时期看作转换期。劳动力人口减少，也就是工作赚钱的人减少了，同时也就意味着日本的经济能力、购买能力开始降低。当然人口的减少使得消费总额随之降低，不可避免地带来了消费社会的蜕变。

另外还有一个变化标志着向第四消费社会的转移，也就是非正规雇用者的增加。详细内容将在第三章进行介绍。2001年至2006年，小泉内阁实施新自由主义路线政策，虽然以大企业为主，经济得到一定恢复，但那却是“无雇用的经济复苏”，结果出现了更多的非正规雇用者。这意味着孤立的人群开始增多，他们不属于社会这个共同体。个人化是第三消费社会的特征，它不仅仅是作为消费的

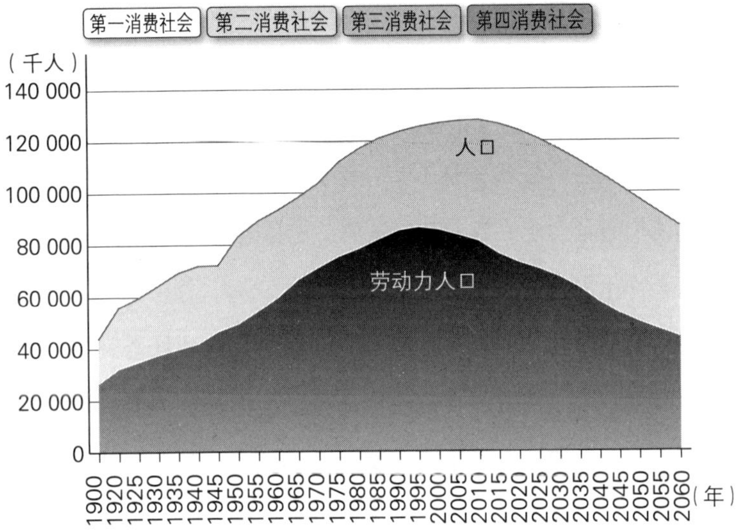

资料来源：日本总务省《国情调查》，国立社会保障与人口问题研究所《日本未来推算人口》（平成二十四年1月推算）

图 1-6 日本总人口与劳动力人口的变化及预测

单位而存在，同时也使社会孤立化的危险不断扩大。雇用的流动化，进一步促进了重视联系的第四消费社会的诞生。

1995 年发生了阪神淡路大地震，不少人把这一时期当作转换期。从消费社会的观点来看，这次地震的确与东日本大地震一样，让人们感受到消费社会变化无常的同时，也让人们体会到了家人、近邻、社会志愿者、NPO 等人与人之间的联系是何等重要。因此，从这个意义上来讲，这次地震成为向第四消费社会转变的重大契机。

综上所述，第四消费社会的开端基本上可以确定在 1995 年至 2007 年之间，由于本书的目的并不是进行严密的时代划分，所以请允许我在一个方便的时间点进行划分，我将 1975 年至 2004 年的 30 年整定义为第三消费社会，2005 年至 2034 年的 30 年整定义为第四消费社会。

那么，第四消费社会是不是一个人口减少、经济能力低下、没有希望的黑暗社会呢？答案是否定的。正是因为各种问题不断扩大，所以才会产生出新的变化。

在后面的第二章、第三章中，我将就第二消费社会到第三消费社会的转换、第三消费社会到第四消费社会的转换问题进行更详细的介绍。第一消费社会到第二消费社会的转换，基本上是数量上的改变，与本书主题无关，所以不再做过多解释。本书将从历史的角度查证从第二消费社会到第三消费社会的变化究竟是什么，之后再进一步阐明，为何会继续向第四消费社会转变。

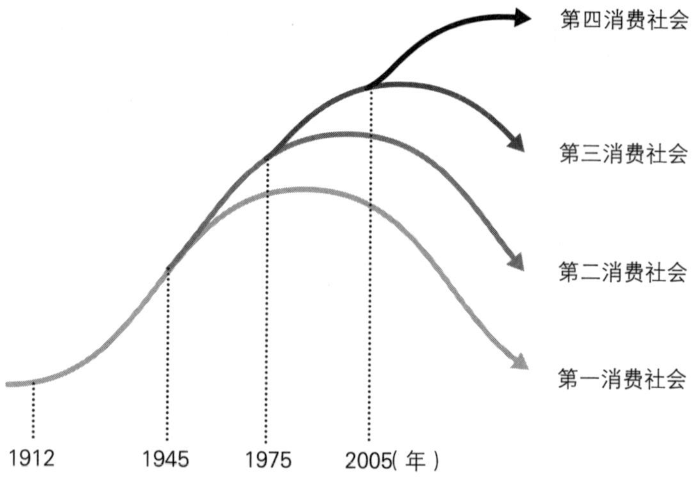

图 1–7 第一消费社会到第四消费社会相互重叠而产生的当今社会

图 1-8 消费社会的四个阶段以及消费特征

时代划分	第一消费社会 1912—1941	第二消费社会 1945—1974	第三消费社会 1975—2004	第四消费社会 2005—2034
社会背景	从日俄战争胜利开始至日本侵华战争 以东京、大阪等大城市为中心的中产阶级诞生	从战败、复兴、经济高度增长期开始至石油危机 大量生产、大量消费 全国一亿人口中产阶级化	从石油危机开始到低增长、泡沫经济、金融破产、小泉改革 差距拉大	雷曼危机、两次大地震、经济长期不景气、不稳定等导致收入减少 人口减少导致消费市场缩小
人口	人口增加	人口增加	人口微增	人口减少
出生率	5 %	5%→2%	2%→1.3%—1.4%	1.3%—1.4%
老年人比率	5 %	5%—6%	6% — 20%	20%—30%
国民价值观	national 消费属于私有主义，整体来讲重视国家	family 消费属于私有主义，重视家庭、社会	individual 私有主义、重视个人	social 趋于共享、重视社会
消费取向	西洋化 大城市倾向	大量消费 大的就是好的 大城市倾向 美式倾向	个性化 多样化 差别化 品牌倾向 大城市倾向 欧式倾向	无品牌倾向 朴素倾向 休闲倾向 日本倾向 本土倾向
消费主题	文化时尚	每家一辆私家车 私人住宅 三大神器 3C	从量变到质变 每家数辆 每人一辆 每人数辆	联系 几人一辆 汽车分享 住宅分享
消费承担者	中产阶级家庭 时尚男女	小家庭 家庭主妇	单身者 啃老单身	所有年龄层里单一化的个人

1954年广告
丰田博物馆『私家车时代来临』（三浦藏）

《家庭画报》1962年9月号（三浦藏）

《Sunday朝日》1966年11月20日号（三浦藏）

1964年广告

《朝日新闻》1974年（三浦藏）

标榜三大神器带来生活近代化的松下电器（现Panasonic），任用知名女演员若尾文子担任其广告的Miss National。若尾在她主演的电影《镇花祭》中也出演了Miss National一角色，从中可以看到当时的松下电器是付出很大努力的。

从三维浦（Sunwave）公司的厨房水池广告也能看出对于美式生活方式的向往和憧憬。带3C的3LDK是三菱地皮郊外公寓的广告。当时的公寓都是很高级的，3C之一以及私家车也都曾是中产阶级所向往的商品。

为慎重起见需要说明的是，时代虽然从第一消费社会变迁至第四消费社会，但并不是说，到了第四消费社会时期，第三消费社会的特征就完全消失了。即使是到了第四消费社会，第三消费，还有第一、第二消费社会的特征也在一定程度上存在。也就是说，从第一到第四消费社会的每个时期的特征，在第四消费社会中是多层重叠存在的（图1-7）。

第二章 | 从第二消费社会到第三消费社会的变化

迄今为止，产业社会不认可价值，而对产业社会的发展毫无用处、徒劳无功的需求却是甚嚣尘上。如果说产能过剩是产业社会“物质丰饶”的标志，那么今后的感性社会就会将其丰富的“表达方式”的交流及生产“表达物”作为“富饶”的证明吧。最终，“第一次富裕”落下帷幕，人们所探寻追求的“表达社会”——即“第二次富裕”粉墨登场。

——藤冈和贺夫《再见，大众》(1984 年)

第二消费社会与第三消费社会的区别

五个变化

从第二消费社会到第三消费社会，有以下五点变化：

（1）从家族到个人（从一家一台到一人一台）；

（2）从物质到服务；

（3）由量到质（从批量生产产品到高档消费、名牌商品）；

（4）从理性、方便到感性、个性化；

（5）从家庭主妇到职场女性。

明治以来，日本国民就怀揣着现代化、富国强兵这样的“鸿鹄之志”，虽然二战后“国家主义”的身份认同被否定了，经济大国、经济高速增长、中流化这样的“豪言壮语”闪亮登场。于是，二战前“村落—军事”共同体被改造为名为“企业”的生产共同体，并且其从业人员形成了消费共同体，这两个共同体相辅相成，成为社会发展的推动力。日本国民踏上这两个共同体的“车轮”，奋力前行，在两个共同体中找到了归属感，并由此获得了自己的身份认同。换言之，工作与消费成为二战后日本人的身份认同。

此外，经济高速增长这一宏伟目标也和消费密切相关，“三大神器”“自己的家”“私家车”“白领”等新兴生活潮流层出不穷，逼得

针对对手丰田卡罗拉，日产阳光称“隔壁的汽车看起来太小了”，而卡罗拉则回应“不仅仅是变大了，豪华的1200”。这形象地反映了第二消费社会的价值观。

人们不得不消费。正如“消费即美德”“越大越好”等标语所象征的那样，“尽量多的消费”也影响着国民、公司职员，甚至家庭成员的身份认同。(请参考拙作《“家庭”与“幸福”的战后史》，1999 年)

越大越好

第二消费社会以大量生产大量消费为最高原则。生产指的是少品种大批量生产。当时逐渐普及的商品以生活必需品为主，因此消费者并不刻意追求商品的个性以及设计等方面，只是单纯地购物，别人家有什么自己家也有就足够了。

在更新东西的时候，一般都会挑更大的买。最初买的车是斯巴鲁 360，之后是丰田 700、卡罗拉、光冠、皇冠，最后更换成了奔驰。最初的电视是 14 英寸的，之后相继换成 20 英寸、30 英寸的。这是第二消费社会的典型消费模式。当然在经济快速发展的时代，基本工资提高了 20%，并由于定期加薪而进一步上涨，因此逐渐更换成大件的东西也是理所当然。大家一起到电影院看电影的机会急剧减少，都宅在自己家里看电视。这正是私有原理的扩大化（图 2–1）。

所谓“越大越好”的价值观到了第四消费社会仍然根深蒂固。特别是婴儿潮一代，他们成长于第二消费社会，所以这种价值观对他们来说刻骨铭心，认为买更大的东西并且私有，是一件幸福的事。

如前所述，第二消费社会消费的最大特征就是以家庭为中心的消费。第二消费社会是核心家庭逐渐增多的时代（图 2–2），由于年轻的家庭随着孩子的成长而要换新的东西，那么就必然会买车买房，

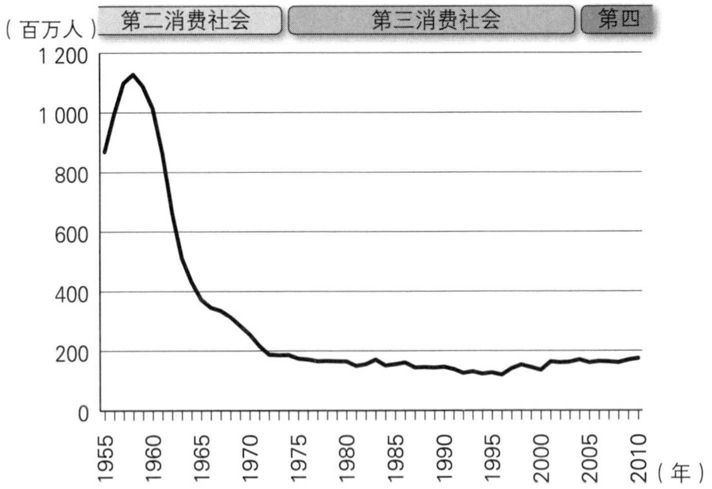

资料来源：日本电影制作者联盟主页

图 2-1　电影院进场人数

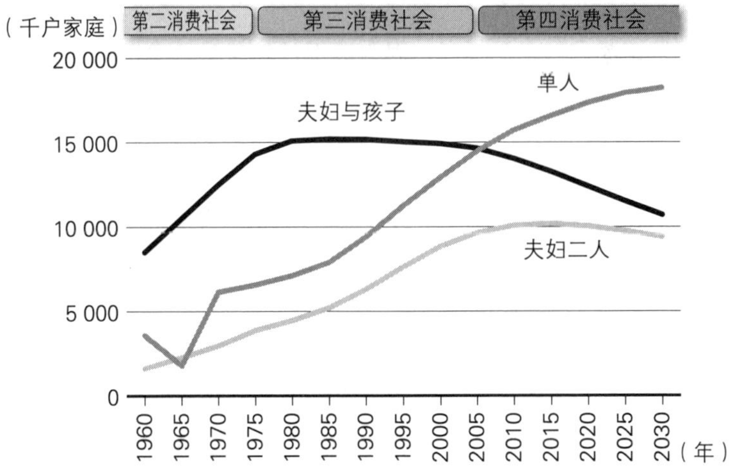

资料来源：日本总务省《国情调查》，国立社会保障与人口问题研究所《日本未来推算人口》

图 2-2　不同类型家庭的变化及预测

买的东西越来越大。通过消费，经济得以发展，日本人口中数量最多的婴儿潮就是在这种环境下成长起来的，他们不断地购物，不断地消费（吉川洋,《高速增长》，1997 年；三浦展,《今后十年婴儿潮二代 1400 万人成为核心市场》，2002 年）。

均质消费者

由于销售对象是人口众多的婴儿潮一代，产品越来越标准化，变成类似于最大公约数似的东西。此外，婴儿潮一代与现在不同，大多数女性在 25 岁前结婚生子，男性也大多在 30 岁前有了两个孩子。这一代人口基数大，年龄相仿，行为方式类同，所以在企业看来，再也没有如此高效的消费者了。他们这一庞大群体的海量消费，的确使日本企业得到了长足的发展，但另一方面，我认为日本企业的市场营销能力却未见提高。因为这不过是简单地卖东西罢了，不需要缜密的市场营销策划。

如果本书的读者中也有婴儿潮一代，他们或许会说："这是因人而异的，我们不是整齐划一的消费者。"但是，大家都会众口一词地说"我们并不一致，是有个性的"，所以归根到底，还是让我们觉得千篇一律、毫无个性。

玩笑就开到这里。本书的读者中，生于婴儿潮时代、拥有良好市场营销能力的精英阶层应该不在少数，这些人的确厌恶千篇一律，强调个性，可是大多数的普通老百姓却并非如此。把个性挂在嘴边却不知如何是好，这正是婴儿潮一代的多数派。事实上，在 1980 年

前后，为了迎合婴儿潮一代的喜好与需求，当时的住宅公团就在多摩新城区建设了可以自由选择房间布置的新型住宅，而不是传统老

多摩新城区的入住者们把相同外形的私家车排成一列，好似用传送带搬运一样，这正是第二消费社会的风景。（照片/朝日新闻社 1971年）

套的旧式住宅。但是，这些住宅并没有得到婴儿潮一代的青睐，他们觉得还是平常的住宅更好一些。

婴儿潮一代中大多数都不过是凡夫俗子，所以不仅是家电、汽车等工业产品，独栋建筑、公寓大厦等也都是工业化、标准化，全日本以同样的规格大兴土木，建造社区、公寓和新城区等。

在第二消费社会的初期，即 1951 年，住宅动工户数是 21 万户左右，到了石油危机前夕的 1972 年，迎来了 186 万户的高峰。此后户数虽然有所减少，但在泡沫经济时代再次增加，1987 年又出现了 173 万户的“第二春”。不过近年来只有 82 万户，减少了一半以上。

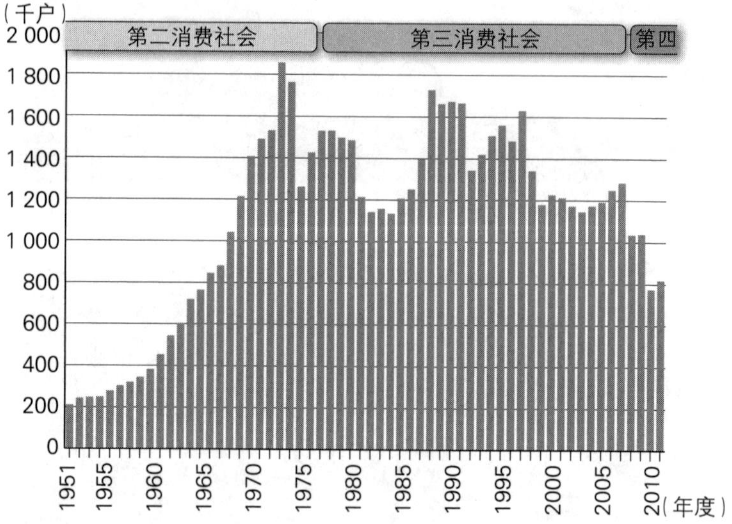

资料来源：国土交通省《建筑动工统计》

图 2-3 住宅动工户数

第二消费社会的矛盾和婴儿潮一代的“个性”

如前所述，家中的东西多多益善，可以说是处于第二、第三消费社会中的消费者的目标、喜悦与幸福。但是在1973年的石油危机的影响下，第二消费社会戛然而止，随后进入第三消费社会。

到了第三消费社会，对于在第二消费社会是理所当然的整齐划一的消费活动，不协调感与日俱增，越来越多的人开始考虑是否应该进行更具有个性的消费。上文提到，婴儿潮一代中的先进分子已经产生了这样的想法，现在不仅是他们，年轻人也开始意识到毫无个性的消费索然无味。

20世纪70年代前期，描写婴儿潮一代的男性及其恋人的日产天际线车系的广告“肯和玛丽”，呈现那个时代新婚夫妇的生活的丸井的广告“如果爱请深爱”等一度成为人们的谈资，而三得利的广告“周五喝啤酒”则描绘了一个虽然有家庭，但同时拥有一定私密空间的夫妻二人世界。这如同1967年的唱片大赛新人奖作品《二人世界》所传达的那样，人们追求远离社会和公司的个人的私生活。“城市中自杀的年轻人越来越多……但问题是，现在下雨，却没有伞。我必须去和你相逢”，1973年的热门歌曲、井上阳水的《没有伞》也反映了当时的潮流。

与此同时，消费也随之变化。使家族共同体与社会共同体一体化、推动社会前进的消费，日益向个人化方向发展。家务事逐渐外包，就餐也越来越依赖于外卖。买衣服也一样，买新衣服更为便宜划算，自己在家做衣服、缝缝补补的人越来越少。

此外，为了弥补因为石油危机而停止不前的丈夫的收入，妻子们也做起了临时工。对于企业来说这是有利的，由于没有宽裕的资金来雇用正式员工或者给他们加薪，雇用家庭主妇正好可以解决这一问题。

家庭主妇干临时工的结果，就是越来越依赖于速食食品、熟食以及外卖等，促使家庭成员单独用餐。可是她们所从事的工作，也正是这样的食品加工业和外卖产业等。在家做饭没有工资，但把做饭当工作却有薪水，这种在某种意义上不可思议的现象发轫于第三消费社会。

此外，主妇通过打工补贴家用的同时，也挣到了自己消费所需的钱。在这种意义上，以家庭为单位的消费开始逐步向个人化的方向发展。个人化指的是每个人的个性消费需求的增强，现在我们常说的“个性消费”到了第二消费社会还尚未出现，从第三消费社会才开始崭露头角。

第三消费社会的最初时期即 1975 年，日本经济新闻社以《消费者已经变了》为题出版一本书，内容有以下一段：根据 1971 年余暇开发中心所做的项目调查报告《关于余暇时代国民生活结构的调查研究》，在“丰富物质”“俭朴生活”“忠于自己”等 30 个选项里，让人们选择希望以后能够过上的生活，“健康并且物质精神都丰富的生活”排在第一位，其次是“自由发挥”，也就是说重视个性并将其展现出来，不被流行趋势、大众媒体等所摆布，打造符合自己喜好的生活方式。"丰富之中蕴含个性"，经过深思熟虑，这种人们所向往的生活方式被勾勒出来。生活之中追求个性，这样的生活方式被看作是新鲜事物。

这样，在第二消费社会创造的丰富的物质基础上，新的强调个性的时代——第三消费社会拉开序幕。

从政治到消费——新人类一代的兴起

20 世纪 70 年代前期的个人主义倾向到 70 年代后期至 80 年代明显增强，且与世代的交替相重合。婴儿潮一代之后的新人类一代，与积极参与政治活动的婴儿潮一代相比，是极其讨厌政治的（岩间夏树,《战后年轻人文化的光芒》，1995 年）。即使是比新人类一代稍微年长的和我一样生于 50 年代后期的人，已经多少有了这种倾向。70 年代后期，身为东京大学毕业生却支持自民党的人越来越多，在东大成立山口百惠的粉丝俱乐部等话题也开始成为谈资。

当然，并不能说新人类一代自发地讨厌政治。1969 年安田讲堂没落，学生运动日薄西山，70 年代发生淀号劫机事件，此后学生之间的内斗、私刑事件频发，1972 年发生浅间山庄事件。毫无疑问，由于私刑事件，社会对于学生运动的同情逐渐淡漠。1974 年激进派制造了三菱重工爆炸事件，彼时由于出钱支援美国发动越战而被大众媒体批判的三菱重工也在这起爆炸事件中被当成了受害者。激进派因当事人之间的内斗而牺牲普通市民，所以舆论对于他们的批判是决定性的，人们逐渐丧失了对左翼的同情（以这一时期为界，大众媒体上推进核电发展的报道日益增多），可以说这样的政治氛围造就了当时还是孩子的新人类一代厌恶政治的性格。此后，年轻人关心的事情从政治转向消费。换言之，忌惮年轻人过于政治化的体制内一方故意使年轻人的注意力从政治转向消费，这样的观点也并非一语中的。

在年轻人对政治和社会的关心程度降低的同时，所谓的“知识分子的没落”在第三消费社会持续发酵。战后的知识分子经常对资本主义或社会主义、保守或革新这样的冷战结构发表言论，这也是他们存在的理由，而那时的年轻人热衷于向这些知识分子学习并且挑战。如果年轻人对政治、社会等的关心度降低，那么就不需要这样的知识分子了。此外，20 世纪 80 年代社会主义阵营从内部开始瓦解，1989 年柏林墙的倒塌等事件标志着冷战结构的终结。

因此，第三消费社会中知识分子所扮演的角色是被称作新学究主义的，对消费资本主义持肯定态度，至少不是全面否定的学者。新人类一代的年轻人支持新学究主义，朝田亘的《结构与力》（1983 年）作为思想理论类书籍竟卖出 15 万册，畅销一时，洛阳纸贵，朝田亘一夜成名。

新人类一代出生于第二消费社会中后期。新人类一代这个词是《穿越》（1983 年 6 月刊）创造的，并将 1968 年出生的人作为这一代的典型，因为当年在洛杉矶奥运会之前，1968 年前后出生的很多人在中学生时代就屡屡创造日本纪录，比如在将棋领域，林叶直子于 14 岁成为女子棋王，PARCO 集团选中她做广告代言人。

这些暂且不论，此后，新人类这个词因《朝日日报》的连载

“新人类的旗手们”等而得到普及，在此过程中，从1957年至1968年出生的一代的形象逐渐固定下来。如前所述，1957年设立住宅公团和道路公团后，日本很快迎来了经济高速发展的时期，1968年GDP仅次于美国，位居世界第二。

但是我认为，从对这一代的市场营销的研究结果看，现阶段把新人类一代定义为从1963年到1969年出生的一代最为妥当。

首先，经济高速增长时期是从1955年到1973年。最中间的1963年到1969年出生的一代，应该是受经济高速增长期的价值观的影响最大的，也正是从东京奥运会的前年到大阪世博会的前年，即战后日本所谓的黄金时代。

新人类一代大多出生于东京，因为他们的父辈生于20世纪30年代前后，战后到东京工作、结婚、生子。所以日本整体的生育高峰虽然是婴儿潮一代出生的1947年至1949年，东京的出生人数却在1964年到1974年间出现高峰，除去丙午年的1966年，东京的出生人数每年均达到20万人以上（图2-4）。

其次，东京的出生人数从1941年到1943年虽然每年都在20万人以上，但1941—1943年生的女性基本都在1964年前后生子，所以新人类一代多从父辈开始就生于东京。

最后，新人类一代全体中生于东京的比例从1962年到1972年达到高峰，综合考虑这些情况，可以发现新人类一代是生于60年代，特别是从1963年到1969年的一代。

从就业方面看，生于这个时期的人们，若是大学毕业，应于

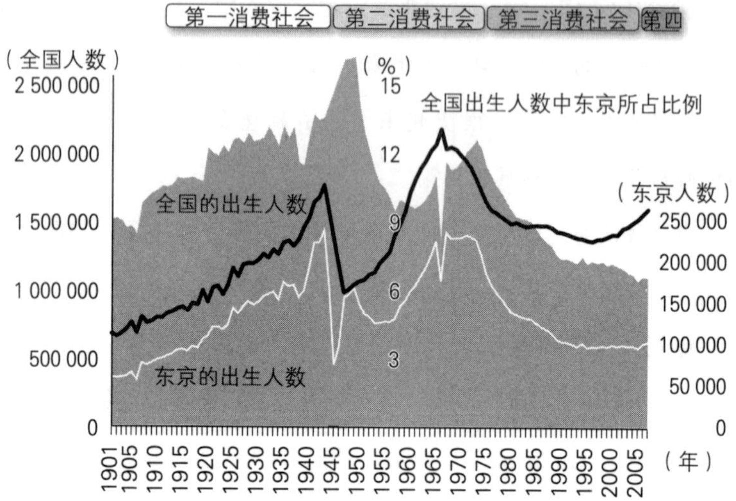

资料来源：三浦展制作“人口动态统计”

图 2-4 全国的出生人数和东京的出生人数

1986 年至 1992 年进入公司，如果是大专毕业，应于 1984 年到 1990 年进入公司，这正是从泡沫经济前到经济萧条之前的一段时期，因此就业形势非常好。在此意义上，可以说生于这个时期的一代是最“泡沫”的，最具有新人类一代的特征。

天生的消费者

新人类一代大多出生于经济高速增长的最中间的时期，东京生东京长，必然具有强烈的消费欲望。从孩提时代开始他们就被父母带着逛银座，上了高中就开始在涩谷一带游玩。从 1963 年到 1969 年生的人于 1979—1987 年上高中，所以我进入 PARCO 集团的时候正是他们的全盛期，他们支撑着第三消费社会。

生于第二消费社会的婴儿潮一代于1967—1969年成年，那时日本的GDP世界第二。而引领第三消费社会的新人类一代于1983—1989年成年，正是经济从泡沫的前夕到巅峰的时代。

婴儿潮一代与新人类一代虽然具有完全不同的特征，但也有共同点，那就是物质主义倾向很强。如果说物质主义有点言过其实，不妨说一买东西就感到幸福。这种倾向在第四消费社会逐渐减弱。

新人类一代的童年时代，日本已经成为经济大国，他们开始懂事时，家中的电器已是一应俱全。他们中很少有人像婴儿潮一代一样，依然记得家里第一次买来电视的情景。一家一台电视理所当然，特别是走在消费最前沿的东京更是如此。

但是，如果都实现一家一台，那么市场就饱和了，家电厂商就头疼了。于是他们采取一人一台、一屋一台的战略，即茶室以外的卧室、小孩的房间都需要电视，电话配上子机，汽车分为父亲打高尔夫用的和母亲购物用的，音响分为会客室里放古典音乐的立体声、儿子听摇滚的迷你电唱机和女儿听广播的收录机，空调也得一间屋子一台。家电厂商通过这种方式，增加成一家两台、一家三台，由此来刺激消费者的欲望。

象征着这种“从家庭到个人”的变化的商品就是索尼的随身听（Walkman），它于1979年开始销售，1981年进一步小型化，设计简洁的第二代随身听WM2横空出世。此后，到1998年年底，仅盒带型的随身听就有1.86亿部的销量。带着随身听漫步街头的正是当时从高中进入大学的新人类一代。

消费的过度化、个人化

单身寄生者

20 世纪 80 年代，未婚倾向增强，过了 25 岁还不结婚的男女增多，仍然与父母住在一起生活的单身寄生者越来越多（图 2-5）。这是因为高中毕业后因上大学或就业等从地方上东京的人减少了，从父母家去大学或公司的人增加了。这就使得更多的年轻人不用自己支付居住费等基本生活费，自己赚的钱自己花，一个人吃饱全家不饿。它的必然结果是一人一台的需要大幅增加。

根据总务省统计局的计算，1980 年 20 至 34 岁的未婚男性中，与父母一起居住的比例，即单身寄生者的比例为 32.9%，女性为 26.1%，1990 年时男性增至 44.6%，女性增至 38.8%（图 2-6）。此后单身寄生者的比例虽持续增加，但很明显 80 年代的涨幅最大。这是因为 80 年代的 20 至 34 岁的人中包含 60 年代出生的人，父母家本来就在东京的人激增。从绝对值上看，从 1980 年到 1997 年 20 至 34 岁的单身寄生者中男性从 458 万人增至 638 万人，女性从 359 万人增至 563 万人（图 2-7）。

女性杂志方面，1977 年面向 25 岁年轻女性的 *MORE*、1980 年《世界公民》和《工作》分别创刊，这一阶段，女性过了 25 岁仍不结婚，即使频繁跳槽也要继续工作的倾向逐渐扩大化。

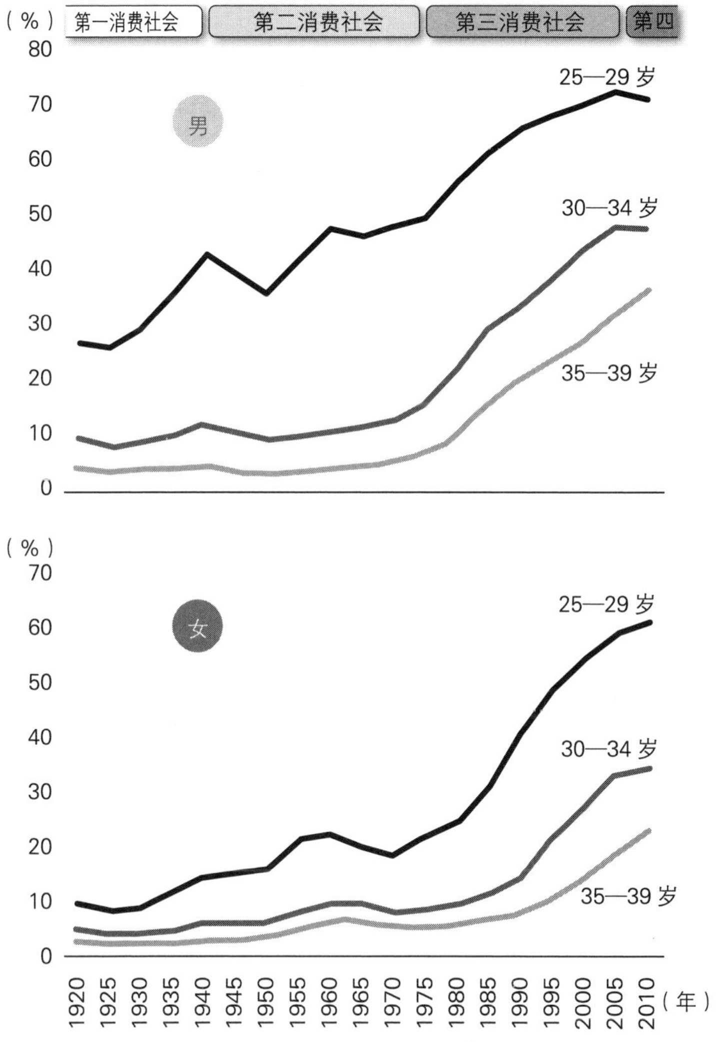

资料来源：国情调查（2005 年以前为“日本长期统计系列”）

图 2-5 不同年龄段的未婚率的变化情况

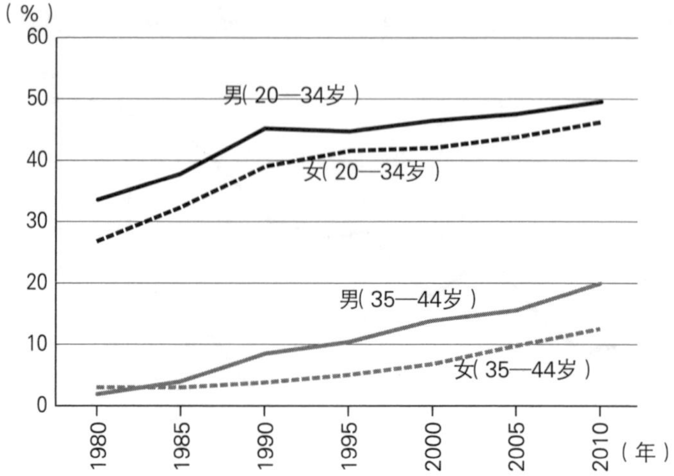

资料来源：总务省统计研修所主页

图 2-6 未婚者中单身寄生者的比例

毋庸置疑，没有住宿花销等生活开支的单身寄生群体具有强烈的消费欲望，他们的消费主要面向时尚。

如前所述，笔者在新人类一代时期进入高中、大学，于 1982 年进入 PARCO 集团工作，所写第一篇报道就是关于涩谷的 PARCO 卖场的销售额，当时川久保玲、三宅一生等 DC 名牌商品（Designer's & Character's）的销售额大增，与前一年相比增加三成左右。

到了 1983 年，这种势头加速，在丸井商场等地 DC 名牌商品开始出售，各个公司的销售额井喷式上升，有的企业甚至达到前年的三倍以上。这是惊人的数字，泡沫经济时代之前 DC 名牌就已经泡沫似的发展了。

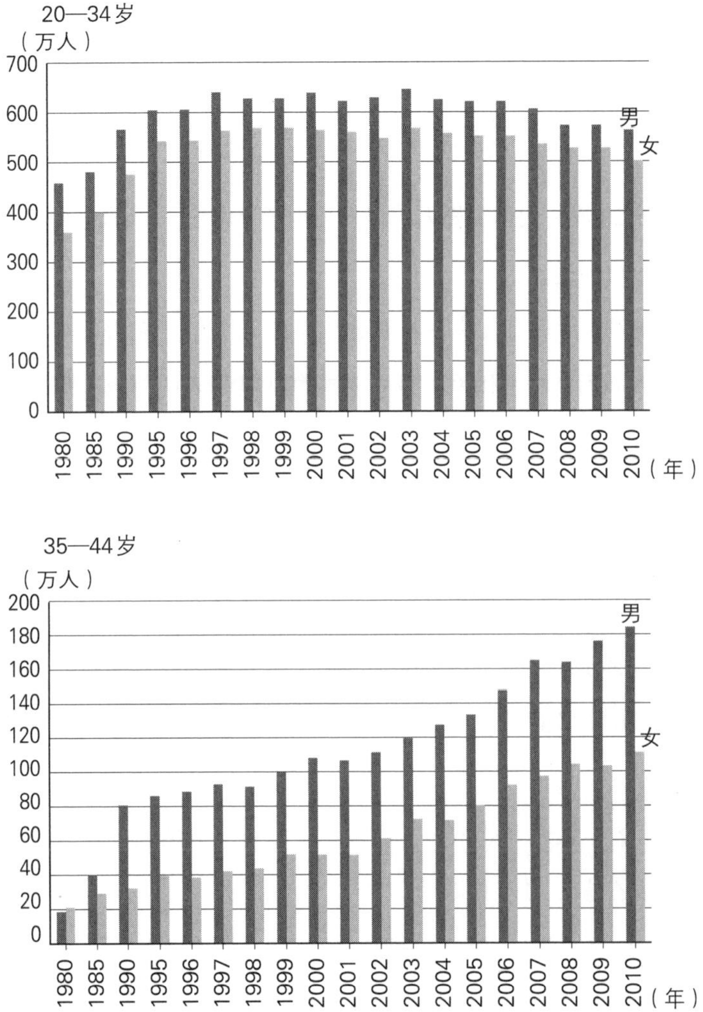

资料来源：总务省统计研修所主页

图 2-7 与父母同居的男女未婚者数量的变化情况

但是，近几年，这个 PARCO 商场已经被空置，脱离了 PARCO 集团，据说要重建，真是应了盛极必衰的道理。

从家电到个人电器

由于 20 岁一代的未婚人数以及独生子女增多，“从家电到个人电器”的变化加速。

现在一个人拥有几块手表是很正常的，但 30 年前并非如此。我 1982 年入职后，马上接手的另一个报道就是手表的调查，那时精工就打出了“为什么不换个手表呢”的广告，建议工作用的、约会用的和运动用的要分开，可以拥有几块表。虽然如此，当时还只是一人一块手表。

现在的年轻人可能体会不到，60 年代前期，一个年轻人的房间里是基本没有家电的，就连在公寓中一个人住都并非多数，住进工厂或商店并在那里工作才是理所应当的，或者是在提供伙食的公寓、公司宿舍，一间屋子住两人或更多。大概从 60 年代后期开始，一人住一间房的年轻人开始增多，但虽说是独自一人居住，拥有电视等家电产品还是在 70 年代以后。

根据经济企划厅（现内阁府）的统计，从单身者（未满 30 岁）的主要耐用消费品的保有量（每 1000 户家庭）来看，1969 年每 1000 户只有 86 户拥有电冰箱（图 2-8），到了 1979 年增加到 630 户，2004 年为 902 户。吸尘器、洗衣机也显示出同样的增长速度。单身者拥有所有家电是从 70 年代后期开始的，这也正是第三消费社会

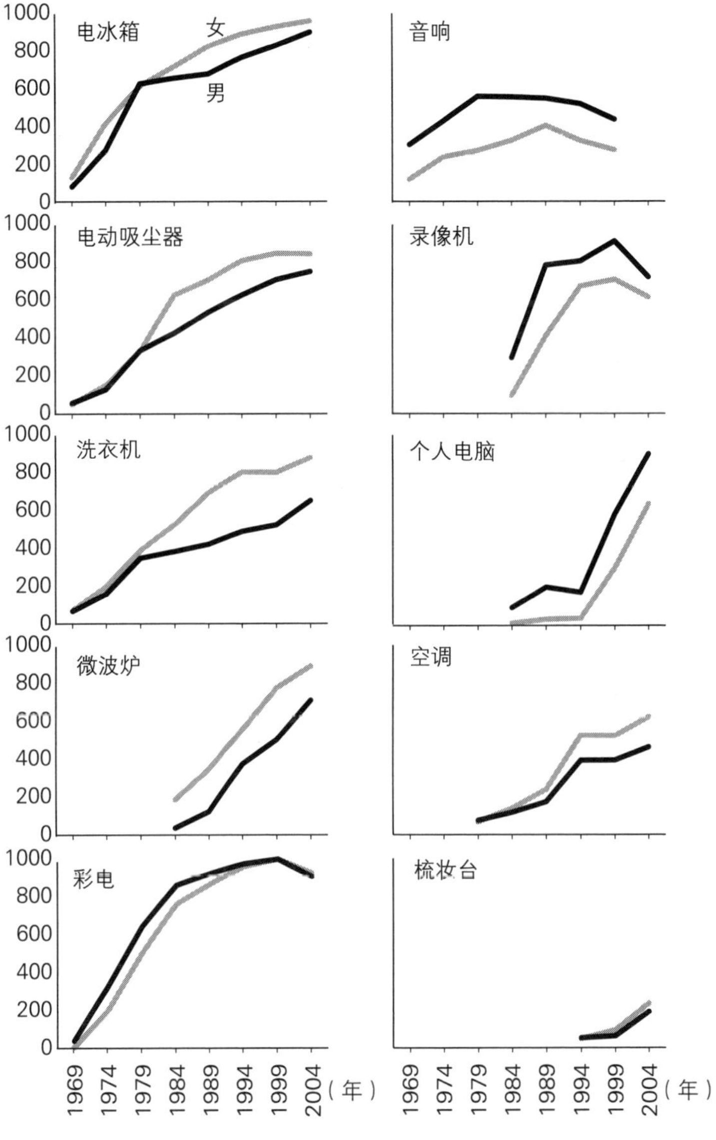

资料来源：经济企划厅（现内阁府）

图 2-8 单身者（未满 30 岁）的主要耐用消费品的保有量（每 1000 户）

登场，从家庭向个人消费转变的时期，单身者的耐用消费品逐渐增加。

另外，近年来，与电饭锅相比微波炉的保有量较多，因为越来越多的人不再用电饭锅做饭，而是从便利店买回冷冻的饭菜，用微波炉加热。

从“消费”到“创费”

与个人化相对应的是，在第三消费社会多样化、时尚化备受重视。人们想要符合自己个性的东西，而个性因人而异，所以商品的设计、功能等也变得多样化。如果以年轻女性为销售对象，还需要具备时尚性，同时又不能拘泥于以往的表现女性之美的俗套。1975年PARCO的广告“欲拒还迎”“模特不只靠脸”，1980年西武百货的广告“自己新发现”宣告了自我时代、个性时代的开始。

PARCO集团的杂志《穿越》在1983年提出了“创费者”这一概念，它不是一个一般性质的概念，虽然是PARCO集团自拟的，但是《穿越》是电通、博报堂等广告代理商大量订阅的杂志，所以这种观点在相当程度上传播开来。

与“第4山手”(关于“第4山手”请参看拙作《今后郊外的去向》，2011年）一样，想出创费者一词的是当时PARCO的专务增田通二。某日，增田对《穿越》的员工们说：“消费是什么？消和费。但是消费者买东西并不仅仅为了消和费吧。他们在PARCO买时尚、买设计，完全不同于在超市买萝卜，所以不是单纯的消费，而是一种创造吧。为了创造自己的生活方式而消费，这就不是消费，而是创费。”

虽然记不清原话，但大概意思就是如此。人们创造的是自己的生活方式、生存方式，而帮助他们的是 PARCO，增田表达的应该是这种构想。

在社会学中学到的，大众社会的消费者们如同散沙，没有力量，是一种按照企业意图而行动的存在。的确，在电视上看家庭主妇节目，其中有宣传洗涤剂或食品等的广告，晚上去趟超市，发现那些商品已然上架，“哎呀，这就是刚才宣传的商品呀，买一个吧”。这正是在营销学计算意义上的“合理”的消费者行动。如果消费者不这样“合理”地行动，广告也就失去了意义。话糙理不糙，消费者按照企业的意图，被动地接受企业提供的信息。

很多学过社会学的人进入广告代理等行业，从事市场营销工作。但是社会学是批判煽动民众的权力的学问，而广告和市场营销都是给消费者“打鸡血”的工作，所以学过社会学的人多少会感到很惭愧吧。

个人试图不被公司、家庭等集团所束缚，表现这一潮流的广告在1975年以后越来越多。（东京广告博物馆收藏）

但是在 PARCO 眼中，消费者不是被动的弱小的存在，而是主动的强大的具有创造性的存在。时尚不是生活必需品，不需要就不急着买，所以买时尚产品的消费者可以仔细地玩味推敲。萝卜、洗涤剂、方便面之类的东西跟其他人买一样的就好了，但是时尚不同，必须买最适合自己的、自己认为最好看的东西，并且要考虑流行趋势。像这样综合考虑各种因素，人们就会来PARCO的商场买衣服，并不是草率地就买了，与PARCO相比，消费者反而持有较强的立场。并非PARCO创造流行而消费者紧随其后，而是消费者自身的相互作用催生了流行。PARCO必须迅速捕捉到它，从而采取相应对策。

也许有人会质疑，消费者真的有那么厉害吗？至少现在在时尚领域，漫步街头的“读者”模式颇具人气。不是时尚业界引导的流行，而是路上的行人相互观察，“那件衣服不错啊”“哎呀，那种穿法很帅啊”，流行由此产生。消费者不是囫囵吞枣地接受企业发出的信息，而是自己传递信息，他们正是创费者。涩谷的PARCO刚开业时，打出广告“涩谷公园，差异产生美”，这就意味着行走于街头的消费者自身才是主角。

这种想法十分具备第三消费社会的特征，同时也孕育了第四消费社会的萌芽。在购买符合个人生活方式的物品这个层面上，属于第三消费社会；在消费者成为主角这个意义上，属于第四消费社会。

第三消费社会的消费，如果不是简单的消与费，而是创造性的消费，那么就需要另有他人来欣赏这些创造出来的东西。买萝卜的话不需要他人的看法或评价，但是购买时尚、穿着时尚不仅要满足自己的需求，还希望获得他人的赞同、表扬和羡慕等。为了达到这种效果，人们选择时尚。

根据《穿越》1983 年 4 月刊中所载文章《二元化价值标准与“创费”市场结构》，商品首先得是“生存所需的必要商品”（最低限度是衣食住），其次是“参与社会生活所需的必要商品”（收音机、电视机、车等），第三是“差别化、表现自我的商品”（流行、名牌、皮草等），第四是“自我启蒙及充实内心的商品”（兴趣、读书、艺术等），创费则是购买第四类商品，而很多时候，这种将商品分为四个阶段的方法，与本书所描述的第一至第四消费社会异曲同工。

在此意义上，创费与第四消费社会的“共费”大同小异，或许可以说都体现了“作为确立的个人与他人之间的共同工作的消费”这一方面，下一章将继续探讨。

说点题外话，最初我开始从事市场营销杂志的编辑工作时，我觉得“差别化”这个词相当不协调。一般情况下，特别是对于学习过社会学、社会政策的人来说“差别”是不好的东西，但是在市场营销领域可以毫不夸张地说，每天都要把“差别化”这个词挂在嘴边，尽管最初有些抵触。

当然社会性差别与营销学的差别不可同日而语，但又不是截然对立的。与别人不同，并炫耀这种不同，因为不同而产生优越感，差别化正是指的这样的价值观。

从超市到便利店

从营业方式来看，消费的个人化增加了便利店的销售额。在第二消费社会，家庭是消费的主要单位，所以超市的营业额增加（图 2-9）。

1972 年大荣的营业额竟超过了三越，轰动一时。如前所述，百货店是第一消费社会的营业方式，它的营业额在泡沫经济时代达到顶峰，此后二十多年一直不断减少。虽然因为第三消费社会中，人们崇尚名牌，百货店有所喘息，但在第四消费社会很难有立锥之地。

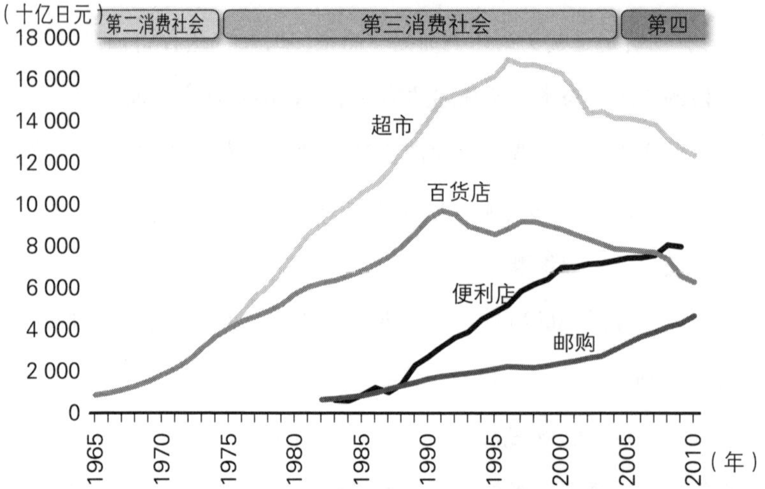

资料来源：日本百货店协会、日本连锁店协会、日本经销权协会、日本邮购协会

图 2-9　百货店、超市、便利店、邮购的营业额

一般认为，第一家便利店是 1974 年开设的 7-11（7-ELEVEn）丰洲店，现在全国已有约五万家店铺，销售额超过 8 万亿日元，远远超过了百货店。作为第二消费社会的营业方式，超市也受到了便利店的冲击，销售额不断下降。

近年来伴随着网络的发展、女性的就业，日常活动的时间发生了变化，受此影响，邮购的销售额增加。

从物质到服务——餐饮业的发展

消费的个人化还使得消费结构从物质转变为服务。比如已经个人化了的消费者，在吃饭的时候，不是自己去买菜做饭，而是更多选择在外就餐，这就不是物质的消费，而是服务的消费了。

因此，家庭餐厅、快餐店等餐饮业都得到了发展。1970 年肯德基和天乐（Skylark）登陆日本，1971 年麦当劳在银座的三越开了第一家店。

外卖产业的市场规模从 1975 年的 8.58 万亿日元扩大到 1985 年的 19.277 万亿日元，天乐和麦当劳等的开店数量与同期公布的碗面的销售量也显示出和餐饮业相同的曲线（图 2-10）。

支持家庭餐馆的是婴儿潮一代的新家庭，在这个意义上家庭餐馆名副其实，具备第二消费社会营业方式的特征。

此外，麦当劳在日本最初的销售目标是在银座的步行者天国游玩的年轻人，之后以单身青年为主要目标，在美国则是面向郊区的家庭。在日本，到了 80 年代，成长在 70 年代的年轻人已经结婚生子，在郊区带着小孩儿吃麦当劳。这样看来，麦当劳也和家庭餐馆一样，具备第二消费社会营业方式的特征。

但是从 80 年代开始，麦当劳逐渐成为独自生活的年轻人吃饭的地方。实际上，我 1977 年上大学，在日本铁路中央线沿线的小金井市开始了一个人的生活，那时公寓附近刚开了一家天乐快餐，对于经常吃炒饭和饺子的穷学生来说，吃一个夹煎蛋的汉堡是一件特别

资料来源：饮食安心安全财团、日本速食食品工业协会

图 2–10 餐饮业总销售额与碗面销量的变化情况

奢侈的事情。

进入大三，我搬到了国立市，果然公寓附近也有家天乐，之后又搬到国分寺市，公寓旁边还有家天乐。我记得很清楚，当时我经常大半夜出来到国分寺的天乐吃饭。白天是母亲带着孩子，周末是全家出动，而晚上则是独居的年轻人，这种方式就是在当时产生萌芽的吧。

对于现在的光顾家庭餐馆的年轻人来说，并不一定非得和家人一起去，朋友们一起喝喝茶，略微喝点酒，自然有很多消费方式。童年时期由父母带着去过的家庭餐馆，到了高中的时候就可以自己去喝茶，也可以约会，成年了就去喝酒。家庭餐馆可以说贯穿了我们这一代的一生，这表明家庭餐馆从第二消费社会的营业方式向第

家庭
どんな店なの
ファミリーレストラン
家族づれ向きに
値段も手ごろ
夏は"避暑気分"
ストにはこむ
"成長"に成算か
お手並み拝見
週末や休日、家族づれでにぎわうファミリーレストラン
＝東京都小金井市で

家庭餐馆非常流行，与前年相比增加了三成，这是一篇描写家庭餐馆是什么样的地方的报道。照片是笔者当时住的小金井市的店铺。（《朝日新闻》1977年4月28日）

三消费社会营业方式的转变。

但是，餐饮业的销售额从泡沫经济崩溃之后的 1992 年起就开始增长缓慢，1997 年达到 29.7 万亿日元的高峰后逐渐减少。这时正赶上第四消费社会方兴未艾，餐饮业的市场开始缩小。究其原因，第一，因经济不景气，在外就餐的消费者减少，在家自己做着吃的机会增多；第二，被称为“中食”的外卖食品流行起来，既不是在外就餐，也不是在家里做饭，而是把已经做好的外卖食品带回家里或公司吃，或者在街上边走边吃，或者坐在地上吃。因为是在大街上吃饭，所以我把“中食”又称为“街食”。

外卖在饮食费用中所占的比例从 1997 年的 4.7%上升到 2009 年的 8.1%（图 2-11）。外卖不包括碗面，所以真正地自己做饭吃的机会越来越少了。近年来，碗面的销售额也在持续增加。

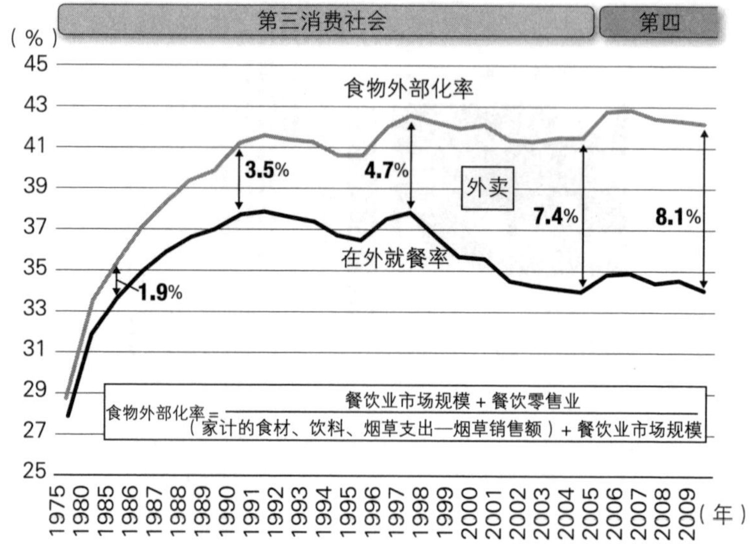

资料来源：饮食安心安全财团

图 2-11　在外就餐率与食物外部化率的变化情况

以上两个原因都是消费者追求相对便宜且简便的饮食的结果，另一方面，也可以看作是寻求与家人朋友等联络感情的结果。在这个意义上，外卖也可以说是具有第四消费社会特征的现象。

或者我们可以认为，餐饮业虽说是服务业，实际上也只不过是把冷冻食品从中心厨房运出来，放进微波炉里加热，加上各种调味料之后，再提供给顾客，所以并不是真正的服务业。

说实话 20 世纪 70 年代的家庭餐馆远比现在的恭敬礼貌，由此看来与服务业并无二致。但是泡沫经济崩溃后，由于低价竞争等因素，员工服务减少，顾客到吧台自取饮料、限时畅饮的形式普及开来，餐馆不再提供原有的服务。

由此可见，如果我们即将讲到的第四消费社会是追求高质量服务的时代的话，家庭餐馆并不与第四消费社会完全对应，或许又回到了具有第二消费社会特点的、大量生产型的营业方式。

追求名牌

从第二消费社会向第三消费社会发展的另一变化就是“由量到质”，这是20世纪80年代前期在市场营销业界的“陈词滥调”。

当时，婴儿潮一代基本上全都进入了育儿时期，而进入单身贵族市场的则是前面提到的新人类一代。他们的消费特征就是追求名牌，是一个就连女大学生都拥有国外的高级名牌的社会。高级进口汽车的销售额也开始上升了（图2-12）。“由量到质”的诉求与追求名牌的意愿相结合，推而广之。

田中康夫的小说《莫名的水晶》描绘了第三消费社会追求名牌的情况，该小说于1980年获得文艺奖，当时正是新人类一代进入高中、大学的时期。该小说中描写的追求名牌的年轻人被称作“水晶一族”，受到当时大人们的揶揄。

我和田中康夫是一桥大学的校友，比他低一个年级。在当时拥有很多考试型人才的一桥大学，田中的存在可以说是一个异类。他从学生时代起到上大学都是一身名牌服饰（当时的我完全不懂什么名牌），他的夜生活也非常丰富，经常光顾六本木附近的迪斯科。

现在想起来，来自东京、横滨等地的学生们，特别是女学生比

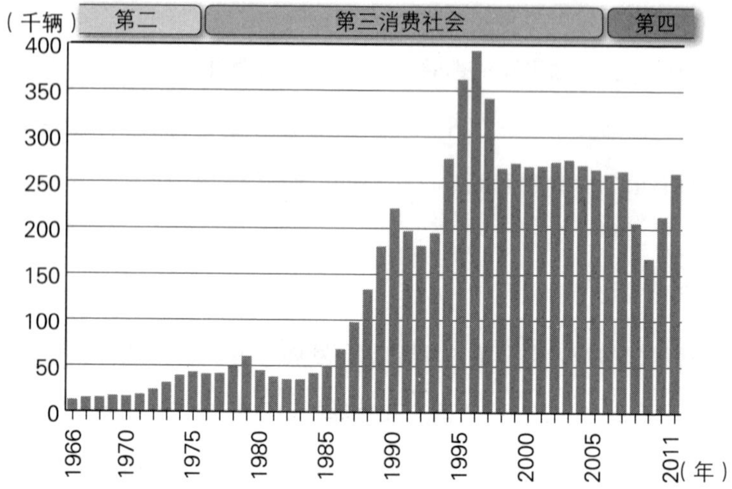

资料来源：日本汽车进口工会

图 2-12　进口车注册量

一般的学生更爱打扮，也爱穿名牌服装，但是他们与田中相比，是小巫见大巫了。在庆应大学、青山学院大学、立教大学之类的高校，像田中一样的学生比比皆是。

当我进入 PARCO 上班，不出意料，周围的员工无一例外都是田中康夫所描述的水晶一族。我是老气横秋的国立大学学生，虽说是到 PARCO 就业，还是想被分配到出版部门，在那里创作美术类书籍，对于什么时尚、名牌完全没兴趣，所以当时的我对真的有那么多水晶一族感到惊讶。当时还有员工穿着极为流行的“船库”牌训练服。学过社会学的人，至少是在当时，认为追逐潮流本身是一种愚蠢的大众性行为，所以当看到自己所处的社会中全是这样的人，就在相当程度上感受到了强烈的文化冲击。公园的小道上，常常可以看见与杂志 *JJ* 的模特一样打扮的女大学生。我觉得这就是大众社会吧。

试想一下，在位于像国立市那样风景优美、绿荫环绕的郊区的大学，糊里糊涂地皓首穷经，是无法了解社会的。比如社会学会分析当前的最新现象，对于学习这一类学问的人来说，国立市那样的环境并不合适。更何况我大学时读的是马克斯·韦伯的宗教社会学的原著，过着远离尘世的生活，没有接触过现实的大众社会。

但是进入 PARCO 后，我没有从事美术书籍的出版工作，而是成了市场营销杂志的编辑，不得不开始分析消费的最前沿情况。如果说消费是现代的宗教，那么我就可以运用宗教社会学的经验。可以说 20 世纪 80 年代的涩谷，正是被叫作“消费教”的宗教所支配的街道。

产品目录文化的兴起

与追求名牌的热情高涨同步发展的消费文化，在当时常常被揶揄为“产品目录文化”。《莫名的水晶》的主人公像更衣玩偶一样穿着光鲜、频繁换装，大谈恋爱，由于属于产品目录似的小说而饱受评论家们的批判。

这种产品目录文化究竟从何而来？当然产品目录古已有之，但首次把它刊登在杂志上还是在 20 世纪 70 年代。1968 年在美国出版的《全球概览》(*Whole Earth Catalog*) 一书是一个契机，它的作者是斯图亚特·布兰德，在反主流文化的进程中，它作为产品目录传递了一个信息，即在生活中需要的物品自己动手做。产品目录介绍了“有用的道具”“有利于培养独立精神的教育”“物美价廉”“尚不知情”“邮购很简单”等选择物品的标准。由于大量生产大量消费的不断扩大，在50年代后的美国社会，人们丧失了主体性，消费者只是单纯地享受物质，而该书的编辑的出发点则是为了批判这一现象。

此后《全球概览》数次发行了修订版，20世纪70年代后在日本也声名鹊起，模仿它的书也很快问世。1975年JICC出版社（现宝岛社）把1975年11月刊的《宝岛》杂志做成了专刊《全城产品目录》，又于1976年4月出版了《增刊宝岛》的创刊号《全城产品目录》。

另外一个是《美国制造产品目录》（*Made in USA Catalog*），于1975年6月作为《读卖周刊》的增刊发行，它在纽约、科罗拉多、加利福尼亚等地就地取材，打出了“从刀到旅行车——年轻人喜欢的美国产品”的旗号。现在虽然不太相信了，但当时美国确实是年轻人流行文化的发源地。

这本书实际上是先由杂志屋（当时的平凡出版社）的知名编辑、之后成为《波普艾》的总编辑木滑良久发现的，他向当时的领导提议能否在杂志屋出版，但因“产品目录是免费发放的”而遭到拒绝，于是他才拿到读卖新闻社出版，也就是《全球概览》的日本版。此后杂志屋的《布鲁图斯》的编辑松山猛也参与了该书的编辑。当然

家庭
「全地球カタログ」物語
「本物との対話」めざす
宣伝から意識革命の媒体へ
Made in USA catalog 1975
Whole Earth Epilog
浸水に加え、地盤沈下
くらしの相談
エコノミスト
桃花流水
東京・横浜・神戸
おしゃれブティック
お買徳セール
●26日(火)まで 8階
古伊万里名品展
ひな人形特別セール
民芸品のブティックも特別参加!
日本橋
髙島屋

569

解说美国的*Whole Earth Catalog*及其对日本的影响的新闻报道。（《朝日新闻》1975年8月21日，三浦收藏）

1976年创刊的《波普艾》本身也是产品目录杂志文化的代表。

作为女性杂志《无》的增刊，1974年《季节与无》创刊，遗憾的是我没有看过创刊号，我收集的是1976年第11期的《大特辑：富裕生活的产品目录》《当今女性的四大生活产品目录》《时尚产品目录》等，基本所有的报道都以“产品目录”冠名，或许可以说这一时期的杂志是日本的产品目录杂志的鼻祖。其他还有1975年出版的《AN·AN增刊·产品目录集》《产经周刊特别增刊DO CATALOG》。

像这样，“产品目录”这种媒体本来是从反主流文化的《全球概览》派生出来的，在日本却成为促进消费的媒体迅速发展。此后，《波普艾》《布鲁图斯》等先导性产品目录杂志主要朝着面向年轻人的物欲杂志和名牌杂志的方向发展，这正体现了“从政治到消费”的时代变化。

需要补充一点，DIY思想（Do It Yourself，自己动手做）通过各种DIY小店以及东急手创馆等商店普及开来。东急手创馆的现场制作比一般的DIY商店更加具有产品目录的特征，可以说它是《全球概览》的思想与产品目录消费文化的融合。

方便面高级化，高档车里约会

满足品牌化、高档化带来的差别化需求的并不是只有时尚业界。就连方便面这样的第二消费社会的大量生产品都在1981年推出了明星食品“中华三味”，作为高级产品来销售。现在方便面中仍然还有高级产品。

日本雀巢在发售高级速溶咖啡的新产品“雀巢咖啡礼品”的商业广告中，加入了比利时王室继承人鲁道夫殿下的图像，由于涉及贵族到底喝不喝速溶咖啡的问题，一时成为人们的话题。由于引入了连速食食品都要“高级化”的差别化战略，中等商品饱和的情况常常出现。家电等采取的是把“一家一台”变为“一家数台”、“一人一台”或“一人数台”的战略，而食物的消费量是有限的，所以必须将其高级化以抬高商品单价。

另外在汽车方面，不仅是每一代人的保有量增加，而且还不断地高级化，丰田的速乐娜、日产的西尔维娅等概念车就是其代表。

据日本汽车工业会主页的信息，“首次设立概念车范畴的是福特野马……1964年问世的第一代野马拥有轻便的外部设计，性能良好，价格适中，配备了被称为‘未来系统’的多种选项设定功能，深得人心，被誉为美国市场上自T型福特以来，福特公司的巨大成功……野马的成功对全世界的制造商都产生了巨大影响，在日本从70年代到90年代各种型号的概念车相继登场”。“日本最先实现福特流的概念车的是70年代问世的丰田塞利卡”，引进了和野马一样的未来系统。同一时期，五十铃117（1968—1981年）、马自达Cosmo-Sport（1967—1972年）、日产天际线、三菱GTO（1970—1976年）等也都开始上市销售。

1973年石油危机后，尾气排放管制开始，但“对于概念车的需求没有下降”，“日产西尔维娅（1975—1979年、1979—1983年）、本田Prelude（1978—1982年、1982—1987年）相继问世”，甚至“在

杂志《无》的创刊号在第四版刊登了最新发售的丰田塞利卡的广告，上面写着“恋爱要选塞利卡”，就像要约会一样。驾驶员应该不是《无》的读者，所以广告设计为希望有一个拥有塞利卡的男朋友。内饰与外饰的种类在当时显得非常丰富，“你可以按照自己的喜好订购塞利卡”是一大卖点。

80年代年轻人中间刮起了高级汽车风潮”，“丰田基先达成为高级汽车的契机”，但是“高级汽车的鼎盛时期是双门硬顶的第一代速乐娜”。高级汽车对于年轻人来说是一种“憧憬”，它又被称作“约会车”，“在开发阶段预想的是为了约会而开车飞驰在沿海公路上的情景，而不是用在婚礼上”。更令人惊奇的是，本田第二代Prelude的副驾驶座位可以通过操作而放倒。当时PARCO的总经理增田通二也买了一辆速乐娜，洋溢着浓厚的时代气息。

与此相关，有一个现象非常有趣，16至24岁的年轻人驾驶汽车导致死亡的事故，主要原因是超速行驶，这种情况在1990年大约有1600件，1999年则是628件，2009年减少到120件。以前的年轻人经常开着跑车、概念车在街上飞驰，然而，现在的年轻人倾向于开着日产Cube优哉游哉地行驶了。

消费者的心理变化

洗练的消费

消费教在第二消费社会与第三消费社会中的教义是不同的。第二消费社会的教义是“越大越好”、“追赶超越”，在根本上强调数量的扩大。

但是第三消费社会的教义是精练考究的生活方式，体现在高级汽车的美感上面，而且连速食食品都要高级化，这就意味着生活质量的提高。越来越多的消费者从追求物质的丰富到渴望精神的满足，这可以说是当时的时代背景。

日本内阁府开展了“关于国民生活的社会调查”，调查今后的生活方式，是“仍然把重点放在物质方面，使生活更加富裕”，还是“物质在一定程度上已经很丰富了，所以今后会把重心放在心理的满足感和悠闲的生活等方面”？在第二消费社会末期，即20世纪70年代前期，更多的人偏重于物质，但是到了第三消费社会初期，即70年代后期，越来越多的人倾向于心理的满足。在第四消费社会伊始的1998年之后，大体上有六成的国民选择精神上的富裕（但是以2008年的雷曼兄弟破产冲击为界，尽管增幅不大，但对物质的追求还是逆市而上。由于国民收入差距的扩大，追求物质富裕的人再度增多）(图2-13)。

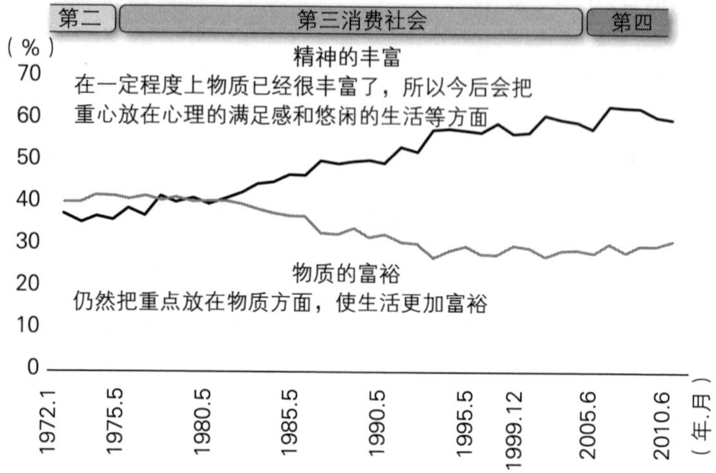

资料来源：内阁府《关于国民生活的社会调查》

图 2-13 关于精神的丰富和物质的富裕的调查情况

崇尚健康

从“由物到心”的变化可以看出，“由量到质”的转换绝不仅仅是通过追求名牌体现的，应该还有其他的表现方式，其典型就是崇尚健康。

不是单纯为了饱腹而吃饭，不是为了长胖长高、摄入大量的卡路里而吃饭，而是为了“健康”即增强体质而吃饭，这种潮流从 20 世纪 70 年代中叶开始兴起。慢跑热等也是那时出现的现象。此后的四十多年“健康热”一直持续了下来。但是到了第三消费社会后期，健康热略微产生了一些变化，人们越来越追求精神层面的健康，也就是所谓的“治愈”。健康（Health）与治愈（Healing）语出同源，但“治愈”特别用于指精神压力的消除、内心的自我控制，是20世纪90年代风靡美国，其后登陆日本的热潮。这个“治愈”的潮流也是提高健康的质量的意识表征。

第四消费社会中的健康应该是整体性（Wholistic）的。Wholistic与健康、治愈语出同源，表示“整体”的意思。不健康指原本完整的一个整体欠缺了些东西的状态，如果恢复了“整体”，也就回归了健康。人们普遍认为瑜伽正是恢复整体的良方。

那么说到“整体”是什么，既不单是身体，也不只是身心。如果无法重新认识到生活和生存方式的整体性，就得不到健康。在这个意义上，第四消费社会人们的观念已经超越了身体的健康、身心的治愈，而追求的是对于人生的整体性规划。

从物到事——有乐町西武

消费的个人化加速了从物质到服务、从百货店到便利店的进程，加上以新人类一代为主的时尚化的发展，零售业开始相继模仿像PARCO一样的时尚大厦，比如Nichii开设了VIVRE，东急建成了109（ONE ONINE），1978年涩谷有了东急手创馆，1987年有了Loft，被称为“专业大店”的营业方式聚集了大量的人气。有一种论调认为，集中某一类商品的“十货店”比百货店要好。为了让家中已经充斥了各种物品的消费者再次打开腰包，商家们开始不断摸索。

在此过程中，百货店业界的营业形式发生变化，不再是单纯地卖东西，而是卖服务，卖信息，卖“事”，2010 年倒闭的有乐町西武百货就是如此。

有乐町西武于 1984 年开业，打出了“生活信息馆”的旗号，一楼开设了馆内电视台；在饮食卖场，勒诺特尔（高级点心、家常菜店）提供送餐服务；在衣裤卖场提供裤子、裙子的裁剪服务；设立了时尚顾问的制度，接受顾客关于时尚方面的咨询；也成立了拉尔夫·劳伦的粉丝俱乐部“Polo 衫俱乐部”；在家具卖场可以使用电脑来模拟色彩搭配和陈设布局等；还接受关于自费出版的咨询。

类似这样，有乐町西武成为具有不仅卖东西，而且卖服务、卖信息、卖“事”的特征的新型百货商店。但是从结果看，这种尝试并非一帆风顺，特别是进入泡沫经济时代，它却开了倒车，变成了卖高级名牌商品的百货店。

这种“从物到事”的尝试虽然是先开的花朵，但可以说是符合季节集团和堤清二风格的一种挑战。实际上，在此之后有乐町西武所尝试的各种服务，不仅限于百货店业界，在很多方面都得到了实践。现在看来是理所应当的服务，在三十年前还是相当具有挑战性的事业。

但是有乐町西武的“事”仅限于卖“服务”这样的商品，在此意义上，它无法实现第四消费社会中加强人与人之间联系的功能。

“从猛烈[①]到美”与“重新发现日本”

第二消费社会与第三消费社会接踵而至，但它们之间的转换并非由于石油危机而突然发生。1970 年富士施乐的广告“从猛烈到美”、日本国营铁路的广告“重新发现日本”的口号闪亮登场，虽然当时是第三消费社会，但可以说这些广告词暗示了第四消费社会的起点。

当时在电通的藤冈和贺夫同时策划了“从猛烈到美”与“重新发现日本”两个宣传口号，他于 1988 年如是写道：“今年即昭和六十三年，是‘新价值’诞生的年份。在很长一段时间内我都凭借经济这把利器一路走来，任何事情都以经济价值来判断，否则无法理解，无法满足，这种感觉当时持续了很久，但说实话，最近出现了一些不同的征兆……因为美的东西本身就是美的，所以牺牲一些经济价值和经济效益也无妨，这种淳朴的感受在每个人的心中、在社会上生根发芽……于是，人们产生了‘从猛烈到美’的意识。十七年前流行的词汇在今天仍有重要的现实意义，而这种变化花费了十七年的时间。只有经济的繁荣无法实现人人富裕，现实生活的实际感受激发了人们的觉醒。”(《藤冈和贺夫全集 2　从猛烈到美》，1988 年)

倘若现在的日本人，特别是年轻人读了藤冈的文章，可能恍惚

---

① “猛烈”一词出自 1969 年丸善石油的广告词，原意为描述战后日本经济的辉煌发展。

间会感觉到好像坐着时间机器穿越到了另外一个时代，因为“美的东西本身就是美的”和“只有经济的繁荣无法实现人人富裕”在他们看来是理所当然的。1971年迎来了第二次婴儿潮，这一代人在2011年已进入不惑之年，他们出生在“从猛烈到美”最引人注目的年代，在它逐渐变得稀松平常的过程中长大成人。

那么“重新发现日本”又如何呢？关于这一点拙作《爱国消费》(2010年）也有所提及，准确的广告词是“重新发现日本、美丽的日本与我”，它是1970年至1977年的七年间“广告史上长城不倒”(藤冈自己的说法）的宣传口号。藤冈如是写道：“不顾一切拼命发展的文明的丑陋一面，我们只要想起公害问题就够了……但是，与其把公害看作文明的问题，人们必须把它当作‘心’的问题来对待。”

“不顾一切拼命发展无疑就是‘心’的问题……银座的柳叶枯萎，隅田川的鱼大批死亡的时候，人们作何感想？我们被物质欲望鬼迷心窍，讴歌经济发展，所以估计不会有一丝感伤吧。”

“以前的旅游动辄就像卖画、明信片似的贩卖目的地，这样的旅游就沦落为跟看电视上的画面一个水平。旅游的喜悦在于自己创造的喜悦，在于发现日本，并在其过程中重新认识自己。我们的宣传口号‘重新发现日本’就是这个意思。乡间布满了尘土的无名小路很可能拥有悠久的历史，抑或是见证了无数的故事与传奇，还有可能闻到乡野的气息，听到收获的歌谣。这些地方需要你自己去发现、体验，这才是旅行，才是重新发现日本。”(《藤冈和贺夫全集1　重

新发现日本》，1988 年）

作为对第二消费社会导致的物质主义的反省，“心”的问题第一次在广告史上被大张旗鼓地宣扬。此后藤冈成为自由制作人，游遍日本的近山地带。对他来说，“从猛烈到美”和“重新发现日本”并不单是为了工作而制作的广告，而且是他自己的人生观。

无法描绘幸福的世界

稍微聊点私人话题，一提到“从猛烈到美”，我就想起了那个时代人们津津乐道的一些电视广告、流行语。

当时通过对“猛烈”的反省，想要更加悠闲地生活的“舒适主义”一词颇为流行。此外，对于交通事故的增多，人们打出了“日本狭小，如此急行向何方”的交通标语。

我还想起了《蝾螺太太》①（漫画）中的一则冷笑话。波平与朋友在客厅聊天，波平说：“日本人需要过得更自在悠闲。”朋友回答：“就是就是，我们进行‘舒适运动’吧。”于是两人一起站起来，“那么赶快行动！”说着就跑了出去。像这样，社会追求速度，人心也浮躁，这是军国主义，或者说是明治维新以来那些阴魂不散的日本人的心态。

还有一个值得回忆的是美孚石油的歌曲“轻松地走吧，年轻的

---

① 日本长谷川町子创作的家庭漫画。1946 年开始在《福日晚报》上连载，之后又刊登于《朝日新闻》。

我们，欲速则不达”以及给人留下深刻印象的，描绘了追求自由的年轻人的电视广告。这个广告的艺术指导是杉山登志，作为广告界的鬼才，他从20世纪60年代起创作了资生堂、可尔必思①、丰田等许多商业广告。我从小学开始到中学一直关注他的作品，但却始终不知道杉山登志这个名字。

「のんびり行こうよ」破産

一人の男が、自ら命をたった。二週間ほど前のことだ。広告の世界、とりわけテレビCF（コマーシャル・フィルム）の世界で「鬼才」といわれた人だった。

杉山登志さん

テレビ広告映画のディレクター自殺

「夢がないのに夢売れぬ」と遺書

杉山登志という。三十七歳だった。今月十三日の夕方、東京・赤坂のマンションの自室で、遺体となって見つかった。机の上に、原稿用紙が一枚、さりげなく置いてあった。

リッチでないのに
リッチな世界などわかりません
ハッピーでないのに
ハッピーな世界などえがけません
「夢」がないのに
「夢」をうることなどは……とても
嘘をついてもばれるものです

日大芸術学部の学生時代から、この世界にはいり、日本天然色映画会社のディレクターとして、十三、四年もCFを作り続けてきた。飛躍のうえで、技法のうえで、いつも、ずば抜けていた、といわれる。

資生堂・女性用化粧品のテレビCFは、ほとんど彼の手になる。たとえば今秋のアイ・メイクのシリーズ。図書館で、軽井沢で、中学生の男の子が、ふと、中年の女性と目があい、淡い恋心をいだく……。ほかに「のんびり行こうよ、世の中は」のガソリン。「いいじゃないか」の車。

妻や子はいない。最近、繰り返し聞いていたレコードがあるという。「長くつらい旅だったでしょうね」という意味の言葉ではじまる、女性歌手ヘレン・レディの「長くつらい登り道」である。

资生堂等很多著名广告的创作鬼才杉山登志自杀的新闻报道（《朝日新闻》1973年12月26日）

但是在1973年年末的一天，报纸上刊登了他死亡的消息，并附有他的头像照片。原来是自杀，“我不富裕，无法理解富人的世界；我不快乐，无法描绘快乐的世界；我没有梦想，无法出卖梦想。即使撒谎也会败露”。他在遗书中如是写道。石油危机后，鬼才创作家之死明确宣告了一个时代的终结。

我没有在他的商业广告里感受到富裕、快乐和梦想等，只是觉得很有灵感和美感，经常充满了幽默。初三

① Calpis，日本于1919年创制的乳酸菌饮料，商标名。

的我过于年轻，无法理解创作者的烦恼。

上了大学后，有一天我在公寓附近的书店里发现了一本叫《商业广告走进电视的日子》的书，它正是杉山登志的文集。“啊，是杉山登志的书!”我欢欣雀跃，马上买了一本。

这本书由PARCO出版社发行，编者之一就是不久前去世的石冈瑛子，她是资生堂时代的杉山的后辈，是撑起了PARCO的广告全盛期的知名导演，之后成为世界级导演。

最终我带着憧憬进入曾出版过杉山登志的书，并且石冈瑛子制作过广告的PARCO集团工作，成为一名市场营销杂志的编辑，讲述着消费的梦想和时尚的乐趣。

经济增长的矛盾与太阳塔

就像杉山之死所象征的，对经济增长的反省在20世纪70年代前期开始在全世界蔓延。意大利的奥利维蒂机械工业公司董事长艾德里亚诺·奥利维蒂（Adriano Olivetti）与英国的科学家、政策顾问亚历山大·金（Alexander King）创立的民间智库“罗马俱乐部”，于1972年发表了《成长的界限》，长鸣警钟：“如果人口增长、环境污染的趋势继续下去，一百年内全球就会达到发展的临界点。”

在日本，经济的高速发展也产生了负面作用，公害、环境破坏、交通事故等日益加重已成为严峻的社会问题。日本各地的河水散发恶臭，多处海域因水上飞机而污染，死于交通事故的人数激增（图2-14）。因此，1967年实行了公害对策基本法，1970年内阁设立了公害对策本部，1971 年环境厅成立。此外，生态运动如火如荼，为环保而骑自行车出行的自行车运动引人注目。

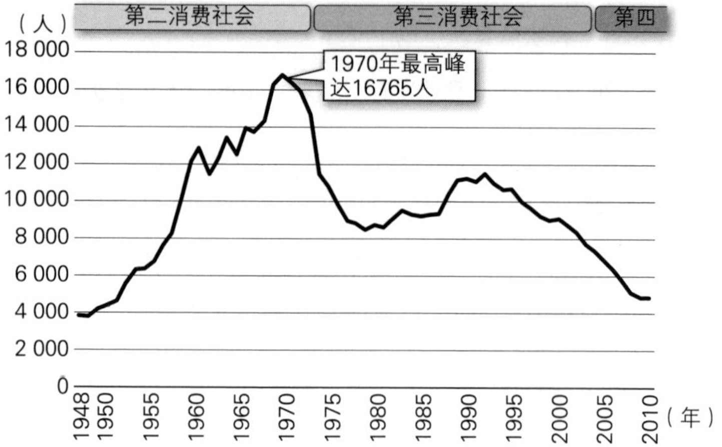

资料来源：警察厅交通局“关于平成二十二年交通事故死者数量”

图 2-14　交通事故死者数量

另外，1973 年英国的科学家舒马赫出版了《小的是美好的》，引起了广泛讨论。舒马赫是英国国营煤炭公司的经济顾问，他在该书中预言了即将到来的能源危机，而第一次石油危机验证了他的观点。他还在书中质疑以大量消费为幸福指标的现代经济学及科学万能主义，提倡自由主义经济下的完全雇用。

1970 年开幕的大阪世博会的主题是“人类的进步与和谐”，与会嘉宾反省了由进步所带来的各种各样的矛盾。冈本太郎在丹下健三设计的近代风格的祭祀广场的天井中开了一个洞，设计了从绳文土器中获得启示的太阳塔，在塔中有一棵从原始细胞到人类的生命之树，试图与近代文明相对化。

虽然有点长，我还是要引用一段冈本的话。

> 在太阳塔里，我宣称要创造出“伟大的东西”。日本人勤勉且纯粹，但还是缺少永无止境的财富。以1970年为界，新的日本人的形象出现了。无论经济如何增长，如何一帆风顺，只凭这些或许有些无趣。我们需要的是丰富多样的人格魅力。
>
> ……
>
> 人类以这样的姿态遍布宇宙，天真无邪地闪耀着光辉。作为这种姿态的象征，太阳塔摊开双手，淳朴地屹立着。通过一份赤子之心，人类与太阳和宇宙合为一体，从平时急躁的身体中超脱出来……在那里，“祭祀”的喜悦、生之喜悦孕育而生。
>
> 但是，当今时代已无法进行真正的祭祀。祭祀的幻影、七零八落的冒牌祭祀在我们的日常生活中泛滥成灾，分散了我们的精力。
>
> ……
>
> 但是，有一些东西很空洞。当今社会，作为人类的共同体，人与人之间共通的节奏正在消失。人们只扫自家门前雪，失去了个人的丰满的整体形象，也就是说自己不再是完整的自己。近代社会越来越组织化，体制的网络也越来越完善，于是人们就变成了其中的一部分，失去了整体形象、个人的感动和威严。
>
> 强大的生产力提高了人们的生活水平，但它是否真正充实

太阳塔表现对现代文明的批判（照片/朝日新闻社）

了人们的生活、意味着人类精神的进步，还存在相当大的疑问……太阳塔是从源头喷薄而出的面向未来的生命力的象征……一般来说，日本人的两种价值标准是西方近代主义和与其相反的传统主义，但我们把两者都抛诸脑后。

……

来参观的人们都惊呆了，“这是什么啊”，但好像不知不觉中开心地笑了起来。这种投射唤醒了尘封于日本人内心深处的生命力，在1970年之后的日本人的形象中，虽然只是一点苗头，但平心静气地打开心扉、自由而狂放不羁的精神出现了……我对世博会下的赌注取得了巨大成功。

（摘自川崎市冈本太郎美术馆《冈本太郎·来自EXPO '70·太阳塔的消息》2000年，初版《日本世博 建筑·造型》1971年。）

这份宣言体现了受尼采影响的冈本的风格，如同代言近代人心中的呐喊一般，宣告了第三消费社会的开端，同时预言了第四消费社会的开始。

生存本身的价值与进化的价值

说到第二消费社会、经济高速增长时期，我们当时觉得那是一个前途光明、充满希望的时代，可实际上并非如此。在内阁府的《关于国民生活的社会调查》中，“对现在的生活感到不满”的人的比例，在1959—1963年为30%—34%，但是在1971—1973年上升到38%—41%，在经济高速增长的过程中，国民的不满情绪反而上涨了（图2-15）。导致不满情绪增长的理由有很多，比如公害、交通事故的增多；比现在还严重的如同地狱般的通勤问题，家和公司之间距离非常远；城市过于稠密；日复一日的机械式劳动导致人与人之间的疏远；等等。

这种不满情绪在1974—1975年达到顶峰，直到1995年才逐渐减

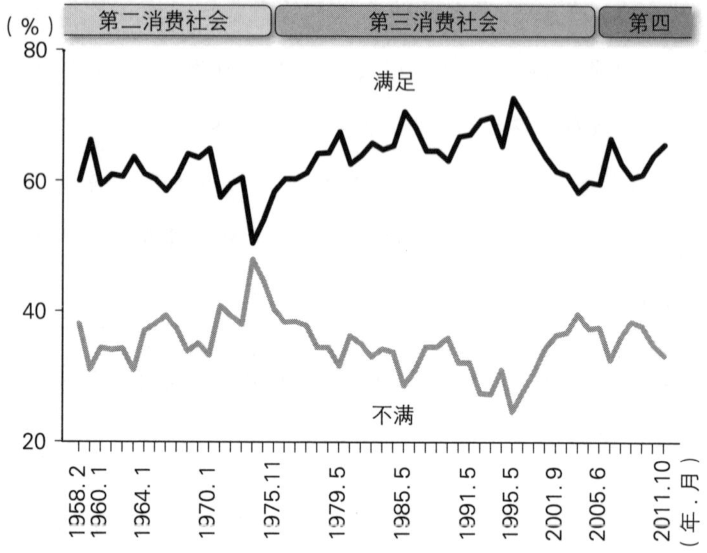

资料来源：日本内阁府《关于国民生活的调查》

图 2-15 对当前生活的满足度

少，之后又出现增加的苗头。近几年，不满程度最高的是 2003 年的 39.6%，与 20 世纪 70 年代初期大致相同。但是，现在经济长期不景气，与大阪世博会的时代相比，国民的不满情绪竟然差不多一样高，不了解当时情况的年轻人应该会大为惊讶吧。

内阁府的《关于国民生活的社会调查》还询问了对日本经济发展的评价，1971 年“好的方面居多”占 27%，1974 年减少到 18%，“坏的方面居多”则从 14%上升到 24%。

此外，“对于你自己的生活的”经济情况的评价中，“非常好”从 15%下降到 7%，“不好”从 8%上升到 11%，“好坏差不多”占 46%，没有变化。

NHK 也做了类似的社会调查，对于是否希望这种经济增长今后持续下去，回答“不希望”的人从 1970 年的 45%增加到 1972 年的 53%。在此事实基础上，NHK 广播社会调查所分析道，以 1970—1972 年为界，“经济高速增长的弊病日益激化，目前为止一直被歌颂的经济增长失去了国民的支持”（《图解战后舆论史》，1975 年）。

那么，第二消费社会与经济高速增长期——至少是其末期——并非充满希望和光明的时代，倒不如说它意味着“终结”。

科幻小说作家、未来学者小松左京早在 1967 年就在其著作《未来的思想》中做了如下论述：“发轫于两个世纪之前的人类的‘科学技术文明’此后迅猛发展，但其发展变化的幅度以及速度使人类陷入了深深的不安。在这快节奏的过程中，为了生存下去，或者说为了掌控进程，对未来的‘预测’或‘展望’对于发达社会来说不可或缺。”另外，“一步步走到今天的人类今后将会走向何方”，这个问题“首先可以向科学寻求答案”，但最终还要回到“我们的生命在进化过程中产生了价值？还是生命只要存在就有价值”的讨论上来。“‘生存本身的价值’与‘进化的价值’之间产生了平衡的循环运动，或许能够从中引出更加和谐的进化”。

小松探讨的正是进步与和谐的问题。第二消费社会是人类最初的大量生产大量消费的社会，同时也是有很多问题值得反省的社会，并且可以说这些问题经过了第三消费社会，现在在第四消费社会仍然是摆在我们面前的重大课题。

大众的分裂与差距社会的预兆

从大众到小众

创作“从猛烈到美”“重新发现日本”的藤冈和贺夫于1984年再次宣告了时代的转变，他写了一部《再见，大众》，并提出了“小众”一词。在书的开头他这样写道：“现在‘大众’逐渐变成了一个怀旧的名词。不管制造什么都卖不出去，什么样的商品都不畅销，即使畅销也只是一时的，无法长久。这种情况持续了好几年，那些‘大众’到底都去哪儿了呢？”

另外，虽然不知道统计数据是哪里来的，但据说超短裙“从1965年起的几年间，卖出了1亿件以上”，而这样的时代不会再出现了。

于是，藤冈对以往的“以消费者的物理属性来划分”的市场营销策略提出疑问，也就是说按照“性别、年龄、学历、职业、收入”等来分类的“大众”并不一定具有“共同的价值观和需求”，新的时代呼唤新的“感性的市场营销”。

换言之，“如果说战后的富裕的形象是‘所有’的富裕，那么‘所有’就达到了饱和状态。人们不再依靠‘所有’，而不得不通过‘存在’来追求适合自己的，或者说符合自己风格的富裕”。进入“存在”的时代后，“对于千人一面、千篇一律感到无比的厌倦”。“如果大家都类属同一种属性，反而希望改变一下表情，改变一下生活方式。以前是看到邻居买什么自己也买什么，大家买什么自己就跟着买什么，现在正好相反。大家都买，自己反而不买，流行什么自己就讨厌什么。”

于是，“东西的价值降低了，人们开始思考，如何享受消费生活，如何度过闲暇的时光，还有如何培养兴趣、提高修养、进行体育运动，人们开始更多地关注生存的意义和人生的价值”。“但如果和大家都一样，自己又不甘心、不满足，所以不管怎样都要找出适合自己并体现自己风格的东西，这对大家来说都是至关重要的。因此我认为，‘存在’的时代的关键词就是‘适合自我’。”（《再见，大众》）

“适合自我”的时代已经被正式提上日程。PARCO 的广告“欲拒还迎”是表达“适合自我”理想的鼻祖，在其问世近十年之后，一部分人倡导的“适合自我”的理想逐渐普及，不知不觉中已成为消费者的普遍倾向。（此外，1982 年 4 月刊的《穿越》以“从 DO 时代到 BE 时代”为题编写了特辑。）

走向感性与适合自我的时代

藤冈认为，要发挥“适合自我”，最终还是要与“感性”的作用结合起来，“自己通过这种感觉、这种兴趣、这种生活方式来实现自我，表现出与其他人的不同，我认为这种欲求可以称作‘感性欲求’”。于是“适合自我”与“感性”成为消费社会的中心概念。

但是藤冈并不是说到了“适合自我”与“感性”的时代，大众就分裂为小众，欲求就减退，东西就卖不出去了。“感性欲求的提高，指的是对目前拥有的不满足，对和大家都一样的不满意，所以从想要新的东西的方面来说，还是可以创造出无止境的需求。”前面讲过的第三消费社会崇尚名牌、由量到质的转换、“从猛烈到美”的转换，都说明消费者购物时不仅考虑东西的功能、性能，而且还会根据其象征的价值和自身的心情来选择。

与此同时，挑选东西的时候不仅靠理性和逻辑，还要凭心情和感觉。比如家电，人们不再单纯追求减轻家务的便利性，更加倾向于买符合上流社会氛围的，或是公主风的，或是职业女性风格的，等等。

当然这种象征性价值在第二消费社会也存在，但在第三消费社会进一步强化，可以说象征性价值变得更加重要了。因此，连家电都从 20 世纪 70 年代初开始发售了外表色彩纷呈却完全不考虑功能的制品，到了 80 年代，以企鹅、航天飞机等为外形的罐装啤酒作为“有趣的商品”畅销一时。

一个经典的例子就是西武百货的广告“美味生活”，它展现了消费从逻辑向感性转变的时代。毋庸置疑，第三消费社会的生活水平提高了，人们的基本生活都变得宽裕了，这正是属于第三消费社会的感性。

《金魂卷》

但是，消费行动由于收入增加和感性需求而多样化，消费方式就成了显示断层差距的东西。最初揭示这一原理的，既不是社会学家也不是经济学家，而是插图画家渡边和博的《金魂卷》(1984

年）。该书将31种职业的人物分为“富人”和“穷人”，用插图进行解说，是名留阶层论史的具有历史性意义的书籍。作者在前言中写道：“‘富人’的优点是家有余钱感觉幸福，所以他们总是浅浅地微笑，故而他们看起来面貌和善，为他人所喜爱，与其他众多同属于‘富人’的人同心协力，进一步巩固了‘富人’的地位；另一方面，‘穷人’的缺点就在于他们太想成为‘富人’了。他们想要高级速溶咖啡、美黑沙龙、原宿竹下街家庭手工业生产的川久保玲①，而这些又反过来击碎了‘穷人’的憧憬。”“‘富人’的商品到哪里都能见到，于是‘穷人’想方设法苦苦追求，却越来越滑向通往‘穷人’的道路上。”此外，“非常棘手的是一旦踏上了‘富人’或者‘穷人’的道路，一切就很难改变了”。

《金魂卷》把阶层差距及其固化的现实状况，摆在了那些认为日本已经普遍中产阶级化的国民面前，把“富人”和“穷人”在所有事物、兴趣等方面的截然相反曝光于光天化日之下。

法国社会学理论家皮埃尔·布尔迪厄的《差别》是社会学的经典书籍，指出阶层不同导致消费和兴趣不同，原著于1979年发行。1990年《差别》的译本在日本发行，我读了之后认为书中所写完全正确。不仅是《金魂卷》，从1985年左右开始，大众媒体上也兴起了“千金小姐热”，以千金小姐为对象的杂志纷纷创刊（*CLASSY* 于

---

① 一位日本的服装设计师，出生于东京，毕业于庆应义塾大学。1973年，她在东京建立了自己的公司，并向世界展示了一种革命性的新型穿衣方式。

1984 年创刊)，这些现象的出现都质疑了全民中产阶级化的说法。阶级不同，兴趣就不同，这本来就是理所当然的事情。

但是，力求严谨的日本阶层的研究学者们在相当长时间之后，才开始承认因阶层不同而产生消费和兴趣的不同，论文我只找到了片冈荣美 1996 年后写的文章。1998 年之后，第四消费社会崭露头角，与此同时，正式雇用与非正式雇用之间的差距开始明显扩大，最终人们渐渐发现阶层不同的确会导致消费和兴趣的不同。

“分众”的诞生

《金魂卷》出版后的第二年，关于消费的阶层化方面的书籍相继出版。其中之一是博报堂生活综合研究所的《“分众”的诞生》，另外，还有日本长期信用银行调查部的小泽雅子的《新“阶层消费”时代》。

阶层研究是社会学的一个领域，根据 1955 年以来每十年进行一次的《社会阶层与社会流动的全国调查（SSM 调查)》，我们可以确认从 1955 年到 1975 年，阶层意识不断地中产阶级化。但是到了 1985 年，中产阶级化停滞不前，阶层差距扩大的迹象反而日益明显。正好在 1985 年，广告代理商和银行的调查部门出版了分析消费阶层化的书，这不仅实际意义明显，而且显示出非学院派的民间企业的强大的调查力和预测力。

《“分众”的诞生》的开头作如下阐述：“最近，本来颇为流行的稀奇古怪的商品减少了。如果为了迎合所有人的口味而制造东西，结果只能是失败。消费者关心的东西要么是高价的，要么是非常便宜的。虽说有九成都是中产阶级，但最近其内部朝着两极化发展。”

在这种情况下，博报堂提出“分众”的概念，其原意为“分裂的大众”。分众化发展的背景则是感性的多样化与个人资产的差距。“现在，人们开始根据自己的感性、好恶来生活。在大众时代，人们希望过上普通人的生活，过上跟他人一样的生活，而今天人们再次把目光转向与众不同、独具风格的生活方式。”“和其他人一样的话，大众就会不满意。”

这种认识与藤冈和贺夫不谋而合。但是博报堂认为这不仅是由“感性、好恶”的多样化造成的，而且还与资产的差距密切相关，这一点是其创新之处。

一份面向消费者的问卷调查问道：“您认为家里是贫穷的吗?”“您认为现在的生活状况是宽裕的吗?”回答“不贫穷，宽裕”的“新富人”占总体的34%；而回答“虽不贫穷，但也不宽裕”的“新穷人”则占52%，是多数派，由此可见，“新穷人”才是分众的领导者。

换言之，在第二消费社会普通老百姓一样有钱，但世殊事异，在第三消费社会，民众开始分化为有钱且宽裕的人和有钱但不宽裕的人。在这个意义上来说，有钱但不宽裕的“新穷人”推动了“中产阶级=大众”的崩溃。

“新穷人们在并不宽裕的生活中，基于新的生活意识，不断创造新的生活方式。”因为不宽裕，所以不买低价且灵敏度低的商品，而是买低价但灵敏度高的商品，去掉高级商品中多余的功能，只有灵敏度高的商品才是新穷人的选择。

下文要讲到的无印良品（MUJI）等商品于1980年开始发售，它们正是低价且灵敏度高的商品的代表。《穿越》在1984年2月刊登了有关无印良品的报道，无印良品剔除了名牌商品的多余之处，通过最基础的材料取胜，而如何使用这些材料就完全交给了消费者的感性（在本书末尾的谈话中辻井乔氏也承认这一点）。

此外，《穿越》于1983年10月以“中产阶级瓦解”为题做了一期特辑，就是根据内阁府的《关于国民生活的社会调查》，对于生活水平的问题回答“处于中间水平”的人自1979年以后不断减少。虽然数量不多，但阶层差距的扩大的确开始了。

阶层消费

《“分众”的诞生》指出大众的分裂是由于经济差距造成的，实际上其根据是日本长期信用银行《调查月报》于1984年7月刊登的《“阶层消费时代”拉开序幕——“中产阶级幻想”的崩溃与大众消费时代的终结》，此后小泽雅子将这些总结为《新“阶层消费”时代》(1985年)。

按照小泽的说法，经济高速增长结束后，由于产业、企业规模、性别、工种等的不同，工资的差距逐渐扩大。具体说来，1965年工资最高的产业和最低的产业的差距是1.65倍，但是1980年是1.41倍，1982年却扩大到1.52倍。根据企业规模不同，1965年以后差距一直扩大，但是1975年以后差距扩大的速度更快了。由性别导致的工资差距到1975年为止是缩小的，但在1976年以后又开始扩大。白领阶层和蓝领阶层的工资差距也是同样的情况。

此外，资产的差距也扩大了。到1968年前后为止，农民与工薪族的纯资产额基本相同，但是到了1979年农民的纯资产额就变成了工薪族的两倍。在首都圈这种倾向更加明显，1968年农民是工薪族的1.8倍，1979年是4倍。

当然，同样是工薪阶层的人之间也存在差距，有人是在地价便宜的时候买了房子，有人是在地价上涨后买了房子，还有人从父母那里继承了房产。在1977年之前买房的人与1978年之后买房的人之间就有很大差距。其他不再赘述。小泽指出，由于工资与资产的差距扩大，个人的消费额也产生了差距。

差距论因泡沫经济而烟消云散

但是，这种新穷人论和差距论因1986年开始的日元升值、地价飞涨导致的泡沫经济而烟消云散。但实际上，在泡沫经济时代，从父母那里继承了房子的人与只能买得起距离公司两小时路程的房子的人之间的差距还是一直在扩大的，但是市场营销业界、广告业界以及大众传媒都只关注到了形势一片大好的消费现象。当然，NHK多次播放了讨论关于地价飞涨问题的节目，但在整体社会舆论中只是少数派。

在泡沫经济崩溃后，人们依然期待经济能够很快复苏，因此新穷人论仍旧没有市场。在社会学、经济学领域，橘木俊诏的《日本经济差距》（1998 年）、佐藤俊树的《不平等社会的日本》（2000 年）、山田昌弘的《希望差距社会》（2004 年）等相继出版，但还是没有形成普遍性论调。

由于小泉政权时代的经济复苏不依赖雇用的增加，非正式雇用者等问题日益明显，此时，新穷人论枯木逢春。当时，拙作《下流社会》（2005 年）成为畅销书，距离《"分众"的诞生》和《新"阶层消费"时代》的出版已有 20 年时间。

1999 年，渡边和博在《周刊 SPA》再度书写《金魂卷》（5 月 5 日、12 日《新金魂卷 1999》），它虽然没有引起人们的关注，但有一点非常有意思：在 1984 年的《金魂卷》的描绘中，有钱人穿着华丽，穷人穿得朴素；而 1999 年的描绘则是有钱人穿得简单而平常，穷人穿得漂亮而正式。经过泡沫经济时代，"穷人"阶层的女中学生都拥有了路易威登的钱包，女高中生则是用香奈儿的化妆品打扮得花枝招展，因此大张旗鼓地穿戴名牌商品已经不再是"富人"的存在证明。属于"富人"的女性反而更加朴素安静，不张扬，仿佛穿着几十年都不会改变设计的最基本的服装。即使是穿上优衣库的克什米尔毛衫，通过其穿着搭配也能看出她是属于"富人"阶层的人，因为它体现出"富人"阶层女性的自我主张。因此，越是上层社会越会穿优衣库、无印良品，此时与第三消费社会相矛盾的现象出现了。

不知道想要什么的时代

从需要到想要

20世纪80年代前期，“从需要到想要”这一说法在市场营销业界频繁出现。英语里的“需要”是指隐性需求，而“想要”指的是显性需求，80年代的“从需要到想要”是指从必要到想要的转化。换言之，也就是人们的消费对象从生活必需品变为非必需的、让人感到开心的商品，也可以说是“从必需品变为必欲品”。

然而，消费者能够明确知道什么是必需品，却不知道什么是必欲品。像大米、面包、黄油、洗涤剂这些生活必需品，人们能明确地知道什么时候该买了。还有在开始新生活时，人们也知道要准备洗衣机、电冰箱这些东西，可是却说不出除了生活必需品之外，还想要什么，这时的消费者本身是不知道自己接下来想要买什么东西的。

1988年系井重里为西武百货店设计的广告语“想得到想要的东西”，淋漓尽致地描绘出了那个时代人们的心理。

当时西武百货店的董事店长、1987年负责Loft开业第一线指挥工作的水野诚一，在他的著作《Loft随记——“探寻想要”的时代》(1990年)中写道：“最近经常听到一种说法叫‘顾客成熟化’，然而清楚明白‘顾客成熟化’意义的人却是少之又少。”“当人们的‘衣食住’得到满足，刚刚准备喘口气时却又发生了石油危机，某种意义上来说，石油危机成为‘拥有时代’终结的导火索。”另外书中还提道：“这里说的并不是‘马斯洛人类需求五层次理论’，人类拥有的一旦得到满足就会走向下一个阶段，这其实是一种逃避，逃避执着于拥有所带来的空虚感。”

我觉得“逃避空虚感”这个说法很好，鼓动顾客进行消费的百货店店长竟然说拥有是件空虚的事，这真是符合西武的风格。

另外，为了避免误解这里特别说明一下，第二消费社会到第三消费社会的变化的确是从需要到想要、从必需品到必欲品的变化，但并不意味着所有商品都从必需品变成了必欲品。

例如，汽车是第二消费社会的代表，而在第二消费社会中汽车不是必需品而是必欲品。现在想要购买汽车的年轻人不断减少，汽车也已经不再是必欲品，反而变成了和水电一样日常生活所必需的东西，与个人好恶无关，只是为了方便人们的使用。汽车已经从必欲品变成了必需品。

立体音响也是一样的。在第二消费社会时期，立体音响曾是一种必欲品，父亲们买完音响以后，用它听唱片的次数其实并不多，好像更爱听唱片的反而是儿子们这一代。对于父亲们来说，拥有音响才是他们的目的，而不是使用。我认为音响是 Have 时代的最好的象征。

然而到了今天，音响早已成了二流商品，如果要听音乐的话，手机、智能手机才是主流，这些商品也成为现在生活中的必需品。

所以，按照字面意思来理解“从需要到想要”“从必需品到必欲品”等说法是不正确的。由于消费者的需求具有多样性，一些消费者知道自己想要的是什么，他们更重视商品的颜色、外观带来的感性，而这一点正是从第二消费社会到第三消费社会的变化之处。

Be 时代的大型专卖店

水野与藤冈基本都在著作中指出了从 Have 时代到 Be 时代的变化。水野认为在 Have 和 Be 之间还存在着一个 Do。所谓的 Do 既可以指网球、滑雪等体育运动，还包括出国旅游、参加文化中心的活动等，也就是在“衣食住”的基础上追求“游玩”“知识”的行为。

水野还指出，随着这些活动进一步发展，游玩和知识逐渐成为满足人们“健康、美、交流、安全”需求的“工具”，例如人们会为了身体更健康而游泳、为了变得更美而去健身中心、为了加深和亲人朋友的关系而去打高尔夫，等等。与他人拥有相同东西（Have）的时代逐渐变成了自己随心所欲（Be）的时代。

但是消费者自身并不知道自己想变成什么样子。自己的目的不清晰，所以也就不知道自己买什么好。“想得到想要的东西”也就意味着，人们想知道“自己究竟想变成什么样子”。反过来讲，消费者希望通过找到自己想要的东西而发现自我，而并不是单纯找到东西。企业对于顾客需求的动摇和彷徨必须有所应对，特别是零售业。这就是 20 世纪 80 年代的状况。

提到 80 年代或者泡沫经济时期，人们首先想到的应该就是，经常出现在电视中的迪斯科舞厅里穿着迷你裙挥舞着扇子的舞女，就连 NHK 也不例外，甚至让人不得不怀疑 NHK 电视台里有很多人都喜欢这些舞池少女。但是仅用这个影像来代表80年代确实相当勉强，这只不过是电视影像带来不好影响的一个例子罢了。

舞池少女的影像会让人觉得80年代仅仅经济形势一片大好，却是十分单纯而无聊的时代。但从前面提到过的消费者心理这个角度来看，这个时代是一个复杂的时代的开端（有名的朱莉安娜东京舞厅成立于1991年，这个时期还算不上是泡沫经济的顶峰时期）。在这样复杂的时代里，商店里出售的那些谁都会买的东西和必需品越来越难卖出去，因为消费者都在折扣店里买这些东西。

百货商店与购物中心等先进的经营方式相同，就是出售少数顾客感兴趣的特定种类商品，所以商店必须缩小商品类别范围，再增加各类别中商品项目的数量，于是Loft这类“大型专卖店”就应运而生了。

东急手创馆与普通人的创造性

说到大型专卖店不得不提的还有东急手创馆（Hands），1976年第一家东急手创馆诞生于神奈川县藤泽市，这一时期正是第三消费社会的开端。

但是藤泽店只能算涩谷店的实验店，后又经过1977年的二子玉川店，而1978年的涩谷店才算是真正意义上的东急手创馆。

涩谷东急手创馆得到了广大年轻人的强力支持，店如其名，其经营理念就是“手工的复兴”。在概念形成方面，被誉为零售业开发天才的滨野安宏发挥了重要的作用。从企业战略构想、店铺基本构想、商品基本构想，到店铺命名、商标设计，都是由滨野商品研究所来负责的。

滨野主张自己动手享受室外休闲活动，通过 DIY 的方式亲手创造生活，从而提出了“创意生活店”（Creative Life Store）这一基本理念。从结果来看，东急手创馆超越了单纯的 DIY 店、家庭装饰中心，它的商品种类更丰富，还能激发人们亲手创造生活的热情，另外卖场的设计也有助于刺激人们的想象力。

东京市场研究会出版的《“手工现象”——从东急手创馆模式解读“物=事”的社会》（1986 年）一书深入地分析了东急手创馆。

“激发人的创造力不能靠强迫”，“因为强迫会造成创造力的萎缩”。“要想激发创造力，必须把物品当作‘素材’，当一个物品放在面前时，人们自然会思考应该怎么使用它，于是创造力就开始发挥作用了。普通的五金商店或超市里随处可见的钉子，放到东急手创馆就变得与众不同，人们看到它就会自然而然地想象，能用这些钉子做些什么。”除了钉子以外，手工里面还有“实验用的烧杯、金属大圆桶、放盆栽的架子、施工现场的电灯等，所有的商品都可以变成‘素材’”。

实验用的烧杯并不用于实验，而是用来保存食品；放盆栽的架子可以当作室内摆设，放一些日用杂货；工地的电灯可以当作房间的照明装置。东急手创馆的特别之处就在于，让人们自己开发出商品不同的用途，从而给人们带来快乐。从这个意义上来讲，东急手创馆“出售的不是天然素材和完全的成品”，“所有的商品都是‘半天然’和‘半成品’”,“无论商品还是成品都带有一个‘半’字，剩下的一半则成为人们发挥想象的空间”。

“半成品”思想的日式特征——无印良品

“半成品”思想还能让人联想到无印良品。无印良品诞生于1980年，与涩谷东急手创馆基本是同一时期。这个时期人们需要的不再是普通的批量生产，也不只是被动地购买名牌商品，而是开始把商品当作素材，由消费者亲自进行加工创造，思考新的用途。

无论是东急手创馆还是无印良品，它们都走过了第三消费社会的三十年，且在第四消费社会里依然占有举足轻重的地位。而这正是因为它们真正地满足了消费者“创费”的需求。

另外，我觉得“半成品”思想是十分日本化的思考方式。日本人能够把庭院铺石看成一座小山，把小卵石铺成的路比作大海，还能从小小的茶室中窥见宇宙，从茶碗的缺口中发现美。这种尝试其他用途的态度与“半成品”思想是相通的。另外百姓们还常常能从日常使用的器皿道具中发现美，美学家柳宗悦提倡“用之美”，他的“民艺”思想与“半成品”思想也是相联系的。

所以,“半成品”思想的日本性格也成为第四消费社会的重要思想，并且继续延伸发展，这部分内容在下一章里面会详细介绍。

杂货的时代

Loft、东急手创馆、无印良品的成功都在告诉我们，第三消费社会已成为“杂货的时代”。消费者在自身感性的基础上追求自我，单一的批量生产已逐渐淡出人们的生活，因为不会有人希望通过洗衣机、电冰箱来展现自我。

虽然汽车和住宅也能展现出人们的自我，但是这些东西不仅价格昂贵，而且一辈子只会买一次或几次，用它们展现自我的机会毕竟是有限的。另外，这些商品的开发需要很长时间，从制造商方面来说，也很难满足消费者自我展现的欲望。

所以，比起家电、汽车、住宅这些大型商品，还是日用杂货这种轻便小巧的商品更能让人们轻松随意地展示自我。

进入20世纪70年代家庭装饰开始掀起热潮，主妇们不再满足于统一的风格，她们用自己喜欢的窗帘装饰窗边，这种需求逐渐引领了当时的流行趋势。

另外，当儿子或女儿觉得妈妈的家庭装饰设计过于陈旧过时，他们就会再加入一些自己的个性元素，比如到东急手创馆（当时十分流行）买一个鸭子形状的照明灯具放到自己房间里，这是轻而易举就能做到的，而这也正是杂货消费的乐趣所在。

服装也能帮助人们展现自我。以20世纪初的香奈儿为开端，20世纪60年代出现了超短裙、牛仔裤，还有三宅一生、川久保玲等设计师品牌，服装成为人们表现自我的最重要工具。所以，第三消费社会人们的自我表现欲高涨，其中服装发挥了十分重要的作用。

但也有人认为，这导致服装在展现自我方面承担了过多的角色。一些人过分追求自我表现，过分突出自我的风格，从而使得娱乐的作用逐渐淡化。

越来越多的消费者开始觉得自己不应局限于某一种风格，要成为更加多样化的存在，同时还感觉到通过已有的风格样式来展现自己是一种矛盾的想法。于是，在特定的样式上有意识地加入其他样式元素，就变得很有必要，因为这样可以给人一种不和谐的印象。从这个方面来说，日用杂货再合适不过了。

在大量生产的商品中加入一些自己特有的风格，或是在固有样式中加入些许不和谐元素，消费者的感性成为消费日用杂货的主体。就像前面提到过的小鸭子形状灯具一样，越来越多的设计开始变得与固有功能毫无关系。受提出消费社会批判理论的法国社会学家让·鲍德里亚的影响，这些杂货被称作小装置（不值钱的东西），甚至一度成为高度消费社会的象征。

从这些例子当中我们可以看出，通过物品展现自己的个性实际上是很难的一件事，追求自我很有可能像掉进无底洞一样无止境。

高度消费社会的饱和

差异化消费的噩梦

从进入 20 世纪 90 年代开始，人们对于“真正的自我”的追求越来越强烈，消费行为早已超越了消费本身，“寻找自我”的热潮开始不断扩大。换言之，人们开始不断思考自己究竟想成为什么样的人，却无法得出结果。什么样的自己才是真正的自己，自己究竟想变成什么样，越来越多的人开始找不到这些问题的答案了。

这也正是所谓的近代自我的问题。在近代以前的社会中，社会早就决定了每个人是什么样的，本人基本不会对其产生怀疑，而且也是不能怀疑的。人们所处的社会基本局限于很小的区域社会，因此每个人相对固定且安稳（或者说个人的概念根本不存在）。人们只需在固定的小宇宙中扮演好固定的角色就可以了，并且人们也只能这样做。

而到了近代，人们可以自由选择自己成为什么样的人，自己决定生活方式，跟随自己的信念通过自己的力量生活下去。

然而随着社会变得越来越丰富，消费也随之多样化、个人化，人们的信念也因此变得相对化，而且人们越来越在意别人的眼光。

这样一来，寻找自我的消费者过于自由，从而陷入了非常不安的状态，最先指出这个问题的人是山崎正和，关于这个人的情况会在后面详细介绍，另外还有一人是上野千鹤子。

上野的《寻找“自我”的游戏》(1987 年）中收录了 20 世纪 80 年代初期到中叶的论文和随笔，那个时期她还在平安女学院短期大学担任副教授，对于现在的她来讲，那是一段灰暗的时期。但是其中的内容就算今天读起来也能带给我们许多新的启示，这本书可以说是上野的代表作。上野是日本十分具有代表性的女性主义研究者，同时也是一位优秀的消费社会研究者。她在与我的谈话中还说道，自己曾经差点就到市场类公司里工作了。(上野、三浦，《从消费社会到差距社会》，2007 年）

上野在这本书中收录了一篇名为《商品——差异化的噩梦》的研究文章。文章认为，在像第二消费社会这样的“单一商品大受欢迎的时代里，人们认为东西卖得好是因为它‘方便’”，“使人觉得方便的东西应该谁都想要吧”。然而这种“想要”是需要条件的，为了让人们觉得“想要”，商家采取了许多方案，其中之一就是城市化，随着越来越多的人过上了城市化的生活，“谁都想要”的东西也就多了起来。

另外一点是“强制大众化”，“到经济高速增长期为止，商品都是‘大众化’地位的象征”，“已经达到目标的国民无法再找到下一个目标”，即使想“以他人为日标”，其他人实际上也和自己差不多，所以消费者眼中的自己越来越不清晰了。

这样一来，变得更加重要的是“彰显不同”的差异化，而不再是“大众化”。“与其他人稍微不同”是无休无止的，“只要存在差异化，人们的欲望就不会消失”。藤冈同样也指出：“感性要求的提升意味着‘以前存在的东西都不完美’，人们认为‘不能和其他人一样’，所以需求变得无止境。”

然而“大众化”其实并没有结束，“差异化”与“大众化”是同时并行的。“人们一方面希望自己与其他人不同，同时又知道差别总是有限的，于是心里还是希望自己与别人相同。”“人们夹在相同与不同之间，就好像置身于对照的两面镜子之间，无限地映射出自己的样子。就算选择了其中一个当作自己的样子，却再没有人能够认识你，没有人知道你是谁，甚至迷失掉自我。”上野借用社会学家井上俊的话，把这种状态称作“噩梦的选择”。80年代，消费变成了噩梦。

虽然我没有像上野这样把消费称作噩梦，但是我从1982年开始一直负责编辑月刊杂志，每月收集大小几十个动向编辑成信息，这就是我的工作。到了泡沫经济时期，非常流行吃带金箔的寿司，消费社会一片倦怠，呈现出颓废的态势。所以《穿越》1989年12月至1990年1月的合订本制作了一期名为“80年代墓志铭”的特辑，卷首这样写道：“80年代消费社会已经发展到了一个很高的水平，而我们却站在这个时代的中间呆呆地目送它到最后。各种事情和现象匆忙出现，并迅速被信息化、差异化。这是一个被人们的食欲所消费掉了的时代。人们口中咀嚼着大量的信息并迅速吞到胃里，吞进去的还来不及消化，新的信息马上又挤了进来。这样80年代在未来的历史中究竟会成为怎样的存在，我们现在还不得而知。”

成为消费社会病理的自我探寻

泡沫经济时代，消费社会呈现出世纪末的颓废景象，甚至还出现了一种病理现象。“噩梦”一般的差异化消费带给人们不安，于是人们通过消费开始了更进一步的自我探寻。

一些企业发现了消费者的自我探寻倾向，20世纪90年代以后，自我探寻的主题开始出现在各类广告中，然而大量生产与自我探寻本来就是互相矛盾的两件事。由于多品种少量生产的技术得到发展，所以从某种程度上来讲，每个消费者的喜好和爱好是可以得到满足的。

在广告和杂志中经常可以看到“真正的自我”等字眼。除了衣服、化妆品以外，就连汽车、家电、公寓、旅行、信用卡、大学等，也开始把“真正的自我”作为最大的价值来吸引顾客。人们不禁会问：表现自我的信用卡？那是什么？然而实际上，这样的广告随处可见。

一些企业只能对消费者追求的自我提出意见，而不是针对于企业本身的独特性进行发展，所以不得不说这是企业的失败。可是消费者追求的并不是企业倡导的美丽、男性气质、女性气质、商人气质，而是消费者自己的独特性，所以企业所做的只不过是帮助消费者展现他们的特别之处而已。

这样一来消费者对于自我的追求与企业提出的追求自我就形成了一种“共犯”关系，“追求自我的神话”进一步泛滥。

除了消费以外，就连在工作、结婚中人们也要追求自我，人们觉得整个人生都必须有个性地度过。

90 年代以后，年轻的自由职业者、无业人员的增加成了当时的社会问题，其原因之一就是年轻人总是想通过工作来实现自我。换言之，也就是如果这个工作不能实现自己的价值，就算能赚到再多的钱也没用。另外晚婚现象越来越普遍的一个原因，也是年轻人想要拥有属于自己的独特婚姻，想要遇到一个自己认为最合适的结婚对象。但是找到这样的人并不是件容易的事，因此人们的婚姻一再被推迟。

究竟是什么让他们成了自我主义者呢？罪魁祸首不是别的，正是消费社会。他们有自己专用的房间、音响、电视机、电话、适合自己的服装等，正是这些个人专用的私人物品为他们日后变成自我主义者提供了土壤。

反过来讲，如果把他们的私人物品全部剥夺，当他们发现自己的存在是多么渺小时，一定会感到畏缩，甚至陷入深深的不安。如果没有了这些东西，能够证明他们自我的根据将不复存在。因为他们是先选择东西，再由这些东西形成自我，而并不是首先拥有自我的独特性，再由自我选择想要的东西。以前在地域社会生活时，支撑每个人自我的是他的任务和作用，而在这个时代变成了物品。

实际生活中很多调查都显示，越来越多的人会因为忘带手机而感到不安。手机已经不再是单纯的个人物品，里面记录着朋友们的电话号码、通话记录等，已经成为自我的一个分身，因此忘带手机的人很容易陷入恐慌。能让人们如此不安的东西除了手机以外，还有女性常用的化妆包，因为化妆包也是女性在塑造自我（化妆）时不可缺少的东西。

永恒倾向与自我改造倾向

不安的消费者所拥有的第二个倾向是“永恒倾向”，具体来讲包括追求国外的高级奢侈品。消费者追求国外奢侈品是因为他们觉得应该向品牌靠近，而不是因为这些品牌更加接近消费者的自我。与自我的“含糊性”不同，高级奢侈品是一种绝对的存在，所以不安的消费者很容易被高级品牌的永恒性所吸引。后面将提到的日本热潮以及最近神社大受欢迎的原因也是同样道理，拥有千年历史的东西深深吸引着现代日本人。

复古热、怀旧热也与“永恒倾向”相似，怀旧的对象多种多样，有格力高、迪斯科、《平凡出击》杂志、披头士乐队，等等。人们往往认为大众文化本来是流动的文化，就算一时卖得好，但总有一天会消亡，被下一个文化所取代。但是一些大众文化却随时间一起慢慢积淀最终成为一种资源，复古怀旧的热潮就很好地印证了这一点。就是说，在这个时代里，就算没有新的东西产生，旧的东西已经足够满足人们的需求了。我把这种现象称作“大众文化的储存化”（拙作《富裕社会的未来》，1992 年）。一个人如果只有 100 万日元资产，那么他必须不断地工作继续积攒，但是如果有 10 亿日元，那么只靠利息就能生活了，就没必要再努力工作了。文化也有类似的特质，要想持续就必须不停地创造出新的流行和人气商品，但是如果有了“储存”，那么靠它来运转就可以了。从企业的角度来看，比起那些新商品，还是消费者认知度和好感度较高的旧品牌更好，能够更加放心地投入市场，销售额也比较有保证，因此使用旧的东西就已经够了。

不安的消费者的第三个倾向是“自我改造倾向”。当消费者意识到无论是高级品牌还是其他东西，消费已经无法实现自我独特性时，他们认为只能改变自己，这种改变分成内在改变和外在改变两个方面。具有代表性的内在改变是“学习倾向”，包括各种形式的自我启发、取得资格证、学习技艺，等等。

外在的自我改造包括染棕色头发、戴耳环、文身、整形等，肉体改造一般包括健身运动、肌肉力量训练、瑜伽、营养补充物质，等等，这就是藤冈和水野指出的“Be 时代”的最终状态。

“多重自我”带来的热销

追求真正自我的消费者，与能够满足消费者“多样的自我”的企业形成了一种共犯关系，消费者接收到企业提供的关于自我的信息以后，反馈到自己身上，所以消费者经常会产生对于自我的怀疑，从而更想寻找真正的自己，于是这种寻找自我的循环就会不断扩大。

但是这种共犯式的循环不会在人们找到唯一的自我时终结，最终消费者的态度将会变成接受多个自我，而且不管怎样人们都无法获得全面的自我独特性。如果过度追求自我就会使自己完全依附于宗教或国家这种绝对性的存在。若不想变成这样，那么最终人们实现的只能是一部分自我。当人们知道了不存在完整的自我后，可以让一部分的自我和另一个部分的自我相重叠，就算这两个部分互相矛盾，也只能把这两个面具当作真正的自我。至少这些面具是真实的，于是现代独特的自我意识“多重自我”就诞生了。

对于企业来说，以自我为卖点已经很难再简单地吸引消费者了，就像共犯关系一样，共犯双方会经常怀疑对方或者被对方背叛。同样，企业也越来越难抓住拥有“多重自我”的消费者了。

90 年代进入第三消费社会后期，“多重自我”的消费者不断增加，产生了许多令人无法理解的现象，其中音乐 CD 是很典型的代表。一部分 CD 可以热卖到几百万张，而另外一些却只能卖出几百张，而且一直保持着几万张销量的大众 CD 也逐渐消失，如果不引入“多重自我”的概念，这个现象是很难理解的。

假设有 100 万个消费者，而且他们每个人都拥有一个自我，如果他们当中 25%的兴趣方向是相同的，则可以期待 25 万张 CD 的销量。

但是假如他们每个人都分裂成四个自我，100 万人的“自我”就变成了 400 万个，400 万的 25%就是 100 万张，也就是 100 万人每个人都会买一张相同的 CD，而这就是热销的秘密吧。

现代消费者（特别是年轻人）拥有多重自我，其中之一必然是“与大家相同的自我”，也就是“和别人步调一致的自我”。同时他们也拥有“与别人不同的自我”，也就是“差异化的自我”。如果以“与大家相同的自我”为卖点来吸引顾客就会产生热卖的情况，而“差异化的自我”只能吸引来很少部分的顾客。所以也就很难再出现“完整自我”时代里的热卖场景。

这些情况也以生活水平上升、CD 价格相对下降为背景。如果 CD 的价格占年轻人可支配收入的比例过高，那么他们只能买自己最喜欢的 CD。如果 CD 价格很便宜，除了买一张自己最喜欢的，还能再买一张大家都喜欢的听一听，这样一来热销就会变得相对容易，而且 90 年代也是婴儿潮一代的子女的数量迅速增长的时代。

欲求的整合=无法自我整合

我曾经在报纸上读过某个生活研究智库的研究员写的评论，感到大为惊讶。该研究员在调查高中生的饮食生活时，高中的老师认为“越来越多的孩子感觉吃饭不是一件快乐的事，反而觉得很麻烦”，这种情况引起了人们的关注（《东京新闻》2003 年 1 月 13 日）。但是当我跟食品制造行业的朋友谈及此事，他说“感觉吃饭很麻烦”早在几年前就已经成为食品行业的常识了，我再次震惊了。

那么为什么人们越来越不关心吃饭了呢？节食的信息满天飞，想要减肥的人不断增多，这固然是原因之一，但会不会是因为食物太过于丰富繁多，反而使人们的食欲减退了呢？

欲求的根源在于不足，人们都想得到不足的东西，有多余的东西倒是不怎么想要。要是现在不吃，下次就不知道什么时候才能吃到了的话，即使是不太好吃的东西也会欣然地吃下去。

但是现代生活中不管是在便利店、家庭餐馆、快餐店还是在商场的地下，甚至在车站的月台上，随时随地都有吃的东西。一想到不管什么时候都能得到，人们吃东西的欲望也就下降了，这是理所当然的。食物多种多样、取之不尽地摆在你的面前，可以自由地选择，但正因如此，吃东西反而成了一件麻烦的事。

无独有偶，这种情况就像我们在信息社会中无法处理洪水般泛滥的信息，只能是一目十行走马观花地浏览。这些无聊的信息也不是我们想要的东西，它们被制造出来，没日没夜地给我们施加着巨大的压力。

在这样的信息环境下，我们对于信息的渴求被消磨殆尽。饮食亦是如此。冷静地思考一下，我们常常受到异常大量的食欲刺激，于是我们很难维持正常的食欲，难以实现正常的饮食生活。

我曾经采访过一些年轻人，他们觉得无法预测自己究竟什么时候想吃什么东西，所以无法提前囤积食品。即使去超市买点便宜的东西，结果也是吃不完，因为在吃完之前又有了其他想要的东西。于是就什么也不买，想吃什么的话，哪怕是半夜两点也会跑去便利店购买。这就是说，现在的年轻人（并不只是年轻人）不会因为感到腹中饥饿而自动地吃饭，而是受到漫天飞的食品信息的刺激，才做出反应去吃东西的。

但是这样下去的话，食欲的满足就与幸福感割裂开来，食欲反而成了再怎么吃也无法满足的东西，成了或许随时向自己袭来的令人不愉快的、害怕的东西，人们很有可能产生这样的意识。这不正是年轻人觉得吃饭很麻烦的原因吗？并且年轻人对于自己什么时候想吃什么也不甚了解，觉得这是一件很棘手的事情。

这与前面我们讲过的“想得到想要的东西”的感觉很相似，但多少有点差别。在“想得到想要的东西”的时代，人们是不会怀疑持有这种想法的自己的。自己想要什么就是自己喜欢什么，一旦发现想要的东西，就觉得自己是幸福的。但是现在的年轻人（不仅是年轻人）却对有可能突然袭来的欲求感到束手无策，他们不再觉得自己是幸福的，是喜欢这些东西的，不知道为什么会产生这样的欲求。

自己想要什么、想做什么、想成为什么，自己去整合这些欲求的感觉就是了解自我或者说自我存在的感觉。就像因为喜欢音乐所以做和音乐相关的工作一样，如果欲求得以整合，就可以规划自己的人生。可以说这就是确立自我认同的感觉。

无法了解自我指的是无法依靠自己来整合自己的欲求。在整合的时候，自己的欲求大多没有来龙去脉，只是突然出现的。这些到底是不是自己的欲求还尚不明确，了解自我就变得更加困难了。

为时已晚的是自己已经不再是整合之后的“自己”（自我认同）了。在内部唯一的能够确认的自己并不存在，反而感觉在外部有好几个自己都不了解的自己存在。这正是“多重自我”，它使我们无法了解自己。

从差别化到优衣库

第三消费社会存在的另一个问题是，消费的感性化引起了消费活动中个人之间的差距的扩大。

在第二消费社会中，消费的时候追求物品的数量和便利性，消费的差距基本上与收入成正比。并且第二消费社会正处于经济高速增长期，每个人的收入都增加了，因此消费的差距能够被迅速填补，很多人都能幻想着“什么时候换个丰田皇冠吧”。

此外，在第二消费社会，即使不关心品牌和设计等也无大碍。“跟松下电器的电视相比，东芝的电视更漂亮、名气更大”，第二消费社会是没有这样的价值观的。东芝本来是重型电器制造商，一直制造发动机，东芝洗衣机的性能也很好，可以说更多的人是根据功能来选择的。

但是进入第三消费社会，消费不断个人化，个人的感性、感觉反映到消费活动和商品的选择上。在哪条街的哪家店买哪个牌子的东西，显示了个人的感性的高低——如果说高低不同的话，也可以说是多样性。

打个比方，在涩谷的PARCO买川久保玲也好，在东急东横店买巴宝莉也罢，它显示出来的不是收入的差距，而是感性的差别。当然，穿川久保玲的人看不上穿巴宝莉的，穿巴宝莉的人觉得穿川久保玲的人很可笑，这种情况司空见惯，两者互不关心，经常是针尖对麦芒。《穿越》把这种现象称为时尚的"蛸罐化"（蛸罐：捕章鱼用的罐子）（1981年2月），此后社会学家宫台真司将其称为"小宇宙化"，二者意思大致相同。

时尚和生活方式的"蛸罐化"今天依然存在，但是与第三消费社会相比不断减弱。最起码想要通过时尚来显示与他人的差别的人越来越少了。年轻的一代中即使是高收入的人，或者说正是高收入的人喜欢买平价的优衣库，和设计朴素的无印良品，等等。

文化研究所的调查显示，新人类一代（在此调查中为1960—1964年生）中阶层意识较弱的人有60.6%喜欢优衣库，而阶层意识较强的人只有37.9%。但是婴儿潮一代的子女们（1970—1974年生）没有因阶层意识导致的差别，反而是阶层意识较强的一方对优衣库更有好感（图 2-16），无印良品的情况也是如此，新人类一代的每个阶层的好感度均只有 17%左右，但是婴儿潮一代的子女中阶层意识较强和中等的人的好感度高达 35%。

	阶层意识	人	无印良品	优衣库	GAP
Z 世代	上	270	35.3%	26.3%	8.8%
	中	527	33.9	29.1	8.4
	下	316	34.6	27.9	9.2
婴儿潮一代的第二代	上	29	37.9	48.3	6.9
	中	92	34.8	45.7	20.7
	下	79	25.3	44.3	19.0
新人类一代	上	29	17.2	37.9	20.7
	中	100	18.0	54.0	19.0
	下	71	16.9	60.6	11.3
婴儿潮一代	上	27	25.9	11.1	7.4
	中	106	9.4	25.5	5.7
	下	66	12.1	33.3	3.0
昭和第一代	上	23	0.0	13.0	0.0
	中	123	8.1	22.8	2.4
	下	52	13.5	23.1	0.0

资料来源：文化研究所+猎鹰株式会社《昭和四代人的欲求的对比调查》2005 年、文化研究所+标准通讯社《Z 世代》2007 年

图 2-16 不同年代、不同阶层意识对品牌的好感度差异

与此相反，对于畅销全球的美国日常服装品牌 GAP，新人类一代中阶层意识较强和中等的人更有好感，较弱的人好感度低，而婴儿潮一代的子女中阶层意识中等和较弱的人好感度高，较强的人好感度低。此外，对于 Z 世代（1982—1991 年生）来说，优衣库、无印良品和 GAP 已经不存在阶层性，GAP 只获得了不到一成的好感度。他们认为，在衣食住行方面大家拥有的东西即便相同也并无大碍。在这种意识越来越强的同时，像 GAP 一样强势推出品牌战略却

不能提供良好的基本性能的商品越来越没有市场。

综上所述，在第三消费社会，消费变得极其复杂，其结果就是企业和消费者都疲于消费。消费的时候还要考虑自己到底是谁，真正想要什么，这实在太麻烦了，于是消费者决定和这些事情说再见。因此，到了第四消费社会，像优衣库那样物美价廉、像无印良品那样除去雕饰的商品开始引领潮流。

第三章 | 从第三消费社会向第四消费社会的转变

在对最适合的素材、制作手法以及外观的摸索过程中，从“素”中，或者说从“简约”中孕育出新的价值观和审美观。或者彻底地省略那些无用的程序，琢磨并吸收更为丰富的素材和加工技术。换言之，所要实现的，不是最低的价格，而是充实的低成本和最为聪明的低价格区间……这也是我们的世界今后应会需要的价值观。且称之为“世界合理价值”。

——原研哉《设计中的设计》(2003年)

第四消费社会及作为其基础的共享意识

第三消费社会的矛盾和向第四消费社会转变中产生的五个变化

第三消费社会向第四消费社会的转变包括以下五个特征：

(1) 从个人意识到社会意识，从利己主义到利他主义；

(2) 从私有主义到共享意识；

（3）从追求名牌到追求简单、休闲；

（4）从崇尚欧美、向往都市、追求自我到日本意识、地方意识（从集中到分散）；

（5）“由物质到服务”的真正实现，或对人更为重视。

在从第一消费社会到第四消费社会这一演变过程中，纵观其国民的意识发展的总体方向，可以说是由“National”（注重国家）到“Family”（注重家庭），再到“Individual”（注重个人），最后到“Social”（注重社会），其变化可谓非常之大。

而正如我们在前面一章中所说的，所谓第三消费社会，也是一个被称为“高度消费社会”的时代；在这个时代里，日本凭借着自身强有力的经济基础，在日元升值、通货膨胀中，可以说至少在表面上完全实现了自第二次世界大战后便一直追求的梦想——居于日本，而享受到欧美式的消费生活和物质上的丰富成果。同时，还扩大了自身的消费自由，即不是生产大量的千篇一律的消费产品，而是能够选择最适合自己的、最符合自身感性的商品。

然而，我们在上一章也提到了，这样的成果同时也引发了新的矛盾，即个人感性中产生的个性化，带有使得人与人产生分隔的倾向，而同时，由于个性化的背景是阶层化，因此还会进一步造成人与人之间的隔阂的产生和个人的孤立。

此外，高度消费社会导致过剩的物质主义不断蔓延，在这个过程中，20 世纪 70 年代萌芽的环保意识和节能意识被人们渐渐遗忘，甚至 20 世纪 80 年代一度抬头的反核电运动也逐渐烟消云散。

而第四消费社会的兴起，正为第三消费社会中产生的诸多矛盾提供了解决的途径。相比于一个过于个人化、孤立化的社会，我们更需要建立一个人与人之间能够自然地产生联系的社会。

社会（Society）一词起源于拉丁语的Socius，其本义正是“伙伴，联系”。然而，随着资本主义、消费社会、私生活主义和个人志向的过度发展，人们越来越难以意识到自身和他人的关联，也就产生了一个奇怪的矛盾：明明身处社会中，却感受不到和他人的关联。而第四消费社会的产生，正是为了解决这一矛盾。

信息社会和利他意识

因此，在第四消费社会中将不断扩大的，并不是那些优先地、最大限度地满足自我的利己主义思维，而是一种同时考虑他人的需求的利他主义意识，或者说，是一种想要为他人、为社会做一些贡献的想法。在这个意义上，也可以称其为一种社会意识。

物质上的富有，是通过对物质的私人占有来实现的。在极端的情况下，人可以通过独占物质而获得满足感的提升。而持有比他人更大、更贵重、更稀有的物品，能给人带来更强烈的满足感。并且，人们还可以炫耀自己的所有物。这在营销学中称为“差异化”。

但是，信息不同于物质，只是独占它、收藏它是没有任何意义的。如果不能向他人传播信息，和他人共享信息，那么也就无法体会到拥有信息的乐趣。只是像堆积金条一样收集信息，那样的信息是无法产生价值的。或者像故事里讲的那样，把信息像金子一样装在罐子里，埋到土里藏起来，也是无法带来任何乐趣的。

这就是信息和物质之间的一个有趣的差异。因此，在信息社会的不断发展中，人们更倾向于通过交换信息这一行为本身来获得快乐，而不是在持有信息这一点上陷入自我满足。即使是一些日常生活中的小事，只要发在脸书上，也会有人点赞；还能从素未谋面的人那里收到生日祝福。从广义上来说，人们可以轻易地进行利他的行为。

这种利他主义意识，或者说社会意识的增强，从内阁府进行的《关于社会意识的舆论调查》中也可见一斑：从1986年起，“有”为社会贡献意识的人数持续增加。

同时，“相比于个人，更应注重国民整体的利益”的想法也从2005年开始不断增加。这正是第四消费社会开始的时代。而“今后应当更注重国民和社会”的这种社会意识，也在泡沫经济崩溃后逐渐增多，到2005年已经超过了一半（图3-1）。

而从2000年到2012年，NPO① 的总数量超过了4万，这表明对贡献社会的活动抱有兴趣的普通市民也在不断增加（图3-2）。

消费的分工

这种利己主义到利他主义的变化，也可以说是一种从私有主义到共享主义的转变。和私有主义、私生活主义、私房主义等这些从

---

① Non-profit organization 的缩写，指非营利（民间）组织。

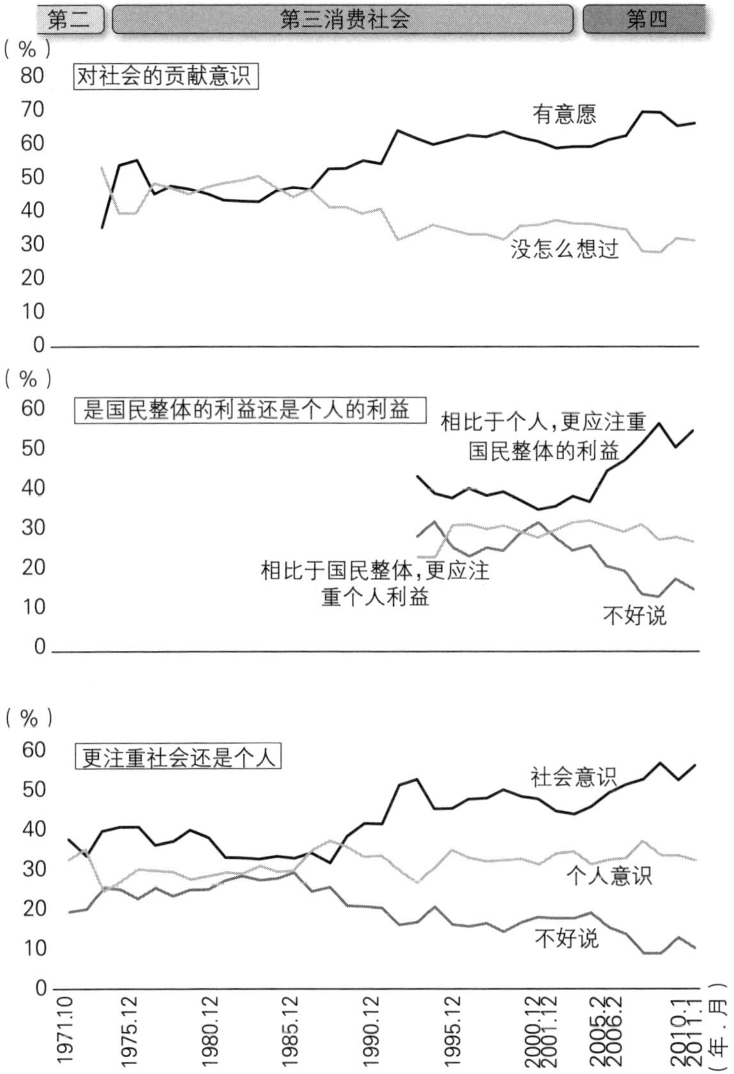

资料来源：日本内阁府《关于社会意识的舆论调查》

图 3-1　社会意识的增强

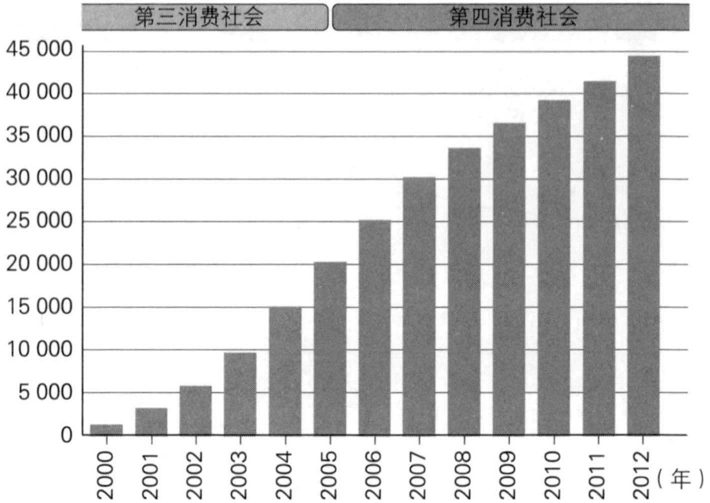

资料来源：日本内阁府 NPO 主页

图 3-2 NPO 法人登记数目

增加私有物品的过程中获得幸福感的思维不同，第四消费社会中，人们的价值观和行为更倾向于将同他人建立联系这一行为本身当作一种快乐。而这种共享的意识下的价值观和行为，正是未来第四消费社会的消费基础所在。

在具体解释之前，先来说明一下“从私有到共享”这一过程吧（图 3-3）。

所谓私有，指的是私人的、专用的占有。如果按照“私有—公有”“所有—使用”这一坐标轴来界定的话，私有就位于右上象限中。

其实，正如前面已经说过的，在经济高速增长之前的社会，也就是第一消费社会中，不但私家车是极少数上流社会阶层才有的奢

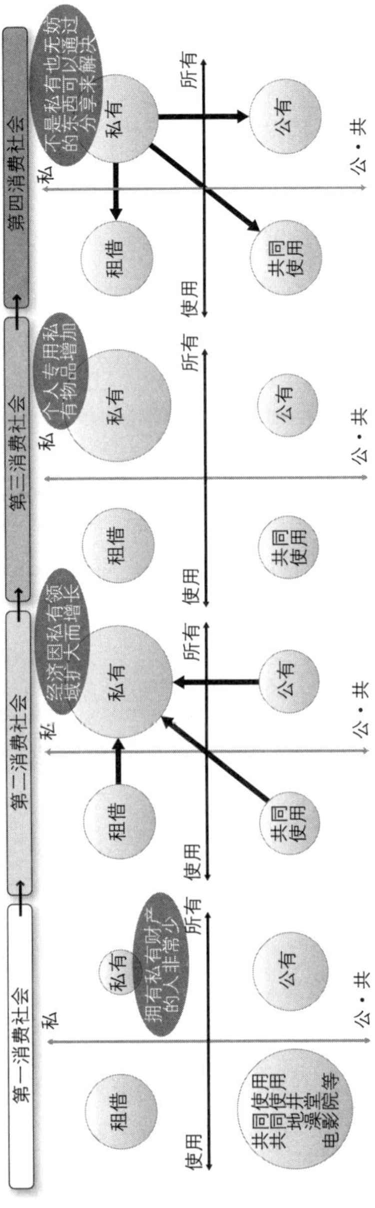
第一消费社会
第二消费社会
第三消费社会
第四消费社会
私
公・共
所有
使用
租借
共同使用
共同使用地井澡堂电影院等
私有
拥有私有财产的人非常少
公有
经济因私有领域扩大而增长
个人专用私有物品增加
不是私有也无妨的东西可以通过分享来解决

图 3-3 消费社会的变化

侈品，连房子都是奢望——即使是那些作为社会中产阶级的上班族，也都是住在租来的房子里过一辈子，等拿到退休金才终于能买到自己的家。想必家具也只有陪嫁的一个桐木柜子吧。

而多数平民都没有多少私有财产，洗澡要去澡堂，娱乐则是和别人一起去电影院看电影。因此右上象限所占的比例很小。

到了第二消费社会，家用电器普及万家，私有住宅、私家车也走进了多数人的生活。因此右上象限的比例骤然扩大，这也成为促进经济增长的一大原动力。

而这种私有主义的生活方式达到饱和，则是在进入现在我们所处的第四消费社会之后。特别是从出生起，就在各种私有财产的包围下长大的年轻的一代，开始觉得也许并不需要将一切都私有化。这也是“消费社会的分工”的开始。

正如曾经的一句很有名的话“不是第一就不行吗？第二难道就不可以吗？”那样，消费者也开始提出相似的疑问：“不是私有的就不可以吗？租借的就不行吗？和他人共享不也很好吗？”现在的时代，已经不是曾经那个每个人都想要相似的东西，因而每家必备、人手一台的标准化消费的时代了。

一定想要的东西还是会买，但是不再会因为“邻居也有”这样的理由，去买那些不是很必要的东西。这种心理可以说是，只买那些只能自己专有的东西，不买不必要的，不买不急用不必需的东西，抑或总结为能租借则租借，能共享则共享的态度。

当然，第四消费社会并不是否认了私有和私生活。反而是越来越多的人，因为有了在私有和私生活中无法满足的愿望，从而求诸共享型的行为来获得满足。

这种倾向在“3·11 东日本大地震”后有所增强。看着被海浪卷走的房屋和汽车，也许有许多国民都感受到这些私家车和私有房所代表的物质私有中，包含多么大的风险和空虚。在日本，原本就曾有过“断舍离”(即断行、舍行、离行。源于瑜伽，意为舍弃不必要的物品，放下对物的执着）的风潮，而在“3·11”后，这种脱离私有的意识进一步加快了。

当然，这种共享意识和脱离私有的意识并不是在地震后突然出现的。年轻人不买车不买房这种说法流传已久。应当认为，这种意识由于大地震而更加明显了。

这样一来，人口的减少，加之年轻人对汽车的持有越来越没有兴趣，而老年人也逐渐不再使用驾照，基于这种情况，甚至有人预测日本的驾照持有量将在2015年后开始减少，与此同时，国内汽车销售数量到2050年，将减少到240万台（图3-4)。话说回来，到那时，那些扩大私有类型的产业将无立足之地了。

环保意识、日本意识、地方意识，以及“从金钱到人”

消费者在共享意识的作用下，会采取一物多人共用、共同利用、租借而非占有，或者旧物的重复使用、重新利用等行为，因而会自然而然形成一种环保意识。并使削减多余部分、追求简约的生活方

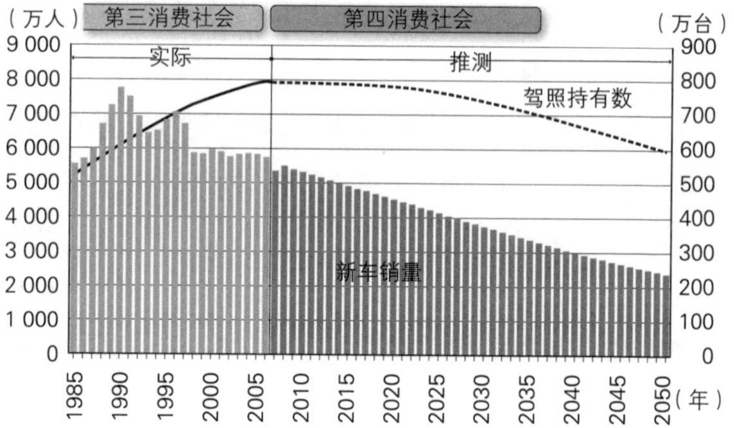

注：图中数据是基于总务省统计局发表的 18 岁以上人口数预测，对 2007 年以后的驾照持有数量做出的预测。关于驾照持有数和新车销售的比例，首先按照 2007 年的实际情况做出预测，并将近几年车辆持有年限的增加和人们不断发展的、脱离汽车的动向加入计算，从而算出新车销售数。

资料来源：株式会社 FOURIN

图 3–4　驾照持有数和新车销量的变化及预测

式不断扩展。

而在实现环保简约的生活的过程中，人们开始放弃空调，转而使用竹帘、洒水来降温，诸如此类的行为使得传统的日本式的生活方式得以复苏，从而扩大了人们的日本意识。

日本意识的增强，也使得人们开始远离象征着物质繁荣的城市生活，在亲近自然的生活方式中追求充实的人生，从而带来了回归地方的意识的增强。

而共享意识属于一种分散的意识，这点和地方意识也有关联。共享意识的发展，与经营方式从集中于大城市、中央集权、独裁管理这种集中式的体制，向分散于地方、地方分权、网络经营不断变化的体制转变同时进行。而在共享意识的作用下，消费者会更注重人与人之间的交流，最好是面对面的、直接进行的人际交往。

再进一步来讲，就是人们开始关心如何构筑一个不依赖金钱的人际关系，当然，这还属于发展比较快的、极少的情况。总之，可以说是一个“从金钱到人”的转变的开始（关于这点，还请参照本章末对山崎亮的采访内容）。

对消费的影响

如果可以从消息的交换中获得满足，那么人们确实不会再购买物品。所谓购物的满足感，在购买的一瞬间得到最大化后，便随着时间的流逝而渐渐削弱下去。这个过程无论怎样都会带有一丝空虚之感。

但是交换信息带来的满足感，在交换的瞬间得到最大化后，并不会有所减少。快乐可以通过信息的交换而不断地增加并持续下去。

那么，当消费者尝到了信息交换带来的满足感后，其购买的标准也会随之产生变化。也就是说，不再追求那种在购买的一瞬间满足感最大化之后不断减少的，而是更倾向于购买那些可以持续带来满足感的物品，或者是那些随着时间的流逝，反而会带来更多满足感的物品，甚至会喜欢上那些历经岁月而产生难以言喻的味道的物品。实际上，下文提到的“简约一族”，就是昭和初期制造的旧家具、传统工艺品和民间手工艺品、旧民居等的爱好者。

此外，信息化对共享意识的推动作用，还表现在互联网为信息交换本身提供了简捷和便利，进而使得物品的共享（交换、旧物买卖等）变得更为简单。信息化成为共享意识不断扩大的基础。

说到信息化对消费的影响，大概首先想到的就是，由于网购的人大量增加，去商店购物的人减少了吧。但实际上影响不仅限于此。

比如，如果在推特或者脸书上发这样一条消息："明天三点在浅草的某会场有一个活动哦。"那么当天就会有 30 人左右到场。而如果有 100 场这样的活动，在东京的其他地方，比如高圆寺、阿佐谷、三轩茶屋、北千住、金町、小岩等一起召开，那么就会有大约 3000 人分别在不同的地方聚集。假设没有推特或脸书，那么这 3000 人可能都在涩谷的街上闲逛，而正因为有了它们，才会出现这种 30 个人一组，分别聚集到不同地方的情况。实际上，有一次我在东京的青山书店做访谈节目时，到场的观众中就有从仙台特地赶来的学生。我可不是矢泽永吉（日本摇滚乐手，以为人低调、极少出镜，却博得很高人气著称）。所以，在现在这个时代，即使不是什么有名的艺人，也可以通过推特和脸书让远在天边的人们聚集到一起。

然而，这对零售业来说，却是一个大问题。如果这 3000 人都聚集在涩谷的某个百货商场里，那么其中也许会有 1000 个人左右顺便在商场里买些什么回去。但现在，这些人却以 30 个人左右为一个单位，分散在东京的各处。如此下来，买卖也就做不成了。

通过推特和脸书，消费者从集中一处变为分散到多处。并且，和在涩谷的街上漫无目的地闲逛相比，去一个自己喜欢去的地方参加活动可以获得更多的满足感，还能结识有同样兴趣的人，并成为朋友。这样，消费者会越来越依赖推特和脸书上的消息，来选择适合自己的活动，而不是继续在大型繁华商业街上逛来逛去。

正因是个人主义才有利他性

共享意识的价值观并不要求自己异于他人，反而更多地追求和他人之间的联系。也就是说，不是向他人展示或炫耀自己的独特之处，而是去寻找和他人的共通之处，并以此为媒介创造和他人的新的联系。

虽说如此，共享意识并不等同于均一化。共享意识价值观扩散的前提，正是个人主义价值观的普及。现代的共享也并非主张均等分配到个人的集体主义和共产主义的共享，更不主张每个人必须都一样的均一化。每个人都是不同的，人和人应当相互尊重的个人主义，才是共享意识存在的大前提。

当然，这种共享意识，或者说利他主义的意识，其基础是拥有丰富的物质。每个人都持有一个或更多的耐用消费品，服装、杂物等也有很大的富余，正是因为处在这种消费过剩的社会中，人们才有可能把自己不用的东西拿出来供他人使用，希望能为他人派上用场。这几年的“虎面人”现象就是如此。

生活方式的共享

合租公寓受欢迎的理由

前面所说的共享式行为和价值观的传播的一个具体表现，就是越来越受到欢迎的合租公寓（拙作《为了日本的未来而提倡“共享”》，2011年）。

合租公寓的优点在于经济、安全、圈子、个性这四个方面。

第一是经济。合租公寓的好处在于初期投资很少。合租公寓不需要礼金，也没有相当于押金的东西，就算有，也不会超过一个月的房租。厨房里电冰箱、微波炉等家用电器也配备齐全，厨房用具丝毫不逊色于独门独户的房子。此外，各个房间里，床、桌子、椅子也非常齐备。因此，刚刚住进去时，可以节省很多投资。因为浴室、厕所、厨房都是公用的，所以水电费等日常费用也很少（多数情况下，水电费都包含在管理费里），不但经济，还很节能。家务活儿可以和室友分摊，也可以由家政公司来做，因此家务负担也很少，休息日不用全部耗费在家务活儿上，在外工作的女性也能够专心工作了——从这点上来看，也可以说是经济的。

第二是安全。多人一同居住，在安全防盗方面也比较放心。从防灾的角度来看，尤其是在地震的时候，要比独居更让人安心，实际上在“3·11大地震”时，就有很多合租公寓的住户表示庆幸自己的选择。另外，当生病的时候，室友也能帮忙做做饭，这种互相帮助也可以给人带来安心感。

第三是圈子。尤其是对女性来说，有能一起聊天的伙伴，有助于消除疲劳，轻松快乐地度过每一天。此外，能和从事各种工作的形形色色的人交朋友，也是合租的乐趣之一。而和过去的合租房不同的是，合租公寓的住户每个人都有自己独立的房间，因此在和室友建立联系的同时，也能够保证自己的空间不会被侵扰。

第四，合租公寓在建造时，每间房屋都有自己的创意理念，从室内设计到外观再到房间的划分也都各不相同，比起第三消费社会要更具个性。说起合租公寓，也许在很多人印象中，它既缺乏个性，又会限制每个人的隐私空间，但实际并非如此。无论在房间划分，还是建造年份，以及居住的人数、内部装修、外观上，都没有两个完全相同的合租公寓。从这个角度来看，可以说合租公寓就是一个个主题公园。无论在单身公寓间搬多少次家，都几乎感觉不到房间的室内设计有什么变化，但是如果选择合租公寓，那么每一次搬家，都能体会到各种不同的室内设计。

如果习惯了这种合租公寓，那么对于他们来说，住在单身公寓那种两三层楼房有十几二十几户格局完全相同等间隔排列的房子，这种感觉大概就像坐在工厂的传送带前一样吧。

当然，不是所有人都会住在合租公寓中，实际上，这类住户人数从比例上来讲还很少。但是，根据文化研究所的调查，居住在首都圈的20—30岁、单身并且一个人生活的女性中，有近30%希望能住在合租公寓里（图3-5）。

而合租公寓的理由则是，随着人口的减少和老龄化的推进，尤

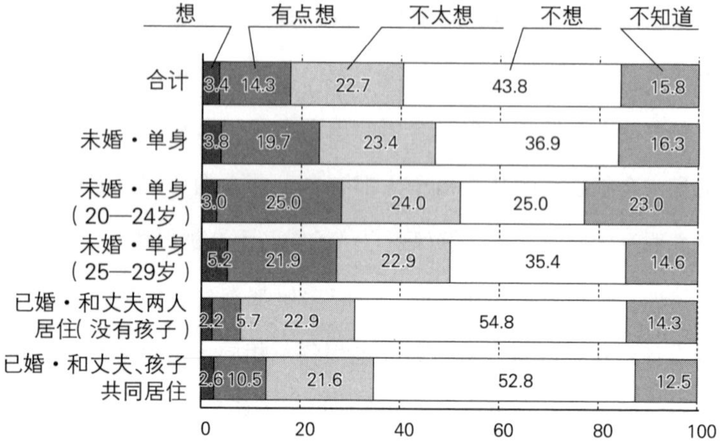

资料来源：日本文化研究所《现代最新女性调查》2010 年

（调查公司：NETMILE 株式会社，以居住在首都圈的 20—39 岁女性为对象）

图 3–5　关于是否想住在合租公寓的调查情况

其是新房的主要需求者——青年人在减少，人口出生率也有所降低，因为抚养孩子而产生对房子的需求的人数也在减少。因此无论如何，新建住房的需求都会随之下降。

而已建住宅的数目，又远远高于日本的家庭数目，现在全日本，大概有 800 万个无人居住的空房。2008 年，空房率为总体的 13%，到了 2040 年左右，这个比率将增加到 40%（图 3–6）。

所以，从经济和节约的角度来看，与其盲目地去盖新房，还不如合理利用现有的空房。对旧房进行扩充和改建，将它作为合租公寓租出去，这样能够以更少的投资，获得更高的回报。

而随着对合租公寓的潜在需求不断增加，想住却又住不进来的人也会越来越多，那么，那些无可奈何地住在已有的单身公寓中的

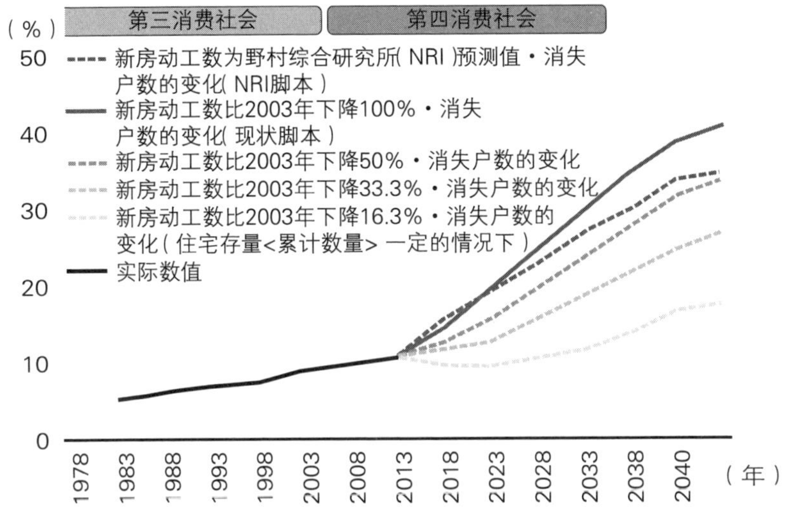

资料来源：野村综合研究所《知识资产的创造》2009 年 10 月

图 3-6　以不同的新房动工数为依据分析所得的未来空房率的变化

人们的不满情绪，大概也会随之不断增强吧。

在第三消费社会中，人们希望自己能够居住在高级的单身公寓中，而不是木制的公共住宅里。而到了第四消费社会，人们重新期望能够居住在由老式木制楼房翻新而成的合租公寓中。

那么，那些心怀不甘地住在单身公寓中的人，还有那些已经结婚而觉得不适合住在合租公寓中的人又会如何做呢？当然，能想到的就是在那些高级单身公寓或者高级公寓房，以及独门独户的房子里，加入合租公寓式的元素了。

首先，尽管是在租来的房子里，但仍希望拥有贴自己想要的墙纸或者重新粉刷墙壁的自由，或者是改造厨房、浴室、厕所等上下水设施的自由。如果是自家房屋的话，那么即使是分户出售的成品住宅，也希望墙壁、地板、门等能尽量按照自己的意愿来装修。

其次，就是在地震、火灾等灾害发生时，为确保安全而所需的最低限度的交流性的需求。具体来讲，就是有一定的邻里往来。

最后，在出租的时候，也不得不推出经济上更为实惠的方案，如租期上的自由期限放宽，押金、礼金的减少，等等。

去私有的价值观

我在上面所说的合租公寓还几乎没出现的时候，就指出了这种共享意识的存在（2002 年博报堂研究开发局共同研究项目《共费社会的创造》）。此外，在 1999 年出版的拙著《“家庭”和“幸福”的战后史》中，也提到了关于去私有意识的内容。在该书中，关于东京高圆寺之类的街道在年轻人之间人气不断攀升的情况，以及在自由市集卖自己的东西、穿旧衣的年轻人不断增加的趋势，我这样写道：“年轻人的这种行为深层的价值观，是对战后大众消费社会式的私有制的一种拒绝。”现在重读起来，不由得感到，在 1999 年就写出这样的内容，实在是一件不可思议的事情。这里做一个较长的引用。

土地、房屋、汽车、家用电器、家具、单人房间……将一切划为私有，这是郊外（同时也是大众消费社会）的基础价值观。

但是郊外生活的一代开始脱离这种价值观。不必私有的就不去占有，如果有需要的东西，只要在需要的时候借来用就好。进一步说，就是“不需要可以用金钱购买的东西”，也“不想为了金钱扼杀自我”。可以看出，这种价值观在不断地扩大。为了去占有物品、为了增加私有财产的数量、为了住在更大的房子里、乘坐更高级的轿车而去工作，并以牺牲掉自我为代价，这种战后的价值观在渐渐失去力量。

而究其根本，这种趋势的背后，是不再能够从私有、高级、地位的上升等这些东西里找出相应价值的新一代人的崛起。就算有一亿日元也不会去买房子，就算收入增加了也不会把它们换成更大的汽车，不破坏自己认为舒适的生活方式，这样的价值观开始逐渐兴起。随着这种价值观在更多的年轻人之间得到认可，那么终有一天，在社会向消费和私有阶段攀升的过程中实现的，战后日本“家庭和郊外”的这种生活方式也终将会被取代吧！

真的是消费吗？

之所以我能够在1999年就注意到战后日本以私有主义为原理的繁荣的极限，是受到下面几件事的影响的。一件是在1998年，我因某个原因而时隔许久地走在了高圆寺街上——逛街已经是13年未有的事了，当时，看着满是旧衣店的街道，我不由得感受到一种无法言表的解放感。另一个，是在同一年，当我在吉祥寺附近的家旁边的井头公园里，看到参加自由市集的年轻人的身影时，忽然觉得，他们是那么自由和幸福，即使没有名牌商品、当季新品，也能够感受到足够的快乐。还有一件，仍然是1998年，有一次我目睹了年轻的建筑师和几名设计师共同工作的场景，从而实实在在地感受到了不被公司所束缚的生活方式的好处（拙著《无家可归的孩子》）。

那之后，我还多次见到过当时的那位建筑师。而大约是在2001年的一次会面中，他的一句话成为我开始思考“共享”的契机。

我在前面引用到的《“家庭”和“幸福”的战后史》，以及在那之前写的《家庭和郊外的社会学》中写道：消费的意义，在于将一家人联系在一起，形成一个消费共同体并发挥作用。这点上也许不及第二消费社会，然而，比如周六全家一起吃手卷寿司，或者是周日一同开车去露营，这类消费活动使平日里各自活动的家人，能够短暂地共处在同一空间、共同度过一段时间，因而消费活动担负着创造家庭共同性的功能。

当我把我的想法告诉那位年轻的建筑师时，他忽然自言自语道：“真的是消费吗？”听到了他的自言自语，我猛然醒悟道：“啊，原来不是消费啊！”我想到，也许对于年轻人来说，通过消费将家人联系起来的这种想法，或者通过购买名牌产品来获得幸福感的做法，已经没有意义了。

“共费”时代

那么，除了消费外，还有什么能够将家人或者互不相干的人联系到一起呢？当时我还没有这个问题的答案。当然，如果有爱的话，人与人之间就能结成联系，但是爱往往需要借助一些媒介来表现。这个媒介又是什么呢？

回到前面提到的那位建筑师上来，说起他们在一起工作的方式，就是一群自由职业者相互协助，在工作上相互沟通，一边享受快乐一边工作。并且，通过充分利用手机、电邮，他们即使不是同一个公司的职员，也能够频繁地取得充分的联系。

他们的兴趣不在于用物品填满自己的家或自己的屋子，而是通过相互贡献自己的创意、共同劳动、一起娱乐等共同活动本身来获得快乐。这是他们的价值观所在。而正是从这种印象中，我想到了“共费”这一词语。毫无疑问，这和近几年来流行的“联系”“共享”是相通的。

在第四消费社会中，人们对价值的判断，不再拘泥于单纯通过物质和服务的消费来获得满足，而是通过消费人和人之间的关系是否能够得以建立，此外，即使不通过消费，人与人是否也能够通过共同完成某件事而相识、相互交流，这种价值判断的重点在社会性方面。而当时，我正好接受了一份关于新的消费动向研究的委托，因此才和博报堂研究开发局共同以“共费”为切入点，做了这项研究，并在2002年将成果总结成了论文。

不炫耀的消费

举个例子，我觉得优衣库的商品就不是那种会让人在购买或占有它后，从购买和占有行为上感到快乐的商品。购买优衣库的商品是无法拿来自夸，或者拿去和人炫耀的。然而，正因为如此，人们购买了优衣库的商品。这也表明了人们对拥有物品并没有太大的热情。

所以，优衣库提供的与其说是商品，不如说是一种服务。在这里，可以用 1000 日元左右的超低价位，买到生活所必需的服装用品。这正如松下幸之助的“自来水理论”中所提倡的那样，以低廉的价格提供可以放心使用的、具有充足的性能的服装用品。并且，优衣库还回收旧衣物，将它们无偿提供给发展中国家的人们。这不仅是自来水供应充足，而且下水道也维修完备，并且还是一种利他主义的行为。

在这个意义上，我们也能感受到前面所说的，从第二到第三、第四消费社会进化的过程中，消费的目的，或者说生活整体的目的从“Family”（重视家庭）到“Individual”（重视个人），再到“Social”（重视社会）的变化过程。

我们的社会，从通过消费建立一个富裕的家庭的时代（第二消费社会及以前），发展到通过消费来丰富个人生活、发挥个性的时代（第三消费社会），再到以消费为手段来建立和他人的联系、为社会作贡献的时代，不断发展进化。而公平交易也属于一种第四消费社会式的行为吧。

幸福观念的变化

年轻人真的能在不占有物质的情况下获得满足吗？习惯了高度成长期式的私有主义价值观的一代人总是会对这点产生怀疑。

然而，无论是哪个时代，人都无疑是在追求幸福的。过去，确实曾经有一个时代，那时的人们通过购买自己的房和车来获得幸福，可是现在，在这个时代里，人们则不再能通过这种方式感到幸福了。

那么究竟什么是幸福呢？答案大概就是我们所说的“联系”吧。也可以说是“交流”或者“圈子”。不仅仅通过购买商品、向人炫耀，而是通过购买商品来促进和人的交流，形成一个圈子，希望进行这样的消费的心理在人们心中不断扩大。可以说，正是由于非正规雇用的增加，产生了一个把人用过后就抛弃掉的社会，人们才会更加重视不会将人“用之即弃”的人际关系。我注意到这点是在2002年左右，当时我想到的，就是“共费”这个词。

现在年轻人的想法是，和购买商品的这种消费方式无关，只要能够和别人建立联系、建立一个共同的圈子，那么其他的都无所谓。但是，从市场的角度来看，这种行为麻烦多多，因此我在组织概念时，仍然是把能够产生交流和圈子的消费作为重点，加入了“费”这个字组成“共费”的概念。但实际上，“消费”什么的这种心理，已经非常淡薄了。

向着全年龄段单身化发展

而这种共享的生活方式不断扩大的背景之一，就是单身化。根据日本国立社会保障和人口问题研究所的预测，1990年出生的女性的终生未婚率将增加到23.5%（终生未婚率，简单来说就是到了50岁仍未婚的比率）。而1955年出生的女性中（离婚经验率，也就是至少曾经结过一次婚），离婚经验率到50岁时为18.4%，对1970年出生的女性调查的结果则显示，在 35 岁时，这个比率就已经超过了 18%。如果按照这种趋势发展下去的话，那么 1990 年出生的女性，到了 50 岁时，其离婚经验率推测将高达 36%（图 3-7）。

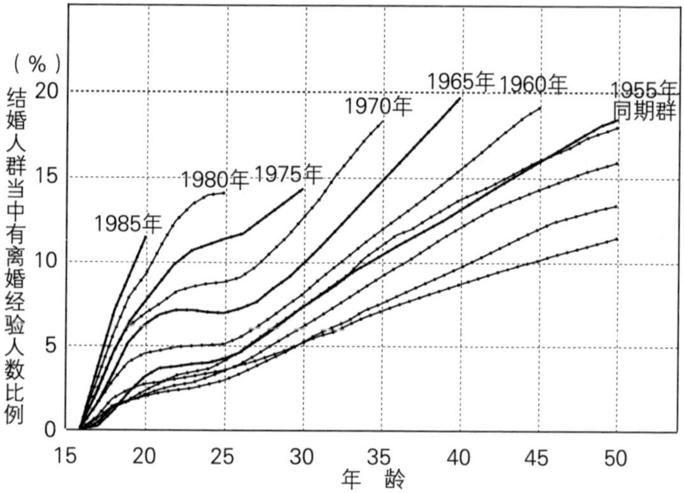

资料来源：岩泽美帆《初婚・离婚的动向和对出生率的影响》，《人口问题研究》，2008 年 12 月

图 3-7 同期群中有离婚经验的人占总结婚人数的比例

也就是说，1990 年出生的女性到了 50 岁时，将有 23.5%的人未婚，剩余 76.5%的人中有 36%，也就是整体的 27.5%离异，加起来有 51%的女性为单身或单身母亲。加上丧偶的情况，那么这个数值会更高。而到了六七十岁时，离异和丧偶的数量会进一步增加，导致单身女性越来越多。可以说，接下来将会是一个全年龄段单身化的时代。

这样，无法（也不想?）在经济上依赖男性的女性不断增加，今后社会中，共享型的生活方式也将发挥安全网络的作用。这并不是指防盗、防灾等方面的安全，而是对人一生的保障，在这个意义上，人们需要共享型的生活方式。

当然，男性也不例外。在今后的年轻人中，单身率和非正规雇用率将进一步增加，因此共享型的生活方式也仍然是必要的。

而今后的一大问题是单身啃老族的“老龄化”。1990 年，35—44 岁男性未婚啃老族的比率仅为 8.1%，然而到了 2010 年，这个比率增加到了 19.9%，女性也从 3.3%增加到了 12.2%（参考本书第二章图 2-6）。从绝对数值上来看，1980 年男性和女性单身啃老族人数均为不到 20 万人，但到了 2010 年，男性超过 180 万人，女性超过 100 万人（第二章图 2-7）。也就是说，男女加起来的话，日本全国共有 300 万的单身啃老族。如果这些人今后仍不结婚，再加上已婚的人的加入，那么 30 年后，随着他们的父母的去世，将会出现大量的 70 岁左右的单身者。

在 2010 年，单身家庭（家中只有一个人）中，就有一半都是 50 岁以上的老年人。而到了 2030 年，总单身家庭数将增加到 1800 万户，其中 67%都是 50 岁以上的老年人（图 3-8）。简直让人不由得想称之为“一亿总单身社会”了。也就是说，日本社会的全年龄段单身化将会发展到这种程度。

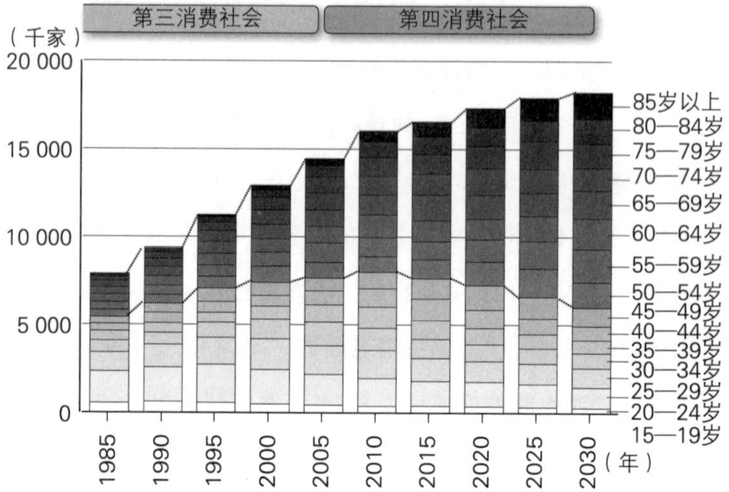

资料来源：日本总务省《国情调查》，国立社会保障与人口问题研究所《日本未来家庭数的推算》(2008 年 3 月推算)

图 3-8　不同年龄段单身家庭数

非正式雇用带来的影响

而当前，由于正式员工减少和非正式员工增多，公司逐渐失去了作为人与人之间交流平台的功能。这也成为共享型生活方式逐渐为人们所需要的背景之一。

非正式员工占总员工的比率在 1990 年为 20%，到了 2005 年后，增加到了 33%—34%（图 3-9）。仅看 25—34 岁的员工中，1988 年男性非正规员工的比率为 3.6%，女性为 25.9%，然而到了 2010 年，这个数值分别增加到了男性 13.3%，和女性 41.6%（图 3-10）。我认为，雇用的这种不安定化和流动化，从根本上决定了第四消费社会的基础。

非正式员工增加的原因，其一当然是长期的经济不景气。而另外一个原因，则要从第三消费社会的特征中来找答案。

第三消费社会的特征之一，就是多品种少量生产。必须能够敏感地应对不同嗜好的人群，随着时代的变化而不断改变着的喜好。在少品种大量生产的时代，商品不会突然卖不出去。但是在多品种少量生产的时代，这边感觉商品 A 的销路不错，同时那边商品 B 就会突然开始滞销，这种情况是极易发生的。

因此，如果长期雇用员工放在一个生产单位上的话，就容易产

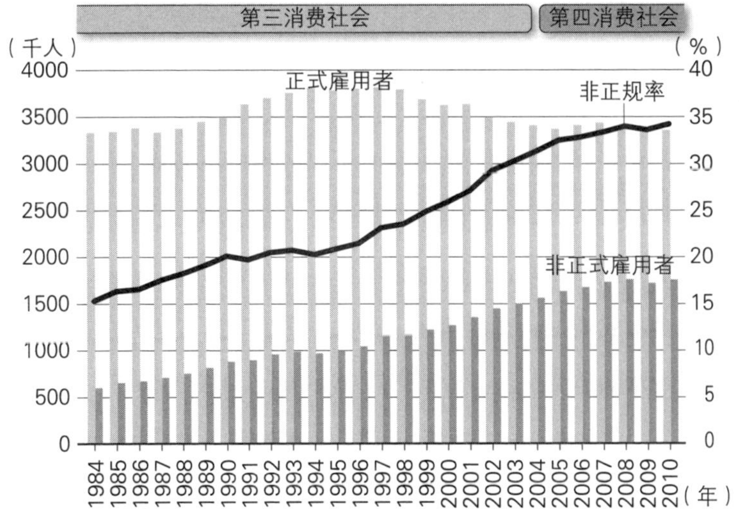

资料来源：2001 年以前《劳动力调查特别报告》，2002 年以后《劳动力调查详细统计》

图 3-9　不同雇用形式的雇用人数（男女合计）

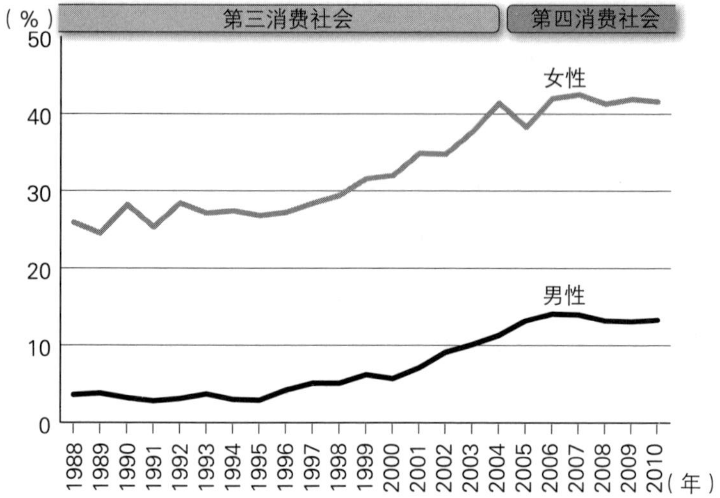

资料来源：2001 年以前《劳动力调查特别报告》，2002 年以后《劳动力调查详细统计》

图 3-10　男女非正式雇用者比例（25—34 岁）

生在商品销路好的时候，员工有时可以清闲得不需要工作，而在流行突然调向带来对新商品的生产需求时，又会出现人手不够的情况，非常没有效率。因此，企业才会考虑，只在有需要的时候，以非正式员工的形式增加人员的雇用。因此，在第三消费社会末期非正规雇用开始增加的情况，正是源于第三消费社会本身的特征。

那么，这些非正式员工要贷款买房首先就不可能了，而普通的出租住宅也有可能在一开始审查的时候就被拒绝。而单身啃老族如果能够一直住在父母家中——先不论是否会出现房屋老化需要修缮的情况——当然不错，如果不能的话，还是会在住房问题上陷入困境。当然，那些老旧的廉价公寓的审查是比较容易通过的，但是和这些地方相比，合租公寓既比较容易入住，居住环境也要舒适得多。这也是合租公寓适合现今时代的一个原因。不仅仅是合租公寓，对于那些处在不安定的雇用环境中的人们来说，将自己的生活方式变为共享式，是有着重大意义的。

追求简约、日本意识、地方意识

从“更高档”到“简约”

如前文所述，推行共享主义的消费者的行为方式，是多数人共同拥有或使用一个物品，选择租借而不是占有，或者循环、重复利用旧物，因此必然会从中产生环保主义，并且生活方式会趋向从整个生活中剔除多余部分的简约主义。

正如我在2009年出版的《简约一族的叛乱》中指出的那样，消费者所追求的生活方式，不是第二消费社会中的追求“更大”，也不是第三消费社会中的“更高级”“更时尚”“更高档”这种上升指向、自我扩张的生活，而是主张环境友好型的、温和的、简约的生活方式。

具体来讲，如1999年创刊的乐活杂志《乐活 SOTOKOTO》，以及2003年的 *ku：nel*、《天然生活》等杂志的出现。此外，主张自然派家居装饰的杂志 *Chilchinbito*，同样也是在1997年以后创刊的。这样，可以说，大概就是1997年开始，人们所关注的内容，不再是单纯的物质主义，而是越来越强烈地关心起自己的生活方式来。而现在，连那些大众系的邮购商品目录，也都开始模仿乐活系、生活系杂志的风格。

说起来，在20世纪80年代，市场业界曾经非常频繁地使用一个词，那就是“更高档”。其背景是，如果消费者对在第二消费社会中所实现的均等的生活方式感到彻底满足的话，企业则无法再扩大自己的销售额。因此，企业才不断地向消费者鼓吹为实现一个与众不同的自我，去追求更加高级的东西的必要性。然而，正是在这种“差异化噩梦”中备感疲惫的消费者，反而产生了追求简约化的意识。

那么，是不是第四消费社会中的消费者就认为，独一无二的自我是不重要的呢？事实并非如此。在第三消费社会中，所谓实现自我的方式，多数情况下都是通过购买认为适合自己的品牌来实现的。但是到了第四消费社会中，简约化的意识使得人们不再去挑选有独特风格的品牌，而是把商品看作一种全新的素材去选购。因为所谓的独一无二的自我已经存在于自己的内部，那么作为这个自我的容器，就应该是不会妨碍自己的，最好是无色透明的。

当然，这个世界上不存在完全无色透明的物品，而我们希望的，是能够无限接近这个目标。

对日本文化的热爱之情

第四消费社会的一大特征，就是日本意识。

比如近年来，想去外国旅游的年轻人逐渐减少，而想去京都旅游的却在不断增加。此外，熊野古道、伊势神宫也颇受欢迎。在杂志上，神社和寺院的特别栏目一经刊出，就会大受欢迎。实际上，去神社参观一下就会发现，最近前去参拜的年轻的女性很多。可以说，人们对日本传统文化的关注程度在不断提高。

关于这点，我已经在《爱国消费》（2010 年）中详细论述过了，此处只做简单的介绍。比如 2010 年内阁府《社会意识舆论调查》显示，在过去 10 年里，20—30 岁男性中爱国意识“强烈”的人所占比例增加了 15.2 个百分点。在女性中，增幅最大的年龄阶层是 30—40 岁，为 10.4 个百分点。如果说，人年龄越大、生活的时代越老就越爱国，这是很好理解的。而现在爱国与否在年龄上的差别已经不大了。

日本，这本身就是一个巨大的故事。可以说对于日本人来说，这是我们最大的一个故事。而对于年轻人来讲尤为如此。

为什么会这样呢？这是因为，现在的年轻人由于父母的工作关系而辗转于日本各地，或者可能其中有不少人曾在国外生活过。因此，对于他们来说，不存在一个“土生土长的地方”，也就不会有因为是某某县生人，因此就有某种特定的性格和气质的情况了。比如我这种，新潟县高田生人，从出生起就一直在一个地方长大，而我的祖先据说在过去的 800 年间，也都一直居住在这里，因此我感到在自己的内部，存在着“新潟人”“高田人”的特征。

然而，对于那些父母的工作经常变动的孩子来说，以他们为主体的这一代人，很难形成自己的性格是由自己生长的地方所塑造的这样的意识。可以说是“丧失故乡”的一代人。从 20 世纪 60 年代出生的那一代人开始，这种情况逐渐增多，对于他们来说，共同的故乡不是新潟县也不是熊本县，而是日本。这也是年轻的一代人产生热爱日本的感情的背景。

此外，在日本向中国让出了世界第二经济大国之位后，对于日本人来说，经济大国这一曾经的骄傲，已经被日本传统文化取而代之。在我看来，大多数日本国民，都没有为失去第二经济大国宝座而感到沮丧。反而是在庆幸，终于可以在经济之外，找到一个其他的、为国民所共有的价值。而随着全球化的蔓延，整个世界的生活方式开始变得千篇一律，在这种境况下，对于追求日本式生活的心理也在不断扩大。海外旅行的经验，更是让日本人实实在在地认识到了日本的清洁和安全的好处。这些要素叠加起来，就使得近几年日本人对日本本土的关注不断增强。

NHK 放送文化研究所的调查报告《日本人的意识》显示，认为"在看到日本的古寺或者传统民宅时，能感受到亲切感"的人占总人数比例，在 1988 年的调查中，16—19 岁为 63%，20—24 岁为 71%；而在 2003 年后，这个比例又有所增加；到 2008 年，16—19 岁为 69%，20—24 岁为 87%。对于年轻人来说，传统建筑应该不是他们通过自己的人生经历而直接产生的怀念对象，尽管如此，或者说，也许正是因为如此，这些传统建筑才会成为这些年轻人共同的景观吧。

追求简约和日本意识之间的亲和性

这里至关重要的一点是，追求节约和追求简约、日本意识之间的衔接，是非常容易达成的。

在所谓的“美国式”的生活方式，即大量消费型中，我们很难找到和环保节约之间的联系（当然，笃行朴素虔诚的生活的清教徒除外）。同样，俄罗斯式的也好，法国式的也好，抑或中国式的生活方式也好，我们都很难将它们和环保节约联系在一起。无论是哪个国家，在进入近代社会之前，他们的生活都是在和自然的共生中进行的，但不仅仅是和自然共生的生活，而是将“与自然共生”本身发展成为一种高度的文化和生活方式，在这一点上做得最好的，恐怕就是过去的日本了。这种观点为许多人所信奉，而它也确实存在于日本文化之中。但并不是说，其他国家就完全没有这样的文化，但可以确定的是，在过去的日本中，它是的的确确存在着的。

因此，对于日本人来说，环保节约不仅仅是一个科学上的问题，更是文化上的问题。进而还引申到为日本传统的生活方式而自豪这一点上。并且，人们意识到，简约的生活方式，才是取代“经济大国”的今后日本新的目标。

想想看，所谓的“经济大国化”其实就是欧美化。所以，无论成为怎样的“经济大国”，日本人仍然无法发自内心地为此而感到高兴。恐怕这个想法从20世纪60年代起就已经存在了，它产生的原因是日本人意识到经济的发展是以破坏和牺牲了日本过去的美好为代价的。在第二章引用的藤冈和贺夫的文章中，我们也能看到这种意识。

因此，尽管GDP被中国超过，成为世界第三，但是日本人并没有多难过。因为GDP也不过是衡量现代化和这个时代的富裕程度的量化指标而已。

崇尚品牌也不过都是些欧美的品牌，那种东西无论买多少，都不能获得传统的认可。

与之相对的，是按照日本自古以来的自然的、简单的方式来生活，才具备文化的正统性。

实际上，从日本文化研究所（Culture Studies）的调查中，也可以看出这点。在对环境问题“很关注”的人中，“非常喜欢”日本的人占41%，而对环境“不太关注”或者“不关注”的人中，这个“非常喜欢”就下降到了仅仅15%—16%（图3-11）。由此可见，对环境问题的关心程度，和对日本的喜爱程度是成正比的。

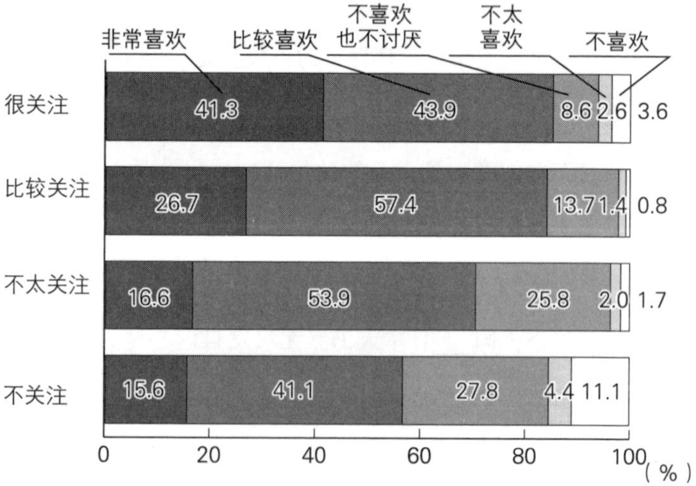

资料来源：日本文化研究所《现代最新女性调查》2010 年
（调查公司：NETMILE 株式会社，以居住在首都圈的 20—39 岁女性为对象）

图 3-11　不同环境关注度人群对日本的好感度

此外，越是对环境问题关注度高的人，其行为也就越日式（图3-12），并且，“不为流行所左右，选购明年以后也能使用的款式”“购买结实耐用的物品”“购买基本性能好的产品”等，诸如此类的回答居多（图3-13）。

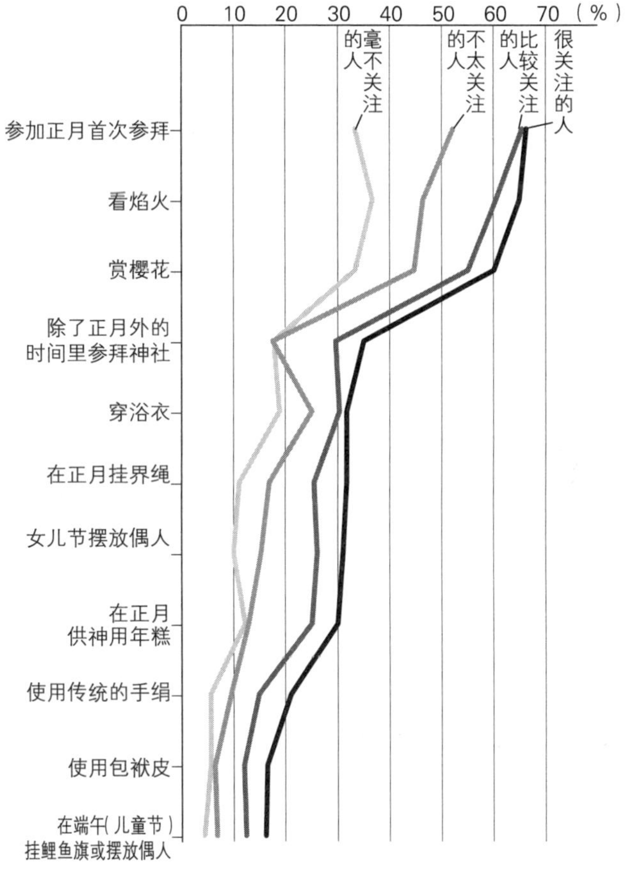

资料来源：日本文化研究所《现代最新女性调查》2010年
（调查公司：NETMILE株式会社，以居住在首都圈的20—39岁女性为对象）

图3-12　不同环境关注度人群所采取的日本传统行为

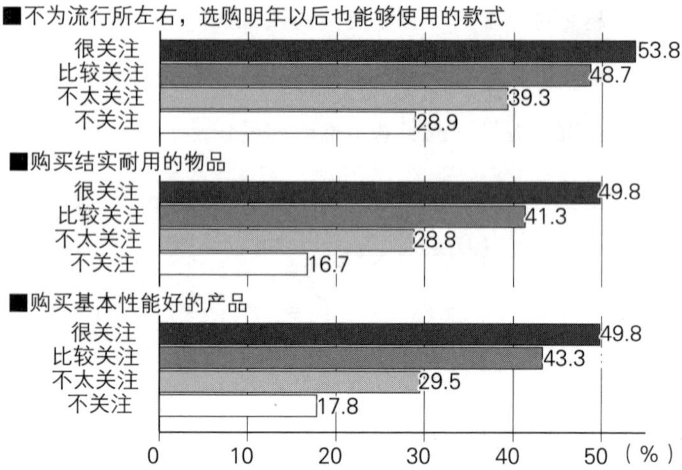

资料来源：日本文化研究所《现代最新女性调查》2010 年
（调查公司：NETMILE 株式会社，以居住在首都圈的 20—39 岁女性为对象）

图 3-13　不同环境关注度人群采取的消费行为

由于环保意识的增强，人们对更换新物品的需求也会降低，可能有的企业不看好这样的情况。但是由于消费者宁愿花高价购买更耐用的物品，所以回应消费者的这一要求，也是企业的一项使命。

而对简约的追求，带来的是第三消费社会式的、对国外高级品牌的崇尚的完结。越来越多的年轻人认为，全身优衣库就完全 OK；越来越少的年轻人试图通过名牌来表现自我。也可以说，他们认为，和自己的个性无关的东西，完全可以交给统一的大量生产来完成。

但是，这里要提出注意的是，这种对简约的追求，并非和日本以外的文化相抵触。反而是有很多人在经历了国外的生活后，才开始意识到简约的生活方式。

比如，现在的欧洲普通人的生活，和日本、美国相比就要朴素得多。首先不会出现女高中生拿着路易威登的钱包的情况，人们还住在一百年前建造的房屋中，使用着一百年前的旧家具。即使是在美国纽约等大城市中，将百年老屋改造后继续使用，而不是将其铲平重建的情况也是很普遍的。

通过海外旅行以及工作，一些日本人看到了这样的生活方式，而当他们反观现在的日本时，却发现无论是民宅还是大厦，都在完工 40 年后被拆毁，家具是在廉价商店买来的便宜货，根本无法想象它们能用上一百年。就算是有名的建筑物，一旦老旧了也难逃一拆。无论是城市还是建筑，都仅仅依据经济原理重复着拆除—重建的循环，人们很难获得一个能够安稳地过简约的生活的环境。和过去日本自然的生活方式相比，对现在的日本的生活方式怀有疑虑的人大概不在少数吧。

所以，尽管简约的生活方式和日本传统的生活样式以及日本文化有很强的亲和性，但是可以说对简约的崇尚，其开端还是源于欧美的。

现代化的终结和地方的复兴

和对日本的热爱密切相关的一点，就是回归地方的意识的高涨。尤其是年轻人更为明显。内阁府的调查显示，居住在城市的 20—30 岁的年轻人中，有大概 30%都希望能去农村、山村、渔村定居（图 3-14）。

为什么年轻人希望去地方居住呢？这个答案现在还不是很明了，

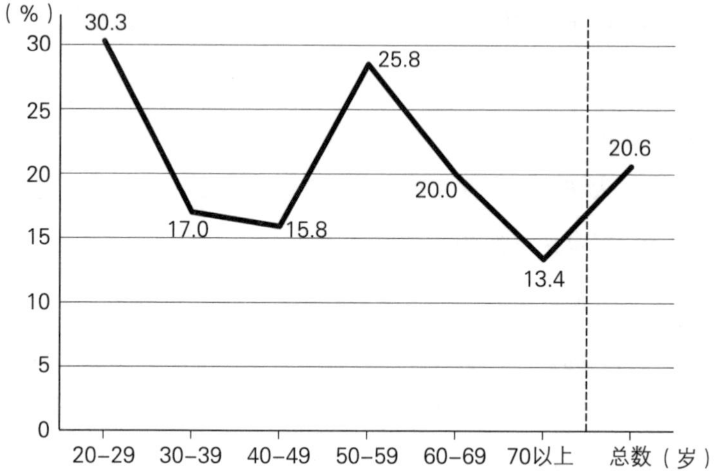

资料来源：日本内阁府《关于城市和农村、山村、渔村的共存和交流的舆论调查》2006 年

图 3-14　希望去农村、山村、渔村定居的人的比例（各年龄段）

但是就像本章最后山崎亮先生指出的那样，在从小学时代就开始接受环境教育的年轻人心目中，如果想要过真正的环保的生活，那么必然不会选择大城市，而是应该去地方定居。

此外，在经济长期不景气的情况下，预测到自己收入不会有太大提升的年轻人，也更希望搬到一个生活成本较低的地方居住。

还有就是受到了媒体在提及地方时积极的态度的影响。就连 *BRUTUS* 这种一直以城市型的、先进的生活方式为主题的杂志，也开始推出农业特辑，这对年轻人也是有所影响的。

进而从一个更为长远的角度来讲，就是第四消费社会本身，也不主张崇尚现代化一边倒的价值取向。

在第三消费社会中，人们强烈追求现代化，也就是崇尚欧美。因此，最早完成现代化的城市，比如横滨、神户以及银座等地，被认为是最时髦的地方，相对的其他地方就被认为是落后地区。

但是，现在日本的社会和生活已经整体进入了现代化，因此，在第四消费社会中，人们对推进现代化的要求也相应降低了。随之必然的，是对大城市崇尚的弱化，以及对地方向往的增强。

按照广井良典的论述，追求现代化的社会，是一个优先时间轴的社会。“在成长、扩张的时代中，全世界都在向一个方向前进，因此‘先进的—落后的’这种‘时间’轴也就成为一个优先指标（比如，‘发达国家是先进的，城市是先进的’等）。然而，到了稳定期，人们则开始去重新发掘各个地方在风土和地理上的多样性，以及固有的价值观。”（《创造性的福利社会》，2011 年）。

纵向的联系和横向的联系

根据广井的论点，以现代化为目标的社会将之前的社会视为落后并加以否定，认为现在比过去、未来比现在更好，更先进，更正确，更文明。在这样的社会中，人们认为，现代化的国家相对于落后的国家是高高在上的，现代化的大城市比处于落后地区的农村了不起。

但是在第四消费社会中，或者按照广井的说法在“定常化社会”里，现代化这一概念被相对化了。现在不一定就要比过去好，过去也有过去的好处。因此，与时间轴相比，空间轴变得更为重要。也就是说，在崇尚现代化的思维下曾被认为是落后地区的各个地方，其文化的固有价值重新得到了重视。

我认为，在广井提出的空间轴中，还应当放入“人与人的关联”这一内容。所谓的时间轴和空间轴，换言之就是指纵向的联系和横向的联系：纵向指的是历史和传统，而横向则指的是人际关系。

我曾在某个场合谈起过这个横向和纵向的联系，当时有人曾对我说，纵向的联系由寺院负责，横向的联系由神社负责。这句话令我十分赞同。寺院是祖先崇拜的场所，人们在寺院中确认自身的存在，是经由一代代的祖先传承下来的。而在神社中，氏子作为区域社会的一分子，通过共同参与祭祀的活动来相互联络关系，在这一过程中，神社发挥着核心的作用。可以说，佛教和神道分别承担了在纵向和横向联络人与人之间的关系的作用。

这里也和前面所说的环保意识相关。随着人们环保意识的增强，对大自然越来越重视，从而认为和大城市相比，自然环境优越，人与自然共生的地方有更高的价值。

而不同地方的文化孰优孰劣的想法也随之消失，人们开始认为，各个地方的文化都有自己的价值。在这个意义上，现代的日本意识并不认为只有京都才是最优秀的。不同地方的文化，无论是哪里都有着同等的价值。所以，前面提到了年轻人日本意识的增强，并不是说单纯地向往京都文化中所体现出来的“典型的”日本形象，而是不论是自己的故乡与否，都能够对各种各样的地方文化心怀尊敬和喜爱。

对“手工制作”的好评和不同地方的特色

因此，在今后的商品开发中，充满魅力的地方文化、地方特色等将成为一个关键。在我们的生活中，以优衣库为代表，在日本任何地方都完全相同的大量生产的商品已经饱和。并且，这种消费是纯日常的“亵”（即日常）的消费，但是人们也并不以穿着廉价的服装为耻。

在这样的时代里，和大量生产的商品相比，地方的工匠做出的传统工艺品，普通百姓为满足日常生活需求而手工制作的工艺品，反而具有更高的价值。

实际上，近几年来，重视日本各地传统工艺品的风潮越来越盛。如果到书店，就可以看到 *Casa Brutus*、*Pen* 等，这些原本以城市生活为主题的杂志，在最近几年开始不约而同地推出有关日本历史、地方传统的特辑。

比如，聚焦南部铁器等日本各个地方的工艺品的文章，以及有关它的提倡者柳宗悦和他所倡导的民艺运动的报道。

此外，地方的梯田等“原风景”日本文化遗产越来越多地受到人们的重视。而以这些地方为舞台的，诸如“越后妻有美术展览会”（新潟县）、“直岛贝乐思之屋美术馆”（香川县）之类的地方性现代艺术活动也相继开展了起来。

总而言之，现代的日本意识，虽然是日本式的，但并不仅仅指京都优雅的贵族文化，反而是对更为乡土的、地方的、平民的日本文化的关注在不断扩大。其中，也存在着这样一种意识的作用：正如“限界集落”（进入边缘状态的农村——译注）一词所包含的意义一样，这些地方的固有传统面临着消失的厄运，或者说已经陷入了濒死的境地；而对此，人们产生了一种强烈的危机感。

山崎正和这样写道：

> 地方社会自近代国家形成前就已经存在，这种存在和国家政权的所有者毫无关系。即使藩主被迫改封领地，当地的农民和町人也不会随之移动。很显然，近代之前的行政是要落后于当今的，然而和当今行政的情况相反，地方社会却充满着活力。当我们说到地方振兴时，是不是也应当先回归这个原点，再来重新考虑一下呢？过去充满活力的农村和城镇，并不只是一个生产产品的地方。那里还有镇守一方的神社和檀那寺，是人们庆祝四季轮回、欢度节日的场所。在历史中，那里是观阿弥的能乐、阿国的歌舞伎的发源地，还是来自伊势的本居宣长、大阪的山片蟠桃等学者和文人的故乡，可以说孕育了日本文化的基础。在物质的生产方面，过去的农村和城镇在附加价值的创造，或者说是文化产业的养成方面也有着极大的热情。从大米、蔬菜等农产品，到纤维纺织、纸制品、陶器、漆器、刀具等工艺品，每个地方都有自己的特产，而凭借着这些特产，他们获得的不仅是收入，还有一种地方的骄傲。而当今，令地方贫瘠的原因，恐怕不仅仅是金钱上的匮乏，还有这种文化的力量的衰退和随之而来的地区的骄傲的丧失。
>
> （《读卖新闻》2010年3月21日）

这里，山崎所要强调的是“地方的骄傲”的重要性。伴随着巨大的购物中心在日本各地纷纷落成，人们可以在日本的任何一个地方进行完全相同的购物。然而，尽管消费水准提升到和东京相同的水平，地方固有的文化却渐渐变得只剩一副空壳。那么以后，随着人口的减少，当购物中心的存在变得不再合算，从而开始撤离地方时，当地所剩下的，就只有废弃的商店街，和购物中心留下的巨大的空壳了。而实际上，那就是一片废墟。

无论人们有多喜爱购物中心为代表的消费文明，也没有几个人愿意自己的故乡在将来变成一片废墟。因此在考虑到重新振兴地方时，至关重要的还是对地方的热爱和骄傲。

而现在，日本人不正是借助着这种对地方的热爱和骄傲，构建着一种新的人际关系吗？这种关系比第三消费社会所追逐的“独一无二的自我”这种微小的世界，要更具历史性，也脚踏实地得多。而人们现在所需求的，正是这样的世界。

每个地方都有自己的历史，自己的传说，自己的传承和自己的神话；还有自己的传统和文化，以及独特的生活和语言。如果这些各不相同的地方，都能在适应新的时代的同时，不失去自身的特点，那么日本就将有无数个充满个性的文化并存。这比单一的“日本式”的国家可要丰富多彩得多。

从设计看日本

在这样的日本社会中，尤其是从地方文化和工艺评价的角度来看，能和二战前的柳宗悦相提并论的，就是设计师原研哉了。他在著作《日本的设计》(2011 年) 的开头这样写道：

> 现在，日本正处于历史的转折点。自明治维新起，日本经济文化日益西化，有一个一直被压抑至今的问题，正在隐隐地、却又无可置疑地浮现出来。那就是，为了维持这个国家的未来发展和我们的骄傲，在今后重新找回我们在过去千百年的时间里形成的日本的感受性……是不是不失为一个有效的办法？

所谓日本人的感受性，指的是“细腻、周到、细致、简洁地安置物品和环境”的能力，原研哉认为，日本人的这种“审美意识”“感觉资源”，才是我们能贡献给这个世界的东西。从中可以强烈感受到，他追求新时代的日本的骄傲，而不是拘泥于经济大国的感情。

原研哉将工业设计师柳宗理设计的水壶，作为凝聚了日本审美意识的现代设计作品的范例举出，而对于这类设计能够安静却又广泛地博得人们的支持的时代，原研哉评价道，这是一个“在我们的头脑从瞪大眼睛寻找创新的热度中冷却，回到正常的体温后，开始拥有能够好好地环顾身边事物的余暇”的时代。用前面的理论来说，可以说是一种从欧美式的，优先考虑时间轴的时代，向空间轴登上舞台的时代的转变。

这种设计思想产生的背景因素可能有很多，但最近的一个，就是“3·11 日本大地震”的影响了。当人们看着海啸冲走自己的房屋和汽车，从而感受到了对物的占有是多么空虚，而不买、不生产不必要的东西，珍惜一直使用着的东西，过简约的生活的心情，也随之在越来越多的人心中萌芽。

原研哉认为，在这个时代中，设计的使命不再是激起人们购买自己不需要的物品的欲望，而是应当去提出一种“社会共同的伦理”，其今后面临的课题，也“并非在于如何生产吸引人的产品，而是在于如何重新树立一种让人们能感受到物品吸引人之处的生活”。这已经不仅仅是一个平面设计的理论，更是一种社会设计的哲学，它和本章末山崎亮的发言也有相通之处。也就是，理想的设计，它的对象不是物品，而是人与人之间的关系。

每个地区的“骄傲”将人联系在一起

原研哉的论点，和曾经我在批判郊外大型商场的建设引起的地方城市中心的没落时，提出的“快餐式风土论”的想法不谋而合。拙著《快餐风土化的日本》一书出版于2004年，其后成为长期热销书，读者遍布日本各个地方。我也被请到各地讲演，足迹北至北海道，南到冲绳。

在讲演中，我对听众说，我本身也是个市场分析师，因此非常明白在购买同样的商品时，消费者选择更加便宜、更加舒适的商店是理所当然的行为，而向他们呼吁“去老店购物吧”，是无论如何也无法获得他们的共鸣的。

而更严重的问题是，老商店街被废弃，就意味着这条街的历史也随之遗失了。正如讲演中，我对听众说过的那样：“商店街就仅仅是卖东西的地方吗？不是这样的。在几百年间，商店街一直担负着整个城市的建设，养育了一代又一代的人，在这里人们庆祝节日、组织消防团，为这个城市付出了各种努力，在城市的历史中，商店街的作用是巨大的，是这样的吧？那么，我们真的可以不要这些了吗？这会导致这个城市的历史都消失掉的啊。”

对那些迄今为止只是短视地抱怨大型商场抢走了自己的顾客的商店街的人们来说，我的论点也成为点燃他们心中骄傲的导火索，促使这样的意识一点点地形成：没错，问题并不只是眼前的利益，而是我们在世世代代哺育这个城市，养育城市中的人。

因此，人们就会开始从多个角度思考城市的问题。随着角度的扩大，人们关注的对象也有了变化：从单纯的商店街的销售额，到转而关注它所拥有的潜在的功能，或城市的历史和文化。而这也吸引了居住在当地的教育文化相关人士、地区活动家等各个阶层，从而使城市建设的条件更为成熟。也就是说，这样下去是不行的，我们必须为这个城市做些什么，围绕这种问题意识，人与人之间形成了多种多样的联系（这点也请参考本章末山崎亮的采访内容）。

大概还没有一个商店街在废弃后，还能重回全盛期的繁华。就算把郊外的购物中心全部驱逐，在人口规模不断缩小的未来社会中，商店街也无法完全回到全盛期的繁华状态。

所以，问题不在于如何让商店街成为一个为商业存在的场所而复兴，而是作为一个拥有更多种多样的功能的“生活综合产业”街道获得新生，这才是我们未来的目标。

在人们重新审视商业街时，在将它作为一个买卖的场所、居住的场所的同时，也必须考虑到它作为福利、护理、教育、育儿、文化等的据点的作用。为此，我们需要的，不是将城市分为工作区、商业区、住宅区的近代主义的城市规划，而是更加灵活的城市建设方法。进而，培养人们对地区的感情，以及回忆和骄傲，这样就有了重要的意义（这点可以参考第四章末朝田亘、成濑友梨、西村浩进行的活动）。

分散而又相互联系的个人

如上所述，第四消费社会中，在回归日本的意识之上，还有回归地方的意识的作用，因而必然会产生反集中、分散的意识。随着全球化，千人一面的商品行销全世界，而与此同时，可以说尽管如此，却又正因如此，使得在这个时代中，各个地方独有的东西反而越来越受到人们的欢迎。

在这种意义上，第四消费社会中，传统的中央集权型的大众媒体也不得不面临衰败。在“3·11 大地震”和核电事故发生时，推特、脸书这些社会性网络服务（SNS）向人们展现了巨大的力量。在地震发生后，立刻有消息从这些社交网络中流出（当然，也有误报），这里还有大量有助于受灾群众救援的信息，和帮助人们取得联系的信息。

与之形成鲜明对比的，是通过大众媒体发布的那些只能说是“官方言辞”的内容，包括政府、保安院和东京电力的记者招待会，看过后让人们的不满情绪更加严重。大众媒体要重新挽回自己在“3·11”中所失去的信誉，恐怕要费很大力气吧。

说到底，所谓大众媒体，是一种单方面的通信。信息从发送方单方面地向接收方流动。虽说使用数据信号后，可以进行互动的交流，但是很难使大众感到是有效的交流方式。

而SNS本身就是双向的。这里不存在发送方和接收方的区别，而是多个主体进行相互的信息传递。当然，里面也有一些无聊的内容，但是也有许许多多有用的东西。无论如何，在第四消费社会中，占主体的都不是大众媒体，而是SNS等个人可以成为一个主体，并进行相互联系的媒体。

并且，如前所述，SNS的进一步发展，也将对城市的结构和国家的结构产生影响。人们不再集中在大型的商业设施中，而是根据各自所感兴趣的事物，分散地聚集在和自己关注的东西最吻合的商店或活动会场中，而无关它们的规模大小。

这样，城市就将一改所有功能集中在城市中心，信息和物资从这里向四周呈同心圆状扩散的形式，变为无论是郊外、近郊，还是城市的局部地区，都能够在一定程度上吸引人们聚集的构造形式，而我认为，这种转变已经发生了。

比如，近几年出现了这样一个现象，就是日本铁路中央线的高圆寺站周边成为反核电、反贫困游行的场所，游行的情况还被上传到YouTube在全世界传播。虽然比不上“阿拉伯之春”的盛况，但是在对这些信息的管理上，中央集权式的大众媒体显得力不从心。

此外，在本章末介绍的山崎亮，就将他的公司的一部分办公场所搬到了三重县的山中。因为即使在山里，仍然可以通过网络毫无障碍地进行办公。就算住在小岛上，只要有网络，购物方面也和在城市里几乎没有差别。也许，在第四消费社会中，人们集中在大城市居住和工作的生活方式，也会发生转变吧。

难得地方的高速公路和机场都修得如此完善，我们只要好好利用这些设施就好了。人们居住在日本的一个小岛上，每个月只需一次离开小岛去东京工作，这样的工作方式在第四消费社会中将成为，也应当成为理所应当的存在。

消费社会的终极形态是什么？

根本问题在于“消费是什么”

最后，我们就来整理一下第四消费社会的这些特征，再对什么是消费，以及消费社会将向什么方向发展来做一个新的思考。

Consume 在英日词典中的意思是“用光”、“烧光”、“吃光”和“喝光”。“Con”的意思是“全部”，“Sume”的意思是“拿走”。的确，在物资稀缺的社会中，人们主要的消费对象就是粮食，而生产出来的产品都将被用光、吃光。

但是，在物质富裕的社会中，耐用消费物品增加，普通人也能够拥有高级手表等可以半永久使用的，不会被用尽的物品，那么在这样的社会中，消费就不再是单纯的用光和吃光了。

而和 Consume 相近的单词，还有 Consummate。这里，“Con”表示“全部”，“Sum”和表示“合计”的 Sum 一样，也是表示“全部”，因此 Consummate 的意思是“完成”。此外还作为形容词，表示“完全的、无可挑剔的、圆滑的、熟练的”。名词形是 Consummation。

法语中的消费是 Consommation，奇怪的是，这个词还包含“完成”“成就”的意思。法语里面和英语的 Consumption 语源相同的词 Consomption 的意思，是“消耗”“憔悴”。

也就是说，法语的 Consomption 相当于英语的 Consumption 去掉了“消费物品”的意思，而法语的 Consommation 则是将英语的 Consumption 加上了 Consummation 的含义。我不是语言学家，所以不知道为什么会出现这样的现象，但是可以说法语的 Consommation 中，既有“用光”的意思，也有“使完成”“使成就”的意思，而看上去这两层意思是相互矛盾的。是不是指，比如材料用光后，菜肴也就随之做好了的意思呢？

Consumption 和 Consummatory

这里的重点是 Consummate 的派生词 Consummatory，是一个社会学的重要的概念，译为“自给自足式的”。

Consummatory 的反义词是 Instrumental，意思是“（使用）工具的”、“可作为手段的”。对此，见田宗介这样写道：

Instrumental 可以翻译成日语的“可作为手段的”，但是 Consummatory 则不可翻译。“有目的的”这一翻译属于错译，而“即时充足的”这一翻译不但僵硬而且意思传达不到位。“我的心随着看到彩虹而雀跃”，这种看到彩虹时的心境，就是 Consummatory 的时候。也就是说，像性方面的迷醉、艺术带来的感动、宗教的至高无上的幸福（Bliss）等，不需要其他任何手段，其本身就构成一种无偿的愉悦的行为、关系、状态和时间，就是“Consummatory”的行为、关系、状态和时间。与之相对的是雇佣劳动、营利活动、考试复习、以政治为目的的组织性活动等，作为达成外部目的手段存在的行为、关系、状态和时间等，就是“Instrumental”式的行为、关系、状态和时间。（见田宗介、栗原彬、田中义久，《社会学事典》，1988 年）

当然，“雇佣劳动、营利活动、考试复习、以政治为目的的组织性活动等”，也会因人、因时间、因情况的不同，而“不需要其他的任何手段，其本身就构成一种无偿的愉悦”。但是，这些“雇佣劳动、营利活动、考试复习、以政治为目的的组织性活动等”，如果结果上没有获得某些成果（佣金、利益、考试及格、当选等），那么就没有意义，行为也不能得到“完成”。

而 Consummatory 式的行为，即使从结果上没有任何成果（佣金、利益、考试及格、当选等），如果其本身能够带来幸福、快乐和开心的话，其行为就能够得到“完成”。

那么，如果消费这一词语中，不仅包含“用光”的意思，还包含“完成、成就”的意思，换句话说，就是除了为填饱肚子而购买食物吃掉的这种 Instrumental 的含义外，“不需要其他的任何手段，其本身就构成一种无偿的愉悦”也成为消费的一部分的话，会发生什么呢？

对此进行了自觉的论述的，是山崎正和的著作《灵活的个人主义的诞生》（1984 年）。该书也是作者身处第三消费社会，却感知到第四消费社会到来的前兆，并将其理论化的重要著作。

山崎对当时流行的让·鲍德里亚的《消费社会的神话和构造》（1970 年）进行了批判。山崎对让·鲍德里亚的论点做了如下的总结。让·鲍德里亚指出，“人们对消费社会的认识，还停留在认为它是一个单纯地享用‘多余的财富’，并在量的方面进行‘过剩消费’的社会上”。“让·鲍德里亚的主张是，人在有‘自我保存的本能’的同时，还拥有一种与之对立的根本的本能，那就是想要‘尽自己全力’的冲动，也就是一种永远都希望‘更多、更快、更频繁’的冲动。在这种本能的支配下，现代消费社会必然会向无止境的浪费的方向发展，同时产生对奢侈的炫耀，和对这种炫耀的怨恨和暴力。”对让·鲍德里亚的论点，山崎做了类似于哥伦布的鸡蛋式的反驳。

“先讽刺一点，就是这个‘更多、更快、更频繁’，明显是效率主义的标语，与其说它是消费社会，不如说它是生产至上主义社会的原理。”他还反诘道，我们其实是“正在对这种效率主义产生疲劳感吧”。“的确，在产业化社会的后期，人们的欲望往往会向追求权力的方向发展，将更多、更快的消费作为一种炫耀的资本，拼命让自己与众不同。现在的日本也还残留着这种倾向，至少人们还在追求‘更快、更便宜’地买到正在流行的商品，争先恐后购物的心理，正是对‘效率’二字的诠释。但是，不应该忘记的是，这最终也只不过是特定的社会、特定的历史阶段的现象，并不一定就显示了人类欲望的永恒本质。”

那么，所谓的“本质”又是什么呢？

实现自我充实的消费

在进行本质的论述之前，我想再说一个我个人的经历。我第一次接触山崎正和，是在高中二年级时，通过一份剪报文章《不愉快的体验》(《朝日新闻》1976 年 1 月 19 日)，而更为深刻的一次，则是在高三现代国语的教科书上。当时教科书上收录了山崎的《鸥外，战斗的家长》的节选。现代国语的老师是我的班主任，大概因为他是山崎的粉丝吧，当时还把书上没有选取的部分也复印下来带到了课堂上，还在课上用到山崎的另一部著作《戏剧性的日本人》。在那堂课后，我成了山崎的粉丝。那还是马上就要参加大学入学考试时的事情。

之后我就去参加考试了。二月下旬，前往东京后，马上就跑到了新宿的纪伊国屋书店，买了这两本书和另外一本《艺术现代论》。因为考试复习得已经很充分了，在考前过多看书反而会带来不安的情绪，这样想着，我就阅读这三本书度过了考前的时间。特别是《艺术现代论》中关于“手工制作”的那篇文章，我尤其喜欢。

到了二月末，我先到私立大学参加考试，然后在三月初参加了一桥的初试，考试内容只有英语和数学两项，其后又参加了复试。当时现代国语的考试内容是，阅读文章后写论文。而那篇文章正是柳宗悦的《手工制作的日本》！我在心中不由得“啊”了一声。当时也许还在心中雀跃，这就是神的旨意啊！于是我写出了我认为能够得到满分的作文。后来还在《周刊朝日》上读到，丸谷才一认为，能够出这样的题目的大学是非常值得尊敬的。我感到非常高兴。就这样，可以说没有山崎正和，我也许就考不上大学。

话归正题。山崎正和原本是剧作家，因此自然会对艺术和文学进行论述；但是再次翻开《戏剧性的日本人》和《艺术现代论》，就会发现，令人意外的是，里面关于广告、消费、工业设计等的内容也占据了大量的篇幅。不过，对于一个剧作家来说，最关注的还是人和他的人生，他的生活方式。所以，在讲述和描写现代人时，也自然会讲到广告、消费、工业设计等这些内容。

灵活的个人主义

山崎正和对消费社会进行深入分析的著作，是他的《灵活的个人主义的诞生》。

反过来说，在1984年这本书出版前，在日本还没有一本正式的消费社会论。不，在那之后也没有出现过。这么说是因为，在那之前只存在左翼阵营对消费社会的片面的批判，和希望刺激消费的广告业界所进行的市场扩展式的消费论。鲍德里亚也是左翼对消费的批判的一部分。直到20世纪80年代末期，仍然有左翼评论家认为涩谷公园大道附近是被资本主义支配的社会这样的论调，简直是和这个时代的严重脱节。

在这时，山崎作为一个出色的哲学家和社会学家，对笛卡尔以来的近代自我作为“生产的自我”进行批判，在引用马克斯·韦伯、埃米尔·迪尔海姆、让·鲍德里亚等，尤其是在大卫·雷斯曼、丹尼尔·贝尔的论点的基础上，通过一系列非常具体的广告、热销事例、统计数据等旁证，对消费社会的极限和可能性做出了论述，并在80年代，这个被称为“高度消费社会”发展到尽头的时期，透彻地提出了未来人类将向什么方向发展的观点。

山崎如是写道：

> 对于人类来说，最大的不幸是，连物质上的欲望都无法得到满足，但是仅次于它的，并不是人欲望的无止境，而是欲望过于轻易地就得到满足。对于耽于美食的人来说，最大的悲哀就是胃的容量是有限的，因此无论食物有多美味，一旦超过一定量，也会难以下咽。不仅如此，随着欲望得到满足，人感到的快乐也会递减，到最后反而会成为一种痛苦。

这和我刚才所说的难道不是不谋而合吗？

另一方面，随着可供选择的对象的增加，必须在不断选择中度过的自由时间也在增加，现代人可以说正处于一个接一个的迷茫的选择面前。当人们问自己“有没有什么有意思的东西呢？”的时候，其实正表明了他也不知道这个“什么”究竟为何物，并开始发现对于他来说，自己已经变成了一个难以理解的存在了。

这不正和系井重里的“我想要的是，我想要的东西”异曲同工吗？

此外，他还写道：

> 可以说，物质欲望带来的满足感仅建立在其未得到满足的阶段，一旦这种欲望得到了实现，那么在这一瞬间，满足感就会马上消失，人们就被这种极端讽刺的机制玩弄于股掌之中。那么，人们对此又是怎么想的呢？那就是，以“消耗某种物品”为目的进行“物质上的消费”的同时，却又尽可能地延长消费的过程。

因而，消耗物品这一目的，反而成了享受消费过程的一种手段。也就是，不希望在最短的时间内消耗最大量的食物，而是希望能用尽可能长的时间，来消耗少量的食物，以获得更多的乐趣。

山崎在最后这样总结道，原本“人的消费活动恐怕就是和效率主义相对立的一种行为，人们对其过程的关心程度要远大于实现目的本身”，因而“可以说，消费就是将物品的消耗和再生作为表面的目的，而实际上追求的是充实地度过时间”。也就是说，山崎预言消费最终的、成熟的形态，是一个将消耗（Consumption）转化为自我充实（Consummatory）的过程。而山崎在论述中，也包含了对消费社会的极限和成熟的到来，或者说是消费社会本身“被用尽并获得完成”的期盼。可以说，这正是对第四消费社会的预言。

这种观点也是京都人所特有的消费论的核心，而不得不说，当时嘴里塞满油腻的麦当劳鸡腿和炸薯条加班的25岁的我，没能好好品味山崎笔下的这种醇郁的京都料理的味道。

然而现在重读他的著作，便有种豁然开朗的快感。正因为他是一位能够不断地思考人类为何物的剧作家，所以才会如此一针见血地道出消费社会中的欲望将何去何从。而至今为止，无论哪位社会学家，都还未做出能够超越他的消费社会论来。

但是，比较明显地感觉到山崎的预言成真，还是在最近五年左右。这是因为在《灵活的个人主义的诞生》出版后，日本进入了泡沫经济时期，使得“人们的欲望往往会向追求权力的方向发展，将更多、更快的消费作为一种炫耀的资本，拼命让自己与众不同”的时代又得以苟延残喘，并导致新的消费时代推迟来临。

而我认为，山崎所提出的“自我充实”和“效率主义”的对比，正对应着小松左京提出的“活着本身的价值”和“进化的价值”。我们所追求的，不应该仅仅是“效率”或“进化”，而是开始追求从“活着本身”得到“充实”。

从物质到人

这样，可以推测，第三消费社会的消费是以物为中心的，但是随着人们进入第四消费社会，这个重心将会从单纯的物质转移到真正的、人性化的服务上去。但这并不等同于单方面地花钱后享受服务。而是会有更多的人开始追求通过消费来建立更互动的、人与人之间的关系。

也就是说，并不是要发展那种将服务作为商品来消耗的服务消费，而是人们将更多地追求一种，能够为施予方和接受方同时带来满足的服务行为。因此，重要的不仅仅是能够获得何种服务，还包括从谁那里获得服务，以及和那个人将如何相处下去，这些内容也渐渐有了重要的意义。

同理，那些非服务性质的商品买卖也一样，人们开始看重谁在以何种方式销售商品。即千篇一律地使用说明式的售货方式已成为过去，人们更加看重是不是由一个对商品有着充分的知识和热爱的人来销售商品。

并且，在重视环保的第四消费社会中，越是长寿就越有价值。所谓的长寿，指的是能在较长的时间内，不需要太多的转型就能长期保存。为了实现长寿，就必须提供真正的生活必需品，并不断追求更好的基本性能和质量。而人们也更加偏好能够细水长流的商品和店铺，而不是短暂的热销后销声匿迹。

这样，制作商品的人、选择商品的人，以及开店的人的眼光就很重要。能够看透商品长期销售的本质，并选出合格的商品的人经营的店铺，才能够获得消费者的信赖。进而消费者会更喜欢来这样的店铺，在这里进行购物，从而店铺的寿命也就更加持久。因此，努力培养店铺和人之间的关系也就愈发重要起来。后面还会有关于设计师长冈贤明的活动的介绍，可以说，他的活动就是这种心理的具体体现吧。

综上，在第四消费社会中，将商品本身神化的品牌信仰已经走向衰退，取而代之的是将物品看作一种手段，从而更加重视通过这种手段所能达成的目的，也就是让自己和什么样的人产生一种什么样的关联。关于这点，将在下一章节进行详细论述。

案例分析

无印良品——第三消费社会向第四消费社会过渡的典型商品

无印良品诞生于 20 世纪 80 年代的第三消费社会中，其后一直深受人们的喜爱，现在则成为第四消费社会最具代表性的商品。

在 1982 年时，有一天我下班回家，在当时住处的附近的东急东横线祐天寺站旁边的便利店里，看到了这样一个商品。是一个没有特别花纹、颜色也淡淡的文具。当时，我立刻惊呼道，啊！没错，这就是我一直想要的！然后立即买了下来。那个文具就是无印良品的产品。

我特别喜欢无印良品，所以在那之后一直到现在，从自行车到服装，再到桌子、衣柜、灯具等，购买了许多他家的产品。

关于无印良品的特点，就像在本章末的采访中辻井所说的那样，它是对名牌商品的一种反抗，并向消费者提供了剔除企业所强加的无用的价值的，能让消费者通过它来创造最具自己个性的生活方式的素材。

在第三消费社会中，为了彰显自己的个性，各种各样的品牌商品大行其道，然后，可以说正是在这种背景下，无印良品作为反品牌的象征诞生了。人们不必再去挑选最适合自己的品牌，在这里可以将如一个空的容器一样的无印良品的产品作为一种“素材”而选购，并动手给它染上自己的色彩，自己进行加工和处理。这和东急手创馆相同，都是来自一个“半成品”的理念。

此外，无印良品还坚决排斥过度的包装和颜色、图样，并推出了之前已经不再销售的香菇等，作为生态学代表商品为人们所认可。可以说，这里的商品是带有第四消费社会特征的。

无印良品还具备另一个第四消费社会的特征。那就是，它让人感受到日本式的文化。在这里，不追求对性能和装饰的不断补充，反而最大限度地进行剔除，也就是减法的美学。这和倡导清寂的日本文化是相通的，因此也具有第四消费社会的特点。

实际上，一项对无印良品的好感度和对环境问题的关注程度的调查显示，“非常喜欢”以及“喜欢”无印良品的人中，有80%以上都对环境问题“关注”或“比较关注”(图3-15)。

而相对地，回答“不太喜欢”和“不喜欢”无印良品的人中，大概有30%到40%对环境问题“不太关注”或“不关注”。

而向对无印良品不同好感度的人群提问“你喜欢日本这个国家或日本的文化吗”时，“非常喜欢”或“喜欢”无印良品的人中，有约85%表示“非常喜欢”或“比较喜欢”(图3-16)。

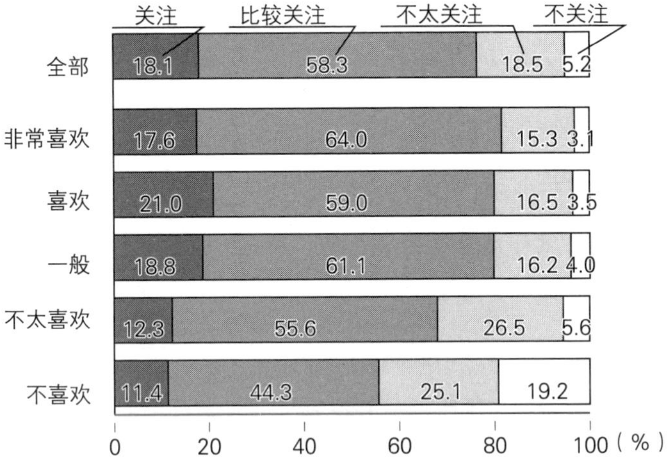

图 3-15　对无印良品不同好感度的人群对环境问题的关注程度

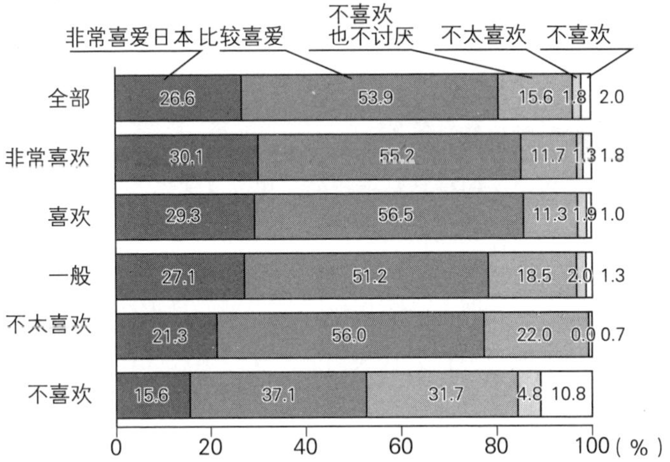

资料来源：日本文化研究所《现代最新女性调查》2010

（调查公司：NETMILE 株式会社，以居住在首都圈的 20—39 岁女性为对象）

图 3-16　对无印良品不同好感度的人群对日本文化的喜爱程度

综上，无印良品作为环保、简约和具有日本特征的商品，作为第四消费社会的象征为人们所接纳。

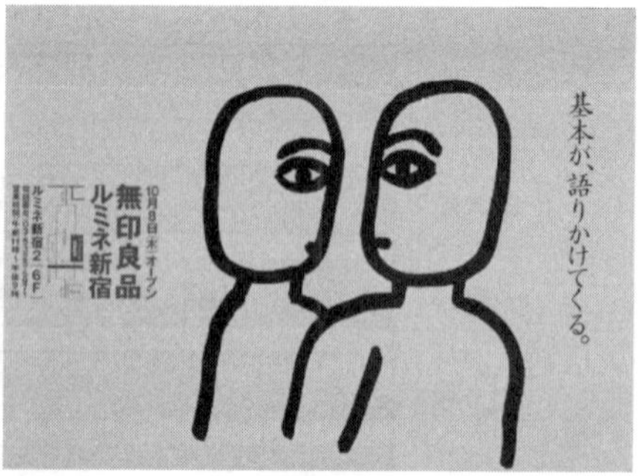

东京广告博物馆收藏。

2003 年，无印良品曾经开展过一个叫作“发现无印良品”（Found MUJI）的活动。在这次活动中，无印良品并没有去开发商品，而是从世界各地销售的商品中，“发现”（Find）觉得“这就是无印良品（MUJI）”的商品。

具体成果不但包括日本各地的和风餐具，还有从世界各地“发现”的，诸如印度的金属器，中国的纺织品、青白瓷和长椅，还有法国邮局里面的麻口袋，等等。

有人评论道，无印良品是现代的“民间艺术”，是在现代生活中具有民间艺术品属性的“用之美”，即因实用而美的商品。

而第四消费社会的一大特征，就是对世界各地固有的文化的重视，那么作为第四消费社会代表商品的生产者，无印良品开展这个活动是有其必然性的。

但是，当我来到青山的 Found MUJI 店铺时，却有一种奇怪的感觉，好像身处于西荻窪或目白的古董铺子里一样。

也许，当人们有了发现 MUJI 式的商品的能力时，无印良品也就不再有存在的必要了。当然，具有这种能力的人是很少的，即使有这份能力，当有需要时也还是会来无印良品购买，但是仍然要说，Found MUJI 活动自身在某种程度上，就是对 MUJI 作为“物”的价值的否定。

当然，无印良品也明白这个道理。因此我想，也许普及一种超越“物”的思想，才是今后无印良品的长期目标吧！

年轻人开始意识到地方的魅力

采访共同体设计师山崎亮

和第三消费社会之前的向大城市集中的意识相比，在第四消费社会中，人们开始提倡一种分散的意识，并越来越积极地从日本的各个角落寻找趣味和快乐。这样的新生代人群所持有的新的视点带来了一系列提升地方活力的活动，而其代表，就是山崎亮。这里，我们对山崎的活动进行了采访。

三浦：今天，我们想向山崎先生请教的是，Local 也就是地方将向何处发展，以及我们应该如何做的问题。山崎先生的职业是“共同体设计师”，是一个全新的职业，那么，您是从何时认识到，今后的设计也许不再是物的设计了呢？

山崎：我想，最初的契机应该是 1995 年的阪神大地震。

三浦：您当时是不是在想，城市遭到了如此严重的破坏后，我们却只是把这些建筑推倒了再重建，这样真的好吗？

山崎：是的。特别是，我是学习建筑和城市规划的，所以我感觉，那种后现代的，形状上有点崩坏，但是在结构上仍然完整的建筑比较吸引人。

三浦：还是在第三消费社会嘛。讲的是物质。

山崎：因为在那个时代，我们所做的是，让物的外形给人们心中留下印象。比如，外观龟裂的水泥的建筑啊，或者那些倾斜好像被堆砌而成的建筑，等等。

三浦：比如废墟式的建筑。

山崎：是的。但是，在大地震中，一切都真正地被毁掉了。所以我才想，再去模仿毁坏后的样子还有什么意义呢？

当时我在城市规划的研究室工作，所以被学会叫去受灾地区调查建筑物的情况。当时的工作内容是对建筑进行鉴定，判断它属于完全损毁，还是半毁，或是部分受损。当时我所负责的住吉地区，一眼望去基本都属于完全损毁类的。这里本应该有路，却已经没有了。而一想到下面也许还埋着人，精神上的压力就非常大。

正当我觉得心情非常阴郁的时候，看到了当地的河流，觉得只有河还是原来的样子啊。人们到河边洗衣服、做饭。前来避难的人集中在这里相互鼓励，眼前的情景带给我很大的冲击。那些失去了自己儿女的奶奶们，还在鼓励同样失去了父母的夫妇。“我也是当时睡在二楼，结果在一楼的儿子就被压死了。你们也……”听到这样的对话，我觉得他们真的很伟大。想到最后留下的，是这种人与人之间的关联，我就觉得充满了勇气。

在那之前，我所学习的是，在这个只要不断生产物质就能创造出富裕的时代，要为了人们的幸福做出更好的设计。而当时我想，设计本身，如果仅靠不断量产产品，是不可以的。

三浦：那您就是在那之后立刻意识到重要的不是物，而是人这一点的吗？

山崎：还要再过一段时间。我工作的设计事务所是做建筑和景观设计的，同时也做居民工作室相关的工作。然后有人就建议我说，“你这么会说话，就去做居民工作室方面的工作吧！”于是，我就开始了这项工作。

三浦：居民工作室有意思吗？

山崎：一开始很不习惯。因为说到共同体啊，居民工作室啊，这些词就给人一种很不靠谱的感觉对吧。（笑）

三浦：的确是的。（笑）

山崎：在白板纸上贴上粉色的便笺纸，一个成年人，说什么“好，那么，这里意见一致了吧！”给大家的感觉就像是纸上谈兵。但是随着工作的不断进行，开始觉得理所当然。渐渐地，就想到为什么制作空间的人，不听取利用这个空间的人的意见，而只是做自己想要的东西呢？这样，反而产生了疑问。既然都是制造物品，那么就让这个物品的制作成为一个核心，让各式各样的人聚集在一起形成一个团队，由这些相互间有了联系的人来做这样那样的事。而空间的设计则作为人与人之间的关系的纽带，这样也许会更好。

三浦：空间是一种手段？

山崎：嗯，作为一种手段，可以让大家聚集在一起，既可以是为了创造空间，也可以是为了制定一个综合计划，或是为了召开一个活动做准备都可以，最终的目的就是要创造一个由人组成的团体，来将活跃在这个地区的人们联系在一起。

三浦：山崎先生的事务所是从一开始就做地方的工作的吗？

山崎：本来我个人是对地方没什么兴趣的。我出生在爱知县，在那里生活到两岁后，就随着父母调动工作，在枚方、西宫、名古屋这些地方的学校间不断辗转。每次的新家，也都是郊外的卫星城。因为父亲公司的宿舍就是在那里。无论到哪里，我家都住在电车终点站那样的地方，所以很难想象风情万种的商业区的样子。市中心也好，山里或是岛屿也好，都想象不出来那是什么样。当然，在什么地方，有什么样的规矩，我也完全不懂得。可以说直到现在，我最熟悉的还是卫星城。

三浦：是这样啊。还真的很意外。(笑)

山崎：很难想象这样的人会忽然说想去乡下吧。传言说是因为世间的羁绊吧。

三浦：那么，为什么要去地方呢？

山崎：是在我的事务所工作的一个女大学生，当时我给她做毕业设计的指导。我对她说，随便决定一个目标地区就好了，就让她对着地图掷飞镖。

三浦：飞镖投中的就是家岛？

山崎：是的。我是让她对着大阪投的，没想到投到姬路的近海去了。

三浦：那，如果当时投中了大阪，是不是就不会去做家岛的研究了呢？

山崎：是这样的。我说，“欸，怎么投家岛了？那你就去岛上一趟吧。”虽说如此，一个女大学生跑到岛上到处问“您目前有没有什么困扰的事呢？”还是相当可疑的吧。（笑）可能当地人也好，政府也好，都会传言：“那个人，行为好可疑啊！”于是，我索性就以指导教师的身份，去岛上打了个招呼，于是工作就开始了。

三浦：结果，后来就一发不可收，开始了地方的工作咯？

山崎：之后幸运的是，许多地方都发来了工作的邀请。

三浦：因为最开始家岛的案例受到了好评吧。

山崎：我感觉，最受到好评的还是海士町。海士町的町长本来就是一个很有魅力，而且很有趣的人，相当有名气。

三浦：就像是，特产是町长吗？

山崎：是的。他提出了一项积极接纳移居的乡村人群的政策。这种政策很受人们的欢迎，而正在此时，我们被叫去帮助设计居民参与型的综合规划。当然，之所以会选择我们，也是由于家岛。

在家岛，我们和当地居民共同完成项目，而对于我们的这种工作方式，一桥大学的关满博老师非常赞赏。他说，好像和那些被称作城市建设顾问的做法有所不同啊。因此就向海士町的町长介绍了我们：“和他们谈一次，如何？”

三浦：和以往的顾问的不同之处在于？

山崎：我们也不太明白。我们也是边学边做，尽一个设计师的努力做应该做的事而已。

三浦：可能觉得工作很有趣这点是不同的吧。

山崎：我想，我们的做法大概就是，为了那些希望在这条街上做有意思的事的人们，提供一个方便活动的环境吧。

一般都认为，推进城市建设这种事，是应当由自治会的会长、商店街的工会会长、商工会议所的主席等，这些有官职的人负责，或是政府来推进的吧。但是，这些人作为一个地区的领导，从某种意义上来说，是不愿意改变地区的现状的。我感觉，就算把这些人放在一起来做城市的建设，也是没有什么结果的。

而我们就会直接去问当地人："有没有在这里做一些有意思的事的人，或者是做一些好玩的事的年轻人呢？"当然，因为是行政上的项目，所以是要进行公开招募的，但是我们会提前以个人名义向他们打招呼："这次我们想做这样的居民工作室，您一定要来啊！"参加工作室的人有一半，都是我们邀请到的感觉很有意思的人。另一半则是公务员或者通过公开招募而来的，对街道的建设有很大兴趣的人。这样，人员的配置就很合理了。

如果只有对街道建设感兴趣的人，那么就会变成千篇一律的讨论"归根结底，所谓的街道建设，应当是……"这样的情况。而这时，会有一些原来是不良青年，或者讨厌政府做派的人插进来说"烦死啦"之类的，双方就会开始交锋。我觉得这种氛围很好啊。(笑)而我们叫来的这些人，正将这个街道变成一个更加有趣的和以往不同的地方呢。

三浦：哦。好像小酒馆一样。(笑)

山崎：对对，说不定这就是和以往的街道建设不同的地方。

三浦：在这种小小的岛屿上，也有人想要做一些什么呢。

山崎：有的。

三浦：你不觉得，这些一直都被人忽视了吗？

山崎：的确是这样。可能很多人都以为，本来就没有这样的人吧。

三浦：废弃的商店街也是一样的吧。人们都认为，在这种地方，不可能还有想要做什么的人存在。

山崎：确实是这样的。但是，实际上是有许多有着各种想法和创意的人在那里。

三浦：那些不良青年想做的是什么呢？

山崎：他们一开始，还真是没什么想做的呢。(笑) 但是却有一种很强烈的，这样下去不行的想法，然而也确实不知道应该怎么做。可以说他们是被半强迫地拉进了这个居民工作室的，然后被塞到一个以人的培养为目的的团队里面，有的还带来了几个小弟。当时的情况是，尽管他说“我绝对不会做的”，但还是被强拉了过来，我们的团队对他说“请坐在这里。来吧！如果没有您的意见，那么就会变成一个平平常常的会议”。一开始，他们就在一边打盹，有人话说得太正经，就会开口叫道“听不懂你说什么”。(笑) 所以，那些正经的人呢，就必须用容易明白的方式，解释给他们听。

三浦：觉得居民工作室需要这些看起来好像对街道的建设毫不

关心的人，这种想法，是来源于工作室常年的工作经验吗？

山崎：做过许多居民工作室的工作后，我感觉有太多的徒有其表的工作室了。

三浦：比如系着绳式领带的大叔出席的？

山崎：没错没错。(笑) 还有一身知识分子打扮的人之类的。但是说的想法都是些在其他地方听过的东西。

三浦：到现在为止，山崎先生已经在日本各地做过无数个街道建设的案例了吧 (参考 173 页下方图)。从冲绳到北海道一路走下来，您认为日本的地方应该是什么样子的呢？而现在年轻人对于地方的看法也有所改变了。我年轻的时候总是想，在涩谷购物才是最好的，也算是积极支持第三消费社会的人了，但是现在和当时的想法完全不一样了。

①家岛项目 (姬路市家岛町)

主要企划和实施的内容包括：发挥岛上盛产水产品优势，开发土特产品，开发宣传岛上生活的包装，组织生产现场的参观旅行、民家借宿等。目标为“不要 100 万个游客只想来一次的岛屿，而要只有 1 万个游客却都希望来这里 100 次的岛屿”。

②海士町综合振兴计划

追求海士町岛屿的独特街道建设。以“人”“生活”“产业”“环境”为讨论主题的四个小队多次召开居民学习会，最终由居民提出了《海士町建设 24 提案》。

在观音寺市的工作坊。从漫步街头与人交谈开始，山崎氏着手建设街道。

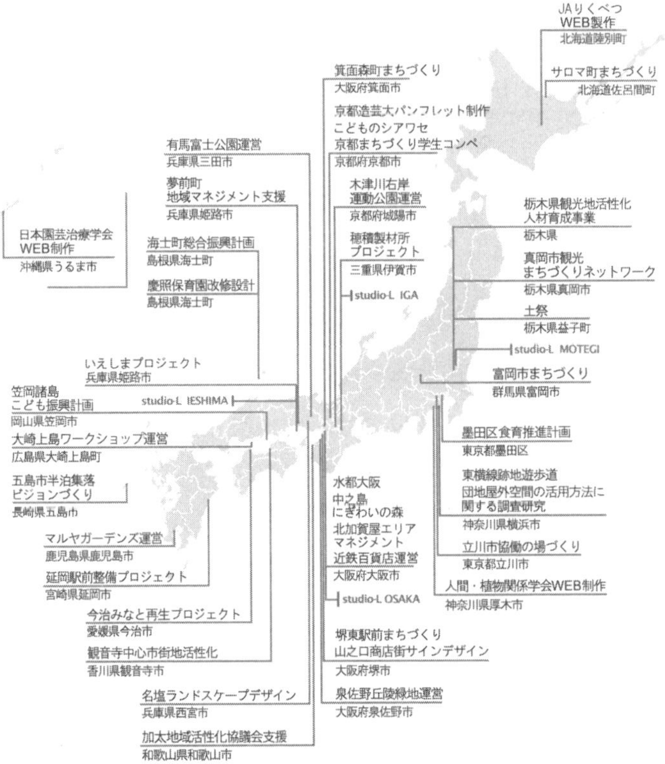

studio-L承接的全日本的街道建设事业

山崎：现在想到地方生活的，都是二十几岁的年轻人，大概是为了环保和自然吧。

三浦：是一直受环保教育的一代吗？

山崎：这可能是我个人的想法。他们是那种，一直认为复印的时候应当使用用过的纸的背面的人吧。如果不用背面，反而会觉得不舒服。我们可能会有种“要开始用纸的背面了啊”的感觉吧。（笑）而对于他们来说，地产地销①、能源的长途运输导致的能源浪费，以及食物里程②、环保的生活方式、慢食运动等都是基础的教育，在这样的教育下，他们渐渐融入了自然当中。

三浦：就像写写算算之类的基本技能一样。

山崎：然而，那些就像是写写算算之类的理所应当的事，到了东京，就必须花高价才能做到。我感觉，觉得这种事情不对的人，大概比我们想象的要多得多。也就是说，我们生活的方式正向一个完全不同于以往的方向在发展。

也正因此，似乎有越来越多的不同年龄段的人，在一定的机遇下，怀着一种“说走就走”的心情，从中心城市来到了地方。

三浦：原来如此。

山崎：我觉得很有意思的一点是，在那些看起来就让人怀疑

---

① 原意是为了普及健康、合理、科学的饮食，日本政府借此鼓励消费者尽可能消费当地或邻近产地的农产品，既有利于保持食品的新鲜度，又能节约运输费用，减少能源消耗。

② 1990 年由英国 Andrea Paxton 提出的，用来描述食物从产地到消费者的餐桌所经过的运输距离。

“这种乡下能做得成买卖吗”的地方，却开起来了相当多的咖啡店呢。

三浦：哪里的乡下呢？

山崎：相当偏僻的地方。高知县有一个叫岭北地区的，恐怕从那里无论往哪个方向开车，20分钟之内都是除了山什么也看不见。就在那里，独门独户地开着一家咖啡店。咖啡店建在防砂坝的附近，招牌和点心都是店主亲手做的。在这样的地方，店主还雇用了两个当地的年轻主妇作店员。可以看出，这里就是很受欢迎。（参见照片）

三浦：好像是高圆寺的咖啡店啊。

山崎：和我们从前所持有的“限界集落”（边缘状态的村落）的印象完全不同，比如网络，属于地方ICT项目的一部分，无论哪里都在使用，因此光纤一直铺设到村庄的各个角落。一接上网络，基本就等于是自己的专用线路。村子里的老婆婆们没有人会上网，不会有多人占用，所以光纤连到自己那里后，速度基本能达到100兆呢。

三浦：比大城市的公寓要好多了啊。

山崎：东京的公寓的话，也就10—20兆吧，所以100兆实在是爽快得很啊。并且，他家做的都是可以在网上贩卖的商品。比如，把自己烤的饼干装在罐子里，和红茶配套放到网上出售之类的。而饼干的原料，都是用的当地生产的安心安全的材料，或者是请当地可以信赖的熟人来制作的，这点在主页上也写明了。

位于高知山间的咖啡店“小堂”，当地人驱车前来。用当地的原料制作茶点，网购的评价很高。（照片/小堂）

我还怀疑过“这里会有客人来吗”，但是真的有客人呢。咖啡店的大名在岭北和附近的市町村都有耳闻，说是“我们这里也有一家和高圆寺那里一样的咖啡店哦”。因为把附近的市町村全部加在一起也就独此一家，所以大家都会开车过来。

因为在乡下，都和父母住在一起。公公婆婆也都在一个房子里，朋友来家里玩的时候，如果在家里就会有些放不开，也不太敢大声笑，所以大家会聚到这里来。

三浦：乡下也是需要第三空间的啊。

山崎：是的。而现实版的第三空间就在这里。然后，我曾经教过的大学生毕业后，就在海士町工作。她也是个环保自然主义者，所以不想在东京、京都、大阪之类的地方工作。于是我就问她："我曾经和海士町有过关系，那里的政府现在正在招募临时的职员，不过薪水每个月只有 12 万日元，你要去吗？"于是她就决定去了。结果，每个月 12 万日元的工资，她竟然可以余下 10 万日元的存款。而每年就能有 120 万日元的存款。

为什么会这样呢？当地有很多婆婆对吧，她们想要买的服装、手套、书，在海士町里是没有卖的。她就帮这些婆婆从网上代购，结果婆婆们就送给她好多礼物，送的萝卜、柿子什么的堆得跟小山一样多。（笑）送来的食物吃都吃不完。海士町近海，鱼有很多，因此基本不需要买什么食材，只要买一些调味料就可以了。

三浦：实际上，就是一种物物交换啊。

山崎：没错。然后，房租每个月不过 3000 日元吧。这样每月的花销不会超过 2 万日元。在我们的印象中，会下意识地认为乡下工资少，农业也不行，这种印象已经根深蒂固了。但是，这和商店街不存在有活力的人，或者岛屿上没有想做出一番事业的人的想法一样，也许都是一种思维定式。

三浦：乡下大概没有人读 *ku：nel* 的吧。

山崎：有啊。大家都很喜欢呢。（笑）这方面的东西，他们比我们知道的还多。从这种意义上来讲，在乡下的生活，过去和现在的感觉是完全不一样的。

三浦：反而是那里更容易实现 *ku：nel* 里面所描绘的生活吧。

山崎：粉刷成白色后，放上有点儿时髦的小饰品，立刻就完成了。而且，房租只有3000日元。知道了这点，恐怕人们都会涌向乡下了吧。特别是那些环保自然主义者。所以，可能这个结论有些没新意，但是果然还是网络的力量大啊。从前是存在一个从限界集落到中心村落，再到地方、小城市、中型城市、大城市的金字塔，而现在，可以通过网络从最末端一下将物品销售到大城市去了。

三浦：金字塔消失了呢。

山崎：但是，在我的脑海中，金字塔还是以前的样子。我可以通过Skype，通过东京的27英寸的屏幕和大山中的一间房子相连通，可以直接和对方对话。我的藏书全部都放在乡下，但我可以说："让我看看那本书第30页左右的地方。对，扫描下来发给我。"虽然我的藏书全部在另一边，但是不知为何，有种我去不了那里的感觉。

三浦：是有这种感觉啊。

山崎：但是，实际上我做到了。我的看法可能有点追根刨底，不过农林水产省厅高呼"农业现状危急""林业发展困难"，也不过是为了保证他们自己的预算额度而已。实际上，也许确实有这方面的问题，也可能事实并非如此，但无论如何，为了预算不都被拨给国土交通省，在每次预算拔河中，都会流出一些"农民叫苦不迭"之类的信息来。

结果，就导致随着这种宣传的进行，年轻人越来越不愿意在农村工作了。本来大家都生活得好好的，但却有人跑出来说年收入200万日元太少了。但是，"年收入200万日元中，每个月能有多少存款呢?”这样的话题却没有什么人提起。

令人惊讶的是，居住在地方的人们生活得其实非常开心，甚至让人有些羡慕。比如说，“这个人每天都能在船上吃生牡蛎吗?”有人可能会被这种事惊讶道，这只在电视上看过啊。但其实，在那里就连普通的小学生都能够做到。

但是，地方的人们也习惯了“乡下还是不要去为好”这种说法。我的公司这次将把事务所迁往农村，是一个叫岛原的，位于三重县山中的地方，事务所的大部分都将搬到那里的一块大小有 1000 平方米的场地，那里原来是木材加工厂。大阪的事务所还保留着，但是就像刚才我说过的那样，两个地方可以使用 Skype 24 小时连通，所以书籍、居民工作室的物品这些东西，全都可以放到岛原那里去。

但是村子里的人还是会问我们:“你们为什么要来这种地方啊?”(笑)大部分人的想法都是:“废弃的木材加工厂上又开了一个设计事务所?为什么要做这种事?”当地人自己都根深蒂固地觉得，我们这种地方来了也没有什么工作，更没什么可以做的。

三浦：有许多年轻人想去地方却没办法去的很大一部分原因，都是工作问题。但工作也可以不在当地找……

山崎：首先，我认为最重要的是走出去看看。当地人有他们需要帮助的地方，如果你凭借自己的能力尽力去帮他们解决一个一个的问题的话，至少能不愁吃喝。

三浦：可以收到很多萝卜呢。(笑)

山崎亮

1973年生于爱知县。studio-L法人代表。京都造型艺术大学教授。从事共同体设计师一职，主张当地的问题，应该由当地人自己来解决。其中包含许多街道建设的居民工作室，居民参与型的综合规划制定等内容。岛根县的“海士町综合振兴计划”和鹿儿岛的“MARUYA花园”“震灾+design”项目获得优秀设计奖，“家岛项目”获得“All Right！日本”大奖的评委会会长奖。著有《共同体设计》等。

第四章 | 消费社会的去向

所谓能够想象的未来就是不带有进步观念的近代文明世界，因此可以把它看作是不以未来理想为前提的启蒙主义社会。当然，进步的意义在于修补文明的破绽，因此会永远持续。但是，现在我们人类所期待的文明并不在于进步的有无，能够让当今生活更加充实的文明才是我们最期望的。

——山崎正和《世界文明史的尝试》(2011 年)

成熟型社会的探索

到前一章为止，我们概观了从第一消费社会到第四消费社会的变迁。随着消费社会进入最终成熟阶段，人们对物质的需求越来越弱，对相对充实的人际关系的需求却越来越强。因此，人们对物质的看法发生了很大变化，物质在人们的眼里只不过是创造人际关系的手段。这就是第四消费社会折射出的现象。

本章是本书的最后一章，本章通过一些具体事例的介绍，深入而具体地探讨第四消费社会的去向，以及企业在“由物质到人”的背景下的动向。

消费社会的变迁和世代的对应

在进入本章主题之前，首先要从世代论的角度来整理从第一到第四消费社会的变迁。

如果从世代论的角度来看，始于1912年的第一消费社会，正是大正时期出生的一代。这一代人中有许多参加了太平洋战争。在这段时间里，每年的出生人口都超过了200万人，日本的人口在1900—1964年期间增加了64%。第二消费社会开始于1945年“婴儿潮一代”(第一次生育高峰时期）的诞生，即出生于战败后的一代人，他们的父亲大多数是从战场归来的士兵。也就是说他们是大正一代人的子女。此外，由于第二消费社会期间又出现了第二次生育高峰，因此日本的总人口数量在1947年至1975年期间增加了55%。

始于1975年的第三消费社会是从婴儿潮一代的子女诞生开始。一般来说，婴儿潮一代的子女一般是指1971年至1974年第二次生育高峰时期出生的人，因此，人们普遍认为婴儿潮一代的子女应该比较多。读过笔者关于世代论文章的人或许知道，婴儿潮一代的子女(特别是男孩）大多数出生于70年代后期（《下流社会》，2005年；《我的无家可归的孩子》，2001年)。因此，近年人们习惯把20世纪70年代出生的人称为婴儿潮二代，本书也沿袭此称谓。此外，众所周知，进入第三消费社会后出生率开始不断减少，这段期间的日本总人口数呈现出了微增的趋势。

始于2005年的第四消费社会，本应从婴儿潮一代的第三代诞生开始，但实际上因晚婚化、少子化等种种原因，婴儿潮一代的第三代诞生稍有推迟。此外，这期间的出生率没有像第三次生育高峰那样大幅度增长，而是早已开始呈现出人口减少的趋势。人们预测，到2035年，日本的总人口数将会从2005年的约1.28亿人减少到约1.12亿人。

承担第二消费社会发展的是生于大正至昭和初期的一代人。他们推动了日本经济的高速发展，这一点毋庸置疑。另一方面，婴儿潮一代从少儿到青年时期作为消费者推动了第二消费社会的发展。

承担第三消费社会发展的是婴儿潮一代和生于第二消费社会后期的新一代人。但是，这两代人的消费观截然不同。

婴儿潮一代的人们结婚生子，创造了“新家庭”，他们通过购置房屋、汽车等大型产品促进了日本的经济发展，也就是说他们遵循着第二消费社会的原理来消费，从而促进了日本的发展。

虽然第三消费社会阶段的新一代人依然处于青少年期，但是他们从小就开始了带有单身贵族性质的消费，从而促进了消费的多样化、个人化、高级化。从这个意义来看，虽然第三消费社会中的崭新消费方式的主要推动者是新一代人们，但是婴儿潮一代中的尖端消费者也功不可没，他们大大推动了第三消费社会的崭新的消费形式。

如果从世代论的角度来看由第一消费社会到第四消费社会的变迁，那么承担第四消费社会发展的应该是婴儿潮一代的子女。第四消费社会就是婴儿潮一代的子女，约30岁到60岁这一阶段。

实际上，前一章所介绍的山崎亮氏，以及本章将要介绍的各种事情承担者主要都是 20 世纪 70 年代出生的、广义上的婴儿潮一代的子女。

出生于第三消费社会的他们，成长于比较富裕的社会环境以及中产阶级化的家庭，因此，他们目睹了父母的疯狂购物，各种物品充斥家中。他们从小就从父母那里得到各种物质享受，有的人从中学期间就开始拥有名牌商品，有的人经常和全家人去海外旅行。由此可见，他们从小就生活在物质丰富的环境里。

然而正因如此，婴儿潮一代的子女们开始追求物质的质量而不是数量，制作产品的手艺而不是生产数量，人际关系带来的充实感而不是物质带来的满足感，日本的传统而不是西方的时尚，乡下的朴素而不是都市的繁华。这种价值观的变化决定了第四消费社会的特征。

面向第五消费社会的准备

目前有不少读者在猜测第五消费社会是否在第四消费社会之后出现。他们结合笔者的世代论预测第五消费社会应该会在 2035 年至 2064 年期间出现，同时他们提出一些问题：第五消费社会期间将会是什么样的一个时代，第五消费社会是会以共享型还是以其他的什么形式出现。

虽然我暂时无法预测结果，不过有一点可以确定，第五消费社会将会开始于婴儿潮一代的子女们到了 60 岁的时候，并结束于这批人进入 90 岁的时候（图 4-1）。也就是说，对于婴儿潮一代的子女们来讲，第五消费社会将会出现在他们的晚年。

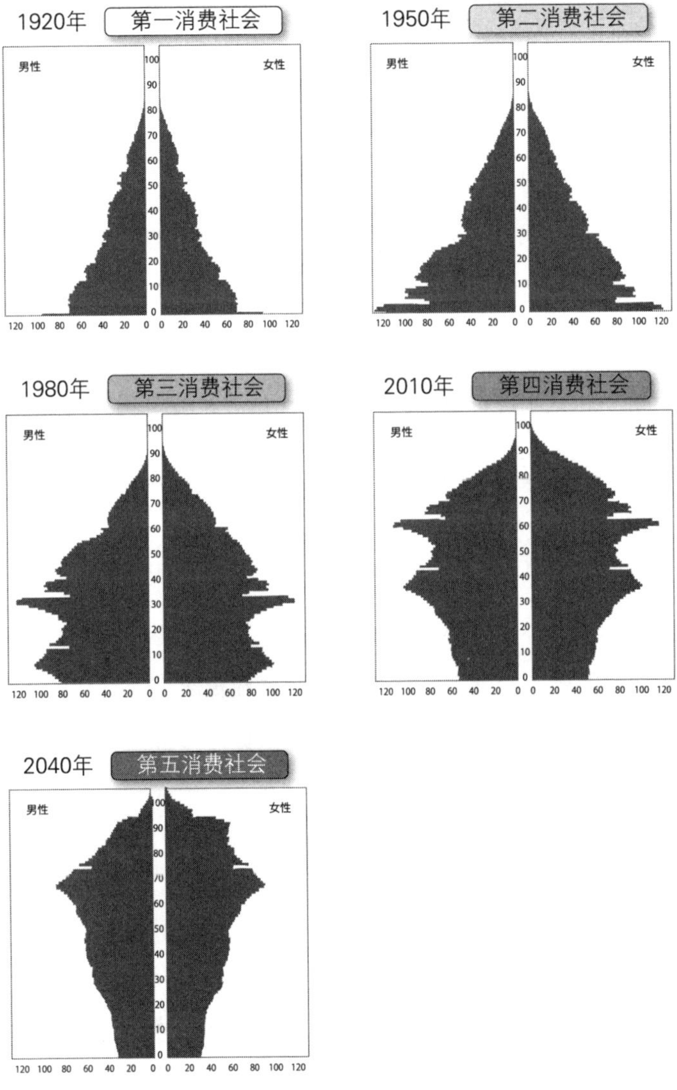

资料来源：国立社会保障与人口问题研究所

图 4-1　人口结构的变化

如果是这样的话，婴儿潮一代的子女们可以把第四消费社会时期看作是他们为自己的晚年做准备的时期。但是，这种准备并不是仅靠个人储蓄就可以解决的。即便提高了消费税，来自行政机构的社会保障仍极有可能在数量和质量上都缩减。

若真如此，我们将会需要不依赖于行政部门的保障，而且这绝不是仅仅靠金钱就可以解决的。整体生活方式在不停地变化，因此，我们需要构建与此相应的，能够让人们安心、安全、幸福的社会。这种社会的构建不能像20世纪一样以人口和经济增长为基础，而应以人口减少和经济萧条为前提。如果这样，我认为最佳方案就是构建共享型社会。

需要补充的是，到了2035年，婴儿潮一代的子女们从他们父母那里继承的房子已有五六十年，他们的年龄将在65岁左右。因此，将有许多房屋需要重建，从而再次面临新建需求以及迁居需求的增长。然而，也有不少人因为经济因素只能以改修或整修来解决。总而言之，到那个时候会面临各种需求的增长。因此，第五消费社会的主题之一就是如何应对上述的各类需求的增长。

三个老年人支撑一个年轻人的生活

要想在第四消费社会生存下去，必须大幅度转变思维。例如，到了2035年，20岁左右的人口将达到1046万人，而65—89岁的人口将是3293万人。年轻人和老年人之间的人数比例为1∶3。所以，今后的年轻人恐怕很难支撑老年人的生活了。

但是，如果转换一下思维，三个老年人支撑一个年轻人的生活将会如何？一方面，确实是一个年轻人在支撑三个老年人的生活；而另一方面，也是三个老年人在支撑一个年轻人的生活。这样如果两者之间相互支撑，那么年轻人的负担将会正负相抵变为零。不知是否有人想到过这一点。

下面将分析具体的事例。例如，当今有很多年轻人收入不高，但是为了工作不得不住在城区里，因此房屋贷款的负担很重，房贷付过之后则没有钱来结婚和抚养孩子了。另一方面，有很多老年人在东京都中心一带拥有一块广阔的土地和房子，一个人生活在那里。即便是 2035 年之前，东京世田谷区和杉并区等地方依然生活着许多有钱、有房、有土地的老年人。

这样的老年人可以把自家的空屋免费让年轻人来住，住在隔壁的老婆婆可以给年轻人做饭。对于老婆婆来说，给更多人做饭总比仅仅做给自己更来劲。住在隔壁的老爷爷可以动用他在大企业工作时的人脉关系，把更好的工作介绍给年轻人，或者把有利于工作的信息提供给年轻人。如果能够起到帮助年轻人的作用，老年人也会很开心。

与此同时，年轻人可以做些替老年人买菜、跑腿之类的事情，尽可能地帮助老年人做事。此外，年轻人可以教老年人使用网络和社交工具。如果能达到这一步，即便不花更多的钱，四人之间就可以互相解决生活之不便，生活就会因此变得更加有意义，年轻人可以更加顺利地工作。年轻人和老年人之间通过力所能及的付出，分享物质来相互补足各自的欠缺，从而自立。

提到“共享”一词，给人的印象往往就是诸如公园般的，大家可以共有、共同利用的东西。当然，这也是“共享”的一种形式。但是“共享”存在着另外一种含义，即各自做力所能及的事情，各自拿出多余的东西，以便让需要这些的人利用。任何人都会有一些多余的东西，还有做某件事的能力。另外，任何人都会有自己欠缺的东西，希望别人帮助自己。只要人与人之间能够提出各自的需求，手里多余的东西将会转移到缺少这些东西的人手里，同时有能力做某方面事情的人可以帮助有困难的人解决问题。只要能够让他人补足各自欠缺的部分，人与人之间的关系将会更加紧密。

通过和有较强“共享”意志的婴儿潮一代的子女们谈话，发现他们和以其父母为代表的担负了第二、第三消费社会发展的一代人之间，存在意识上的代沟。父母一代人的追求停留于私有物质上，频繁开始更换私家车、电视机等大型家用品。因此，年轻人一旦提出要住共享房，父母一代人就十分费解。针对这种情况，曾经有人问我，如何让父母一代人增强“共享”意识？

针对此问题，我做出了如下的回答：至少在自己和配偶身体健康、经济充裕的阶段，父母一代人不会意识到“共享”的必要性。但是他们有一天可能会生病、失去配偶、在经济上变得困难，也就是说他们早晚会意识到自身的“欠缺”。当这种情况到来时，他们会意识到自己需要更多的家人以外的朋友，需要熟人来帮忙弥补自身的“欠缺”，从而渐渐认识到“共享”的必要性。

面向第四消费社会的尝试

在考虑以上内容的基础上需要探讨的是，企业、行政部门以及市民自身在第四消费社会应该如何去做。以下就是相关的行动原则：

（1）把社会全体（包括生活形态、商务、城市建设等）改变为共享型社会。

（2）鼓励人们逐步贡献出私有物质，促进公共环境的形成。

（3）培育地方独特的魅力来吸引更多的年轻人，使他们享受地方生活，在地方开展工作。

（4）尝试从金钱到人情、从经济原理到生活原理的转变。

从以上这些原则可以看出，为了面向第四、五消费社会，各种尝试早已在我们身边悄然开始。

①地域社会圈模板

建筑设计专家山本理显的“地域社会圈模板”的尝试就是其中的例子。

所谓的“地域社会圈模板”产生于战后日本的第二消费社会。“一住宅=一家庭”的居住方式形成于此阶段，然而人们把其看作了理想的居住方式。后来人们意识到了其“致命的缺陷”，开始试图设计由“家庭单位之外的”成员构成的地域社会，“地域社会圈模板”由此产生。由于“一住宅=一家庭”这种观念贯穿着“隐私和防卫”观，从而容易导致人际关系的淡化。战后的日本推行了一种政策，即把如上所述的住宅作为“业主自用房”来奖励，成为战后日本的住宅供给的主要方式。山本对“业主自用房”政策做出了如下的评价：此政策破坏了我们的日常生活。我们收入的大部分都花费在了住房上，为了保护自身财产，我们越来越关注家庭，从而导致家庭从内部开始逐渐破坏（《地域社会圈主义》，2010 年；《地域社会圈主义》，2012 年）。

于是，山本提出不能把“地域社会圈”定义为以下三种内容：“未必以家族为前提”“以当地全体居民之间的相互关系为中心原理”“对周边地域社会的漠不关心”，而是要把其定义为“根据周边环境进行规划”“要规划形成该地域内的小经济圈，而不是单纯的一个消费单位”。另外，山本还提出，住宅是“消费能源”的单位，因此，要把“地域社会圈”规划成“生产能源”的单位。换句话说，我们提到“住宅”的时候不能把其看作是经济发展的工具，而是应该优先考虑居民的生活状况。

②都市型狩猎采集生活

坂口恭平的《从零开始的都市型狩猎采集生活》（2010 年）和朝田亘的《住房的公开化》（2012 年）告诉了我们如何与新的社团保持良好的关系。

坂口氏出生于 1978 年。他从小就对房屋充满兴趣，于是志愿成为建筑设计师，报考了早稻田大学的建筑学科。有一天他的脑海里突然闪出了一个问题：“我们为什么必须租房或买房呢？”此问题使他关注流浪生活者，因为那些流浪者是都市中唯一靠自己营造“生活”的人们，所以他竟然也开始了流浪的生活。

“住在公寓里的你也许不知道你的邻居长什么模样，但是从今日的这种生活起，就不能再那么说了……如果不和他人进行交往，你的生存的可能性将会变得越来越小。住在这里的所有人都是你最好的信息来源。”

通过和流浪生活者之间的交流就可以了解到许多谋生中需要的信息，例如到哪里可以捡到美食、衣物、能换钱的东西，等等。这才是一个社团的开始。

流浪生活者有他们的“谋生方式”。首先是“捡易拉罐”。把收集好的易拉罐卖到资源回收部门。其次是“捡贵金属”。只要在装有废品的垃圾箱里仔细搜寻就会发现，旧钱包里有时还会发现戒指之类的物品。有的人靠这个每月也能赚到20万—30万日元。此外，还有“捡旧电器”。东京多摩川附近有一家旧电器店，专门出售多摩川河边捡到的旧电器。这些事例提起来十分有趣，但是如果全部提出来将会变成流水账，因此不再赘述。

当然，笔者并不是在说这些流浪生活者的生活就是典型的第四消费社会。在此想要说明的是，从流浪生活者的生活中能够看到我们早已失去的社团，他们的生活为今后的社团之形成提供了许多参考。

这些流浪者的生存目的并不是让属于他们的团体永存。但是他们之间互相熟悉对方的长相，互相了解对方的特长，互相交换物质和信息，互相考虑对方的利益，从而能够在不给他人带来不便的前提下和谐生活。

相比之下，我们的生活是什么样呢？我们把各自封闭在“隐私和防卫”中，连隔壁的邻居长相都不知道，除了在公司组织之外的环境里基本上都是孤立的。当然，所谓“匿名的自由”存在于此，但是换句话说，我们是在不断放弃通过互相交换物质和信息来加强人际关系的机会。这就是我们当今的生活状况。

有一种倾向，即是自己用的东西自己买，因而形成一种私有的意识，这种意识助长了这种倾向的持续。例如，面对着物质的“欠缺”，我们通常都是缺什么就买什么。但是稍微换个角度思考一下：我们先尝试着亲自动手做做，自己完成不了就请人帮忙或从他人处借来。如果能做到这些，人与人之间的关系自然会发展。

③住房的公开化

有一位叫朝田亘的人，他与前文介绍的坂口相同都出生于 1979 年左右。朝田在 2012 年出版了《住房公开化》一书。

所谓的“住房公开化”，即房主向他人开放自家的房子，共同使用。例如，园艺师在自家屋顶开办的农园咖啡馆，社区的孩子们集中的小型图书馆，占用日式房间两张榻榻米的大学，由 K 歌房改造而成的画室兼合租屋，等等。朝田氏做出了如下的叙述：“只要腾出自己家中的一部分空间就会产生小小的社团，逐渐会自然地和他人共享自己的工作和兴趣爱好。在此会产生‘第三缘分’，这种缘分不是来自金钱、血缘，而是来自社会各个领域的人们之间的感情。”

我曾经和朝田氏有过交谈，在此抽出一部分交谈内容并对其进行再编，在后文会进行介绍。

伴随着第二消费社会扩大的是小家庭，容纳小家庭的是住宅。而住宅恰恰就是把人关闭于隐私的地方，山本氏、坂口氏、朝田氏都对此观念抱着强烈反对的态度。在第三消费社会之前人们以金钱为中心看待生活。因此，以上三位在表明反对态度的同时，也与前述的第三消费社会之前人们的价值观渐行渐远。

反过来说，可以用山崎亮氏的一段话作为例子。山崎说：“只要帮助了老婆婆，会从老婆婆那里得到很多萝卜。”从这段话可以看出，只要以人与人之间的关系为轴心，即便没有金钱也能够生存下去。

我们在第二、第三消费社会中制造了“没钱无法生存”的社会。因而，对此问题的反省将成为第四消费社会的基调。

从共享房到共享城——打开心扉、开放房屋

只要各家各户都能一点一点地开放自己家中的某个地方，这样的家庭所在的城市就会逐渐形成共享型的意识，我把这样的城市称为“共享城”。“共享城”一旦形成，“共享社会”必然会逐渐形成。

要想让自家变成共享房，不仅要公开于个人，还要公开于全市。可以把能够共享的空房、不用的茶室、庭院等提供给外界人群。只要能够向外公开自己家这种“隐私空间”，它就会逐渐变成公共

空间。

“共享城”规划工作早已开始。在拙著《为了今后的日本论“共享”》(2012年)中所介绍的长野县小布施町的开放花园(OPEN GARDEN)就是其中的一个例子(向大众公开自家的庭院,引来游客,把个人的庭院活用为观光资源,有助于增强全市的活力)。

在伦敦有一个叫“周末伦敦开放花园”(London Openhouse Weekend)的活动。每年九月末伦敦市向市民公开600栋以上的市内建筑,任何人都可以免费参观。被公开的建筑不拘泥于时代、用途、形态、著名程度等因素。

我出于兴趣,曾参观过前川国男、吉村顺三等著名建筑设计师设计的房屋,从中能够体会到设计师的思想和为人,颇有意思。在世田谷、杉并等区域有许多战前建的建筑,虽然不是出于名家之手,但我也很愿意去参观。看到那个时期特有的、有历史意义的住宅的内部结构,不但有助于建筑设计师及学生的学习,还能够使周围居民对该地域产生好感,从而可以和更多的居民分享自己在建筑方面的兴趣。

这些建筑除了具有观赏、保存价值之外,还有更多的活用价值。杉并地区战前建造的老住宅楼被认定为有形文化财产,我们可以利用这些建筑举办餐饮派对、读书会、俳句大会等活动。如果这样的活动增多,今后的生活会更加有趣。

世田谷区的财团法人“真实的世田谷”构建委员会以“地域共生之城”为目标,举办了各种“共享”型的活动。该团体制作的宣传册子《世田谷地域“共享城”化大作战》介绍了如下事例：模仿小布施町，为了让更多人共享，在自己家的庭院建造开放花园，把地主的宅基地林地作为地域休憩之地向大众公开，把空房用来作为育儿社团的活动基地，把车库整修为老年人活动空间，把藏有3万册书籍的书库作为地域沙龙向大众开放，借用大正末期建造的洋房设立图书馆向民众开放，等等。

虽然每项活动只是一个点，但只要把这些点都连接起来，将成为一条线，把许多线连起来将成为面，渐渐地向全市扩展。这些公共活动并不是由政府主导，而是由每个住民奉献出来的私有物凝聚而成的结合体。这才是“新型公共”。

“新型公共”这一说法最常见于民主党夺取政权的时候，近几年才广为人知。但是我们无法理解的是，民主党现行的政策中的哪一点能够体现出“新型公共”，许多日本国民至今都未能理解此句话的含义。

但是笔者认为，从前面所述的各种地域性活动中体现出了“新型公共”。“3·11大地震”虽然是一次十分不幸的经历，但是震灾发生后，许多普通市民以志愿者身份来到灾区，为灾区民众服务，我们看到了许多行政部门以外的力量，从中也体会到“新型公共”的意义（参照三浦展、藤村龙至编《“3·11地震”后建筑的社会性创意》，2011年）。

从这些活动中，笔者还要介绍陆前高田市的“城市生活工程”。

追求人生意义的消费

在第二、第三消费社会之前，人们只要建造了一样，最终都会出现损毁，并重复着建了就毁、毁了再建的模式。读者只要仔细观察这些事例，以及前章介绍的山崎氏、本章即将要介绍的西村氏的活动，就会发现第二、第三消费社会之前的消费是一种“浪费”。特别是年轻一代，由于从小学就开始接受环保方面教育，对“浪费”问题十分敏感，他们对浪费型消费不再感冒，甚至感觉到罪恶。

诸如前章所述那样，“消费”有两种含义，一种是全部用尽，另一种是完善的行为。超过需要程度的消费以及一次性的消费就是浪费，使用后所剩无几的消费就是消耗。

如果我们联想体力和时间上的“消费”，就能深切体会到“消耗”的内容。所谓的“体力上的消耗”就是因过度使用体力导致没有多少余力。所谓的“消耗战”就是为徒劳无益的事情花费大量的时间，直到筋疲力尽。所谓的“时间上的浪费”就是即便花费了太多的时间却没有什么成果、乐趣。没有一个人期望浪费和消耗。

然而，如果不花费时间，则无法度过快乐、充实的时间。如果不通过适当的运动来消耗体力，就无法维持和促进身体的健康。在此意义上，我们所期望的就是能够有收获的、恢复元气的、让自己度过充实时间的“消费”。

如果我们从这个角度仔细观察第四消费社会的承担者的活动状态就会发现，他们追求适度的消费，既不是浪费，也不是消耗。他们从不单纯追求新商品，以平等的眼光看待现有的、陈旧的物品。他们从不丢掉可持续使用的东西。他们很巧妙地利用现有的、陈旧的物品。他们早已从前述的所谓“喜新厌旧”的观念中摆脱了出来。

“喜新厌旧”的观念必然助长着人们的虚无主义观。因为新的事物不见得永远优于旧事物，因此拥有新事物不意味着永远的完全的满足。

事实上，诸如市场用语“陈腐化”表示的那样，消费社会的铁则就是让消费者对现有的产品产生陈腐、无聊的印象，从而促使消费者购买新产品。众所周知，自觉地并组织性地遵循消费铁则的是，20 世纪 20 年代的通用汽车。在此之前最有人气的 T 型福特却只有一种样式，所以消费者没有理由去更换汽车。意识到这些的通用汽车从此开始两年一次地更新样式，并把生产对象由大众车扩展到了高档车，工业产品设计从而受到了重视。

很多消费者被这种趋势洗脑，他们开始认为，好不容易买回来的心仪的新车在两年后会过时。因此，消费者总是得不到最终性的满足。消费者在皇冠汽车（Crown）的熏陶下好不容易买回来了皇冠汽车，但是几年后却出现了新款皇冠，甚至出现了雷克萨斯。消费者就是这样需要不停地购买新产品，这种虚无主义就是消费社会的宿命。

马克斯·韦伯曾经说过这样一段话：“中世纪的农民因为感到自己完成了人生这个有机的圆环，因此带着对人生的满足感离开了人世，而近代人无法达到这一点，近代人只能带着对人生的厌倦感离

开人世。”(《作为职业的学问》，1919 年)

这是因为在文明社会里，新的事物不停地出现，旧的事物却渐渐地被遗忘，在这种社会里不存在“完成”，因此“死”将会变得毫无意义。不管活到多久，人生总是没有“完成”，最终都会以半途而废告终。如果“死”毫无意义,“生”也丧失了意义。如果最终的“死”不存在任何意义,“人生”也就没有任何意义。

虽然韦伯并没有谈论 20 世纪的日本消费社会，但是可以说 20 世纪的消费社会是韦伯所批判的社会。

反过来说，要想让“人生”和“死”有意义，人类即便摆脱不了新事物、新信息相继出现的消费社会，也可以选择与其保持一定的距离。

进一步说，人们追求的是能够让人生和时间充实的消费，而不是消耗人生和时间的消费。仔细想一想，对人类来说最大的消费对象就是人生，所以最终消费可以说是人生的成就。因此，对于人类来说，最大的问题就是如何度过人生，无论是浪费人生，以筋疲力尽、毫无成果的方式告终，还是度过充实的时间，带着满足感告终，总而言之，第四消费社会给人类敲响了关于这方面问题的警钟。

企业应该做什么

我们通过迄今为止的内容了解到，在处于消费社会最终阶段的第四消费社会的日本，随着老龄化问题的加深，人们的追求对象从带来满足感的物质，渐渐转移到带来人生意义的事情上。

因此，人们已经不再是单纯购买物质的消费者，开始追求人与人之间的关系。要想创造良好的人际关系，与其不断购买新产品并私有化，不如通过借用、修缮、共用现有事物更合算。从本章末尾所举的事例可知，只要人人都开始共享型的生活，他们就会拥有一定的承担公共服务的能力，人与人之间不再仅限于互相借用事物的关系。

如果每个市民承担起公共事业，行政部门的负担将会减轻。当今的政府面临着因财政困难而只能充当“小政府”角色的问题，在这样的时代里最需要变得成熟的，就是市民。

但是，对其感到为难的是企业。随着使用一次性新产品的消费者的减少，通过利用现有的事物来创造新价值的人增多，产品将会越来越难以销售。即便把“共享”的意义讲给企业听，很多企业更关心的还是产品的销售。

但是，人口本身在不断地减少，即便是向每人出售产品的商业模式持续下去，从长远的趋势来看，销售金额、利润早晚会减少。这一点我在以前的作品中已经指出过（参照《从今往后的 10 年 婴儿潮二代 1400 万人成为市场核心》，2002 年）。

或许今后能扭转企业销售下降趋势的仍然是共享型经济。也许有些人不想购买私房，也不想住进单人间公寓，共享房已可以满足他们。也许有越来越多的人没有购车欲望，只想利用共享车。如果这样的消费者大有人在，与其相对应的市场必然会存在。如果因自家周围的住宅都是空房而担心不动产价格下跌，会有更多的居民需要以提高全体住宅区价值为目的的资产管理服务业。所以，我们不能单纯把共享型经济看作是减少企业销售额的模式，而是把它作为扭转销售额减少的趋势，创造新的销售收入的模式看待。

但是有很多企业已经习惯于卖完东西而不管售后，或许对于他们来说，共享型经济是花费劳力而利润又少的一种模式。或许有很多人讨厌这种费力的工作。

我认为，如果到了共享型经济时代，女性的工作机会将会增多。总的来说，男性更加倾向于销售而不是售后。而女性更倾向于产品维护类的工作。尽管不能否认个人差异的存在，但通常是这样的一种倾向。当然我并不是在说女性只需要进行维护，不需要生产。

但是可以肯定的一点是，女性在共享型经济中起到了十分重要的作用。女性的工作主要是产品维护、服务客户等方面，这些工作均需要一定的交际能力。通过人际交流发现客户的新需求，这是共享型经济中非常重要的环节，因此在这个意义上，今后女性大展拳脚的机会将会增多。男性中也有一些人倾向于维护类工作，这样的人应该比较适于共享型经济。

此外，维护类的工作通常情况下需要和当地保持密切联系。要想和当地保持密切联系，最理想的就是把工作地点定在离自己家较近的地方。不少人不愿在通勤上花费太多时间，对于想平衡工作和家务、育儿之间关系的人来说，这类工作是最佳选择。

从“快感”到“愉悦感”

两年前我在思考共享型社会时想到了一点，现代的消费者追求的不是“快感”，而是“愉悦感”。

虽然“快乐”和“愉悦”的意思相近，但两者之间多少存在着语感上的差别。例如，“昨天和朋友去了主题公园，好快乐”和“昨天和朋友去了主题公园，好愉快”，比较这两句话时会发现，后者把焦点放在“朋友”上。也许不跟朋友一起去主题公园也能够十分快乐，但是正因为有朋友陪着，快乐感增加了好几倍，从而感到了愉快。

或者，“今天在街上碰到了大学同学，于是和他在茶馆聊了天，很快乐”和“今天在街上碰到了大学同学，于是和他在茶馆聊了天，很愉快”，比较这两句话时会发现，前者的“快乐”的焦点在“聊天”上，而后者的“愉快”的焦点在“碰到大学同学”这件事上。这样的语感上的差异可以理解为第三消费社会前后的价值观之间的差异。

此外，关于“愉快”还有以下几种用法，“在菜市场买菜时，老板说给我打折，因此感到愉快”，“去了趟商店，发现了自己一直想要的产品，而且店员详细地为我介绍了该产品的好处，从而感到愉快”等。从中可以看出，人的“愉悦感”来自人际交流。

第三消费社会之前的人类以“物”为焦点，而在第四消费社会中人类以“人”为焦点。对于人类来说，重要的不是消费了什么，而是和什么人一起做了什么。

作为企业更应该考虑到适于人口呈现减少趋势的第四消费社会的经济模式，从而促进人际关系发展。笔者想到了与一些业界相对应的面向第四消费社会的策略。

①住宅·不动产——从抛开销售到软性的管理、运营

在前面几章中已经提到过，近几年新建住宅的动工户数远远低于全盛时期的一半。户数在今后越来越少，这一点是可以肯定的。要想提高户数来营利，只好面向中国、印度等国家的市场。

要想在日本国内提高盈利，企业需要做的事情不是卖住宅，而是使住宅区管理服务商品化。那么，如果把不动产看作公寓管理方面的公司，这种看法既有正确又有错误的一面。我曾经买过二手公寓，并担任过其管理组织的理事长，对以上问题有一定的了解。真正开始实行管理的时间不到 20 年，尽管在此期间就有过管理员，但他只是待在管理室里，顶多在公寓打扫一下卫生而已。

公寓管理于近几年才真正开始。有很多建于 20 世纪六七十年代的旧公寓经历了 20 多年的风雨后开始出现墙皮脱落、漏水等情况。为了修缮房屋的漏洞并对其进行管理，物业公司开始兴起。如果管理得当，是能够维持资产价值的。在此之前，即便是对公寓放任不管，由于房价的上升还是可以保持盈利的。但是自从泡沫经济崩溃之后，公寓价格渐渐降低，业主于是开始想到通过管理来维持资产价值。

这些修缮方面的管理渐渐兴起，但是在独户住宅还没有开始实行。即便在独户住宅出现了墙皮脱落、漏水等现象，也是户主个人解决，因此从整个住宅区角度来说，不采取任何措施也是理所当然的。

但是随着人口的减少，独户住宅的购买者减少，住宅区的价格也渐渐降低。在住宅区内的空房增多，存在防火隐患。孤独而死的独居老年人也在增多。如果真到了这种地步，从住宅区整体的趋势来看，即便是使自家保持干净，资产照样贬值。有不少居民开始为此十分担忧，想尽可能地维持资产价值，从而更多的人将把钱花在物业上。就这样，住宅区管理时代的出现，要比公寓全盛时代迟20年。

即便是有管理意愿的居民，仅靠非专业的管理仍然远远不够。需要具备景观维护、清扫、防盗、防灾、空房管理等方面的专业知识的管理公司的帮助，新的商机因此应运而生。

但是，我认为在第四消费社会中最重要的不仅仅是这些硬性管理，还需要软性管理、运营商业化。

说得具体一点，就是需要建立能够促进居民之间顺利地进行交流的体系，这样可以防止独居老年人的孤立化，使有孩子的家庭能够安心地在该地区育儿。为此，我们需要事先创造居民之间的良好关系，所以我们需求的是，与其相应的住宅地的软性管理运营模式。

关于居民参加型的住宅区，笔者在此介绍加利福尼亚州戴维斯市（Davis）最著名的可持续发展的社区“乡村家园”（Village Homes）。“乡村家园”是由迈克尔·克尔维特（Michel Corvette）、朱迪·克尔维特（Judy Corvette）夫妻设计的，是1975年开始投入使用的住宅区。总建筑面积28公顷，其中的9公顷为果园、绿化带、公园等共有地。有225户生活在此地，其中就有60平方米左右的连栋住宅、280 平方米左右的独户住宅、9 个社团室等多种多样的住宅，而且大多数都是太阳能住宅。排水沟也不是混凝土制作的，而是如同自然界中小溪流般的构造。

从克尔维特夫妻的著作《设计可持续发展的社区》(*Designing Sustainable Communities*, Island Press, 2000) 中可以了解到，在乡村家园建造新房的时候，乡村家园的现居民也为房屋建设出了不少力气。他们就是通过居民之间的合作来孕育团体意识，这一点与日本白川乡的互助组有些相似。乡村家园中的游泳池、公园中的器材、跨小溪流的桥梁等设备都是当地居民建造的。因此，这就是所谓的 DIY 住宅区、手工活儿住宅区。

此外，乡村家园有如下的制度：一是把住宅建设工作特地交给巴基斯坦移民，使他们掌握建设技术，从而竣工之后他们能够在其他地方被雇用；二是他们的工钱数额达到该住宅区规定的首款数额的情况下，可以在乡村家园建造各自的房屋。所以，生活在乡村家园里的 16%左右的住户都是低收入人群。

顺便一提，我一直对每当建造新房屋时都让现居民帮忙建设的方式感到不满，但是通过和一个美国朋友的谈话了解到，美国从开拓者时代开始，一旦有一个人搬进某住宅区时，当地居民就会齐心协力帮助新居民建造房屋。

现居民协助新居民建造房屋这件事，恐怕在今后的日本也不大可能出现，但是这件事情对今后的社会团体建设来说，仍有参考价值。

②住宅区——产生人际关系的地方

作为其他具体事例，可以提到，UR 都市机构（原日本住宅公团）正在 JR 中央线丰田站所在地东京多摩平地带的森林住宅区（原多摩平住宅区）进行社会实验，其名称是“多摩平之森林 文艺复兴计划第二住宅楼文艺复兴事业”（街区名称“玉结式高台”）。

多摩平住宅区是建设于昭和三十年代（1955—1964 年）的住宅区，由于近年许多房屋老化，所有的住宅楼都被整修了一遍。在整修过程中，出租房户数由原来的 2792 户减少到了 1528 户，剩余的土地用于民间住宅和商业地带的建设了。目前该住宅区正在进行的“玉结式高台”实验，就是尝试如何通过重修以外的方式可持续性地利用剩余的土地。该住宅区让民间三社提出了利用方案，其结果就是分别对附带菜园的公共住宅“AURA243 多摩平之森林”一栋、住宅区型共享房“多摩平梨园”两栋、老年人专用租赁住宅、多户住宅“结缘（YUIMARU）多摩平之森林”两栋进行改造，2011 年户主正式开始入住。

现住的居民不完全是原居住于多摩平住宅区的人，老年人专用租赁住宅以外的住宅楼里的居民基本都是 20—30 岁的年轻人。共享房住宅的其中一栋作为中央大学学生宿舍出租，有不少留学生住在这里。住在这个住宅区的不只有男女老少，还有外国人等，因此这里也成为跨文化交流之地。此外，对其他街区整修过的房屋进行了多样化布局，有许多年轻人陆续入住。

正如我之前所批判的那样，“住宅区”或所谓的“新型住宅区”

之类的事物有同等年龄的、同等家庭结构的、同等收入的人群入住的倾向，从而出现了居民的同一性问题。几十年之后全体居民会同时衰老，因此出现单身者增多、老年人孤立化等问题，居住在多摩平住宅区某一街区的居民中一半以上都是65岁以上的老年人。

此外，“玉结式高台”的空地有一片菜园，很多多摩平之森林住宅区的居民借用土地耕种农作物。虽然在老年人专用租赁住宅设有公共食堂，但是该栋、该住宅区以外的居民也可以利用。此外，每栋楼外都设有木制踏板，居民在天气好的时候可以待在踏板上度过一天。

我到该住宅区取材时，此地正在举办捣年糕大会，

木制踏板连接着室内与户外。

菜园。

男女老少共同参与捣年糕大会。

共享房住宅楼的年轻居民在捣年糕，住在老年人专用楼的老婆婆们在调味，居民之间就是这样进行着交流。此外，我还看到了这样的场景，来自其他住宅区的母子俩沿着菜园旁边的小道散步时，受到老婆婆们的邀请，孩子也在跟着捣年糕。

“玉结式高台”的形成在一定程度上使居民从封闭状态解放了出来，把该住宅区的居民和其他街区、住宅区的居民联系在了一起。此地就是为了产生人与人之间的自然联系，在硬件、软件方面的管理上都有所投入。第二消费社会期间建立起来的住宅区的主要特点是效率主义、单一性、封闭。相比之下，多摩平住宅区能够体现出面向第四消费社会的特征。

现在的日本有13%左右的住宅都是空房，其数量约为800万户。其中的一部分空房可能已经成为废墟，但是也有经过了整修、加强了防震措施之后可以让人入住的空房。从节能角度来看，与其一味地建造新房，不如把可持续使用的空房用于其他方面更合算。

要是在住宅区内设立面向老年人的、育儿等方面的设施会更加便民，当然我们也期望着能够在此地建设咖啡馆之类的，让居民聚在一起相互交流。

此外，既可以在住宅区内设立商店，也可以根据需要设立便利店。但是最理想的是，设立能够让更多居民参加的设施。例如，居民亲手制作的产品专卖店，展示居民亲手制作的作品的画廊，等等。参加的居民越多，社交机会越多。

③便利店——从“普通便利店”向“社交便利店”的转换

从第四消费社会的角度来看的话，代表第三消费社会的业态“便利店”的作用，究竟是什么呢？特别是对于一个人生活的人来说，便利店是不可缺少的地方。地方的便利店暂且不谈，都市里的便利店给人留下缺乏交流的印象。在都市的便利店里，店员通常都是沉默寡言地接待客人。难得在日本有数万间店铺的便利店，我们就不能把它作为地域社会的核心使用吗？

面向个人消费的便利店分散在各个小小地域，所以便利店本应该是可以充分灵活地利用地域性的经营资源优势，从而在各个地域促进地区居民之间的交流的，为社会团体的形成做出贡献。按照我自己创造的词来形容，这样的便利店就是“社交便利店”，即，充分发挥社交、社团功能的便利店。

便利店集中着许多地区的居民。因为便利店通常设在离住宅较近的地方，所以对于老年人来说，也十分方便。便利店还负责把食材送到家门口的外卖服务，这种服务在近几年十分普遍。

但是从现状来看，居民们前往便利店的时间和目的因人而异，因此很少有居民之间的交流。不过，即便是没有什么特别的事情，便利店至少可以提供一些能够让居民们集中的场所吧。只要有餐桌和椅子，人们便可以在便利店购买饮料后，边喝边聊。

便利店还可以起到托儿所的作用。

便利店如果能够受家长们的委托帮助照顾孩子半小时左右，家长们便可以趁着这段时间段完成各自的任务，这是多么方便的一件事。

此外，在未来的日子里，需求增多的是能够帮忙解决生活琐事的人。例如，更换灯泡、挪动重物等事情对于老年人来说比较困难。特别是对于没有和任何邻居来往的现代人来说，恐怕没有能够帮助自己的邻居。如果能把自己的一些需求写在纸条上贴在便利店，地区居民之间的交流、互助将会产生。

我们需要的不是单单出售商品的便利店，而是能够提供人际交流机会的便利店。如果在将来能有这样的便利店出现，熟人之间的交流将会在该地域内增多。

一旦有了交流，社会团体将会自然形成，居民的安心感、安全感也会增强。例如，如果好几天没有见到三浦先生，会有更多的邻居开始担心三浦先生，从而会减少老人孤独而死的概率。

当然，人们聚集的机会要是增多，还能够带动人们的购物意愿。为了能够安心、安全地过日子，人们再次开始重视邻居交往的重要性。所以，便利店可以扮演这样的角色。

“3·11 大地震”的时候严重缺米，那时候我也到处寻米，但是依然找不到，最后在当地一家老夫妻经营的旧米店里找到了。这家米店每天都在一点点地碾着大量采购回来的大米进行销售，因此有大量的储备。

但是便利店通常都是按照规定的时间进货，所以一旦灾情发生无法进货时，包括米在内的任何库存品都会减少，不会起到太大的作用。但正因为便利店是全国连锁的，灾情一旦发生时，作为该地域的据点应该会起到一定的作用。便利店可以与当地的行政部门协作，做出相应的防灾措施，例如，灾情一旦发生，便利店在某种程度上具有储备饮用水、紧急食品等功能，或者通过太阳能、风力等能源进行自行发电。如果能做到以上这些，便利店确实起到了地域性据点“社交便利店”的作用。

④零售业、时尚产业——由市民创造的百货店

由于以优衣库为代表的廉价产品的兴起，主要销售衣料类产品的零售业的销售额近年来不断降低。日本总务省的“家计调查”显示，两人以上家庭在“穿着”方面的月平均支出在 1991 年以后不断减少，2010 年的平均支出总额为 11568 日元，因为日本的人口不断地减少，特别是年轻一代的人口不断减少，所以在时尚方面的支出今后可能会进一步缩减吧。既然这样，零售业，特别是销售时尚产品的百货店今后该怎么办呢？

我们就不能通过销售衣料类产品之外的手段来加强人际关系吗？例如，通过衣料品的购入、洗涤、保管、出租、翻新、回收等方式，难道不能产生人与人之间的交流吗？然而，从现状来看，这些业务都是在单独进行。因此，我想百货店或者服装企业就不能统一进行以上这些业务吗？目前，优衣库正在收集一些没有多少人穿过的衣料产品，把它们作为援助物资送往发展中国家，这一点十分合理。

关于如何应对第四消费社会这一问题，位于鹿儿岛市的“丸屋花园”为我们带来了许多启示。“丸屋花园”是位于鹿儿岛市中心街

道天文馆地带的三越百货店（当地的丸屋百货店和三越百货店在业务上进行合作）倒闭之后成立的商业设施。三越百货店撤出之后，丸屋百货店号召建筑集团的蜜柑组竹内昌义氏，竹内氏向丸屋百货店介绍了正在开办“D”百货店（D & Department）的设计师长冈贤明氏。由于长冈氏和前述的山崎亮氏之间有交往，为了丸屋的重建，长冈氏担任了艺术设计师，而山崎亮则担任了社区设计。从社区设计的角度重建百货店是一件相当新颖的事。

山崎氏首先提出的方案是：“百货店的经营不能光靠餐饮、商贩等承租者来维持，还需要把百货店建造为该地域团体能够活动的场所。”（山崎亮,《社区设计》，2011 年）山崎氏还提道：“对时尚不感冒的人很少会光顾时尚产品业承租者集中的柜台，但是一旦去了，说不定会发现自己想要的东西。”为此，商家们有必要创造出能够吸引外行眼球的契机。在这个契机之上，我们可以让该地域各组织、团体在百货店里举办活动。具体来说，可以在百货店里放映小众电影、为辍学儿童创办“爱心学校”（Free School）、为推进少儿的户外活动创办户外运动团体、创办以“当地特产”为主题的烹饪学校，等等。

虽然在当今的百货店里很少看到，但是在过去的第三消费社会期间的百货店里流行一种“文化学校”。不过策划“文化学校”讲座的是百货店的员工。相比之下，丸屋花园把活动场所提供给了在该地域活动的市民。从中能够看出，随着从第三到第四消费社会的过渡，市民自身也渐渐变得成熟。

丸屋花园提供社会社团活动场所。图片为在店铺旁边举办的以生态环境为主题的社区课堂。（图/studio-L）

当今时代的特点就是网络购物。即便是号召市民到百货店来购物，也很少有人特意前往。但是，如果能够在百货店里举办一些团体性活动，那么即便平时不去百货店的市民也会渐渐地前往。

丸屋花园在 2010 年 4 月正式开店，不仅拥有 80 多家店铺，还举办了 20 种大型活动，丸屋花园是与市民举办的地域性活动紧密相连的百货店，这真正体现出第四消费社会的特征。

⑤城市建设——有效利用旧物品

如果便利店、百货店能够成为社区的核心，那是最好不过的事了。但是，如果整个城市缺乏活力，那是毫无意义的。不过，从目前的日本现状来看，不少城市的商业街里的店铺自始至终都是关门的状态，此外还有不少店铺被拆除，变为停车场。

在当今，随着住宅地渐渐向郊外迁移，越来越多的住户靠自驾车出行，即便是在市中心的街道建造许多店铺，也很少有人光临。就算把市中心的商业街改建为停车场，也并不意味着郊外的居民一定会开车来。

所以我们不能以位于商业街为由，滥造商铺以及承租者的商业楼，而是要把目光转向“街道”。我们可以把目光放在没有多少商铺的“街道”，因为我们的最终目的就是要做到“街道”的复兴。

有关具体的城市建设事例，我将把有关佐贺市的案例放在章末介绍。毫无例外的是，佐贺市的市中心也处于空洞化，满街道都是停车场。为此，佐贺市出身的建筑设计师西村浩氏提出要通过和以往不同的方式增强城区活力。西村氏提出的方法就是使空地变为草坪，通过让市民在草坪聚集的方式来增强该地域的活力。我通过和西村氏的交谈了解到他的具体想法。

⑥汽车——从速度到生活

在人口不断减少的第四消费社会，和住宅同时减少的就是汽车。正如前文所述，日本国内汽车的保有量今后一定会减少，所以要想提高销售额，只能转向中国、印度、巴西等发展中国家的市场。

那么在日本国内怎么办呢？在日本国内的问题点已经不再是汽车销售额的多少了，而是今后我们销售的方向应该转为包括公交车、电车、有轨电车、自行车在内的移动交通体系。

从上述意义来看，我觉得2011年汽车展中本田的汽车展十分有趣。本田汽车展的主题为：“对人类来说最舒服的东西是什么？”为此它提出多种功能的汽车的方案。例如，任何一个人都能轻松地在街上驾驶的“城镇汽车”（Town Car）、在不驾驶的时候起到普通椅子作用的汽车，等等。研发这些车辆的意图不在于速度，而是在于让车主有“轻松”感，也就是说本田的目标是研发一种既能快速移动、行驶，又能轻松休憩、消遣的汽车。

对于只顾汽车外观的参观者来说，这是令人失望的一种展示。但是本展的意图在于把人们的日常行为和生活联系在一起。

⑦旅游业界——联结人与人的旅行

乡下的居民可以把旧民宅的空房作为“床与早餐”（Bed & Breakfast）出租给游客，当地的老婆婆可以把亲手做的乡下料理提供给游客。同时，作为平等交易，游客应该帮助当地老婆婆解决生活上的困难。例如，客人可以帮助居民在当地的农村或者渔村做农活儿、打鱼。那么，食用在当地采集到的食材，是理所当然的。不过，个别喜欢料理的客人可以以独特的烹饪方式做些新颖的菜品提供给当地的居民。如果游客向居民提供的新料理在当地深受欢迎，当地也可以将其作为新特色菜出售。销售额的一部分可以返还给研发料理的客人。如果能有这样的旅行，可以大大促进消费者与当地居民之间的交流。

或者可以把旧民宅改建为共享房，以每月一万日元的费用出租给游客。宾馆通常是每晚一万日元，所以游客顶多能住一晚，搞不好可能会当天去当天回。所以最理想的是建造一所能够以一万日元的月租签订合同的共享房。考虑到有亲自做饭意愿的游客，最好在共享房设立公用厨房。浴室和卫生间也可以设为公共型的。至于建筑方面，既可以使用已成为空房的旧民宅、早已停办的学校教学楼，也可以借用没有多少客流量的旅馆。

如果每晚一万日元，不少游客顶多住一晚，但如果是一个月一万日元，可能会有更多的游客长期停留于此。其实，按一周收 2000 日元也完全可以。总而言之，我们可以想方设法使费用降到最低，让游客长期停留于此。如果游客能停留于此地一周左右，一周下来的用餐、购买食材和土特产、泡温泉等费用将会落到当地人的腰包。

可能有人会觉得这种地方没什么可参观，不值得长期停留，但实际上并非如此。当地的景色对于本地人来说可能不值一提，但也许对于现代人来说是十分难得的景色。即便是在神社，也可以把当地的信仰、历史等介绍给游客，让游客充分领略、享受。总而言之，我们需要的是，当地特有的，在一般的旅店、宾馆享受不到的服务。因此，我们需要做的不单单是把当地建设为消费的地方，还要向广大游客宣传当地生活的魅力。

此外，我们可以想象旅游业和其他领域行业之间的相互协作。化妆品业就是典型的例子。随着人口的减少，购买化妆品的人也不断减少。所以今后将不仅仅是卖化妆品，还需要转换销售理念，即在第二章的“崇尚健康”一节介绍过的能促进整体性健康和美好的商品。

我们住宿在地方的由旧民宅改造而成的旅店里。在此，由当地居民向我们提供的是使用当地新鲜食材而做的健康料理。在当地附近还有温泉，既可以美化肌肤，也能放松身心。因此，化妆品公司完全可以为消费者策划这样的旅游活动。

充分发扬地方特有的历史文化底蕴

对于地方中小型企业来说，第四消费社会是一种机会。在第二、第三消费社会里，地方产业无非就是大量生产体系中的一部分承包项目。但是到了第四消费社会，当地传统的手工活儿受到了高度的评价。大量生产只能一味地使产品低价格化，但是精致的手工艺产品却能够以高价出售。

正因为随着全球化，跨文化交流不断地发展，带有地方特色的东西受到好评，具有地方特色的东西，受到全世界的青睐。所以我们务必要意识到这一点。

在第三消费社会结束之前，因为很多高档的东西都集中在东京，所以很多日本人以“东京”为标准看待事物，例如，人们向往着“东京”般的豪华宾馆、饭店，等等。到了泡沫经济阶段，豪华观光宾馆在全日本普及，但是其中的绝大多数在泡沫经济崩溃之后，因背负着大量的债务而倒闭。

大型购物中心在当今的日本全面普及，只要走在大型购物中心里，都会觉得在消费层次上和东京差不太多。此外，由于互联网这些年的普及，即便是住在十分偏远的地方，只要利用网上购物，就能够得到来自全世界的产品，只是从订购到收货的时间要比在都市圈的时候长一些。正因为生活在物质丰富、信息发达的时代，没有必要过多地建造带有“东京”色彩的东西。越是追求类似“东京”的色彩，越是容易失去各个地方的特色。

所以，我们今后应重新评价地方独有的历史、传统、文化，并且应考虑到在设计方面充分发挥地方特色。

共享型的工作形式

在本章最后要指出的是，作为共享型社会的第四消费社会所要面临的问题，就是雇用或工作形式方面的问题。

如果共享型的生活形态能够推广，我们就不需要“大政府”了，但是这不意味着行政部门就可以怠慢。为了应对第四消费社会，行政部门要做的事情非常多，例如，放宽影响市民建立共享型社会的规章制度，邀请专家介绍促进人际关系的方式等。

另一方面，随着追求共享型生活的人的增多，企业可以削减大量的经费。例如，随着越来越多的人开始享受共享型生活，需要单人宿舍的人将越来越少，需要住房补贴的员工也将会减少，企业可以大力削减劳务、福利等方面的经费。但是，这不代表着企业可以把责任推卸给普通市民。

从第三消费社会末期开始，正式员工的数量不再递增，非正式员工的数量反倒递增。推动以共享房为代表的共享型生活的背后隐藏着许多问题。例如，伴随着非正式员工的增多而导致的工作时间的分段化、工作场所的分散化、收入的减少等。引用社会学家齐格蒙特·鲍曼（Zygmunt Bauman）的一段话就是，“现代的劳动者，特别是非正式员工的人生不停地被消耗，那些非正式员工的人生被雇主看作是‘一次性’的东西。所以，他们的人生恐怕最终会以被剥削的形式告终”。他们这样的人距离充实的人生十分遥远，因此，如果雇用、就业方面的问题不能解决，根本达不到真正的共享型社会。

但是，从目前日本十分严峻的经济状况来看，要想让所有人成为正式员工恐怕很难。当然也有一些自愿成为非正式员工、自营业主、自由职业者等，我们也没有理由强迫他们成为正式员工。但是，无论是非正式员工，还是自营业者，都在担心将来会有一天失去工作，他们都在为各自的将来规划着。

这样一来，我们就需要构建一个能够让非正式员工安安心心地规划未来的社会。我们理想的共享型社会就是能够加强人与人之间的关系，又不受各个方面束缚的社会，所以这样的社会应该以安心、安定方面的价值观为轴心。但是，这和“人际关系和自由，不可兼得”这样的价值观形成了鲜明的对比。

此外，没有任何一个道理是说，正因为是正式员工就要求他们牺牲各自的生活奉献给企业，正因为是非正式员工或个体经营者就可以不用给其提供任何保障。不论是做什么工作，我们都需要构建一个能够让员工长期稳定、快乐地工作的社会。为此，我们要建立包括“分担性工作”在内的各种工作形态。

在拙著《差别性社会中的生存法》(2008 年) 中介绍过，优衣库目前在实行“地域限定性正式员工”制度。由于有不少非正式员工为了回避被调职，而拒绝成为正式员工，因此优衣库通过该制度使这类非正式员工正式化。此外，还有不少人在原封不动地保持仓库原貌的店铺里工作，他们一周内的工作时间只有 20 小时。因此，优衣库通过实行无期限雇用制度使这一类人成为无期限雇用员工。

由于日本人在第二消费社会结束之前始终注重的是效率，因此要求正式员工服从公司的一切命令。例如，夜间加班、休息日出勤、异地出差、单身上岗等。不过还是有不少人抵触这种缺乏自由的工作形式，更愿意成为不需要加班、不需要调职的非正式员工。但是，如果这些非正式员工都是出类拔萃的人才，企业还是想挽留住这些人为企业多做奉献。企业因此设立了能够让员工仅在特定的地域内调职的“地域限定性正式员工”制度。

针对短期工作的人设立的无期限雇用制度也有着类似的背景。与想成为正式员工的人相比，想成为非正式员工的人对流行、设计、创新方面更加敏感。对于企业来说，对这方面十分敏感的打工者也是不可缺少的人才。如果这类人去了竞争企业，还会不利于自家企业发展。企业十分希望这些人能够留下来安安心心地工作，于是针对每周仅工作 20 小时的人群设立了无期限雇用制度。可以说这是一种分担性的工作方式。

人们普遍认为，在第二消费社会最理想的就是成为上班族。而到了第三消费社会，越来越多的人开始觉得当上班族十分憋屈，成为自由职业者的人因此增多。我想，到了第四消费社会，人们追求的不是诸如上班族、自由职业者般的工作形式，而是能够让安定、自由之间保持平衡的工作形式。每人每日的工作时间占据了大部分的生活时间。我们希望能够拥有充实有效的工作时间，告别消耗人生的工作时间。

通过公开“私”来创造“公”

采访日常编集者朝田亘

朝田：在我32岁的时候正值所谓的“失去的时代”。我发现我们这一代人，以及比我们稍微年轻的一代人中有不少人都住在共享房里。这些人在21世纪初叶前半期主要以“价格低、房屋宽”为由住进了共享房。但是最近，越来越多的人开始重视共享房独有的趣味。我还没来得及考虑如何才能够充分利用共用空间，就已经有一大批人住进了共享房。因此，我提倡的住房公开化将得以实现。

三浦：不少商业街里的许多店铺自始至终都是处于关门状态，目前也有在这样的商业街设立拱廊的事例，但最终还是未能招来更多的客人。与其通过完善设备召集客人，不如换一种手段更划算。我觉得可以想方设法让更多的学生聚集在商业街里，例如，可以向更多的大学生提供与生活在商业街的居民交流的机会，通过交流让大学生领悟人生道理。要想增强商业街的活力，最重要的是达到人与人之间互补的效果。这才能够体现出“共享”。总之，重要的是人，是如何构建人与人之间能够相互共享的环境。

例如，我可以在共享房的起居室摆满我的藏书，以便让更多的居民阅览。我经常把共享房当作办公室使用，偶尔会在共享房举办讲座，由我自己或邀请熟人担当讲师。有时候会把来客介绍给大家。例如，我现在就可以把朝田君介绍给我的读者，这样就可以把我的知识和人脉分享给你。

朝田：听起来真有趣！这是一种独特的出租方式，可以把自己的个性特点公开于众人面前。

三浦：设立共享房不一定需要一座建筑。共享房或公开住房可以分散在城市各个角落里，人们可以随时随地使用离自身较近的共享房解决各种事情，例如，吃饭、看书、办讲座、看电影、托管孩子等。这样的话就可以足够形成“共享城”了。

朝田：整座城市将变得像家一样。我曾经做过公开住房方面的调查，采访了在大阪创办“两张榻榻米的大学”的梅山先生。梅山先生在名叫空掘的商业街带领着一个名叫“空掘饭”的组织。越来越多的年轻人有意愿住在这个叫空掘的商业街上，于是许多年轻人聚集在整修过的大杂院里。他们逛遍了蔬菜水果店、水产品店等店铺，一边购物，一边和店主聊天。他们在购物结束后来到空掘居民家里，用买回来的食材做各种料理分享给大家，一边吃饭一边聊当地的见闻。此外还有一个惊喜环节，就是邀请前面所提过的店主作为特别嘉宾。(笑) 也就是说，随着越来越多户主向全城居民公开自己的家，家和城市之间的隔阂变得越来越小。

三浦：如果能达到这一地步，单单走在街上也觉得很快乐。人们渐渐开始注意自己家的庭院外观，在庭院摆个椅子什么的，从而自家不再是一个封闭的空间，而是公共的休憩之地。

工作场所和生活场所之间的界限就是近代主义的特点之一。而现代的人们不再计较两者之间的界限，不少人在自己的住处工作，不少人需求能够让工作和生活“两立”的地方，越来越多的人对封闭式的“家”的观念产生了抵触之心。

朝田：“住房公开化”就是“我”在现代化了的土壤上再度向外公开自己家。虽然很多大众媒体把其看作是“传统式社区的复苏”，但我并不这么认为。

首先，当今出现了“住房公开化”这样一个选项，重要的是人们如何更加有趣、有效地把各自的住房向外公开。其次，有人问我过去的地域共同体是否有过向外公开的经历，我只能回答说：“面向外部，多少还是有封闭的一面。”

我们正在推广着现代都市版人际交流的方式，我们通过这种交流方式与当地保持了密切联系，同时在兴趣、知识方面的交流也增多了。这就正体现着三浦先生所说的“共异体”。(共异体是三浦提倡的一种交流方式，有以下四种特征：①成员不固定，不存在相互之间的束缚；②不受空间上的束缚；③时间上存在一定的限制；④不存在共异体之间的相互排斥与竞争。参照《让我们谈起“共享”的话题》)

三浦：说的没错。共异体就是大前提，绝对不是什么地域共同体的复苏。它是一种只有联系，没有束缚的关系。于是有很多人在同一时间多发性地考虑如何建立这样的关系。在21世纪的头十年出现了一些著名的不动产，例如，共享房的中介“绵羊不动产”，收集了许多有价值的二手物件的“东京R不动产”。在这些不动产之后，出现了“公开住房”。

特别是发生“3·11大地震”之后,“共享”行动在市民之间十分普及。在行政部门采取措施之前，已经有人在网上发布了“临时住宅圈”的帖子。行政部门随后才将其认定为灾民的临时住宅，向灾民发放补助金之类的东西。但我觉得这样一点也没有错。越来越多的市民能够依靠各自的力量承担起“公共性”事业。我从这次的大震灾中深刻体会到了这一点。①

朝田亘

1979年出生于大阪。毕业于大阪市立大学法学部。从音乐演奏到跨文化项目的构想、演出等多方面领域都曾涉猎，并发展到写书及讲演。他的表现活动由“音”扩展到“场/事”，并有效利用娱乐设施、寺院、住宅、旅店、空店铺等空间，参与各个社团领域的演出。

建立在灾区的“新型公共”咖啡馆

采访东京大学助教成濑友梨

今后日本老龄化现象将会越来越明显，随着未婚者的增多，单身户主也在增多。我作为建筑设计师一直都在斟酌着最理想的房屋和生活方式，后来我渐渐开始对共享房产生了极大的兴趣，于是在共享房的设计上下了不少功夫。最近我在大学里研究理想的场所共

① 对朝田亘著《住房公开化》登载的交谈内容进行了修订、再编。

用方式。

我父母都已经六十多岁了，他们都是早已更换过电视机、汽车等大型产品的人。我家的房贷是30年。每当我在研究“共享”问题时，他们总是向我露出费解的表情。当然这也不能怨父母。(笑) 因为他们都是“私有”一代的人。

但是，自“3·11地震”后，他们也渐渐意识到“共享”的意义所在。震灾后，我收到了来自《恺撒·布鲁图斯》(*Casa Brutus*)的关于震灾后的具体方案措施方面的提问，于是我提出了木造和共享型灾后复兴住宅方案。通过共享可以缩减每一个人的空间占有面积，通过设备的共用可以削减施工费，这样很多灾民可以聚集在一起并且能够安安心心地生活下去。我认为尤其在老年人群聚集的灾区更需要考虑这种方案。

差不多在同一时期启动了“陆前高田市生活工程”(Living Project)。在东京大学小泉秀树副教授和当地人们的协助下，重建地域社团。其中一个环节就是，开店于最近一个月内的“陆咖啡”(Cafe)，它是临时性的公共社团空间。

小泉先生非常熟悉当地居民，据说当地居民十分希望在城市构建方面的专业领域能够帮到小泉先生。小泉先生有阪神大地震时支援灾区的经验，结合该经验，他认为在复兴计划正式实现之前的临时性城市构建十分重要。如果城区里没有商店和人们休憩的地方，人们最终将会从城区消失。这样就无法达到灾后重建的目标。震灾发生后的4月份，当地的医院以及口腔医院利用临时搭建的店铺恢复了营业，此地成为地域居民的生活中心。

陆前高田的社区咖啡馆“陆咖啡”。（图 / 大宫透）

面向当地居民打开自己家门的活动在许多地方进行，柏叶都市规划中心（UDC）的后藤智香子女士协助参加了本次活动，她对这方面活动有所研究。在陆前高田市，小泉先生的熟人向大众开放了自己家，当地人把他家作为物资供给据点、休憩空间使用。后来越来越多的人开始需求能够让众人更加轻松聚集的地方，于是就诞生了“陆咖啡”。

在土地方面，当地的地主把自家的地提供给了我们，我们作为志愿者担当起咖啡馆的设计。由于这是由当地居民发起的、不收建筑费的新型公共工程，我们向众多的企业说明了支援灾区的重要性，最终得到了以住友林业为代表的众多企业的理解和协助。当然，让企业无偿协助，对他们来说也是一种负担，于是我们允许这些企业把本次工程作为广告任意使用。

在“陆咖啡”摆放着宣传用的用过的建材的小册子，充当着展览室的功能。有许多客人访问了“陆咖啡”之后萌发了各种各样的想法。例如，对这类房屋的憧憬、对隔热性较强的建材的需求等，这也是一种“共享”场所的方式。虽然目前该咖啡馆依然以义工形式运营，但是我们今后将争取使其转变为日本非营利活动组织

（NPO）法人化来维持长久性的运营。

不仅仅是东北地区，日本其他地区人口今后也将进一步减少。如果我们不想方设法建立能够让人聚集的场所，城区在今后将逐渐失去活力，不可能带动经济发展。我认为“共享”具备着创造密度、召集人群的功能。

重要的是，我们如何互相协助来维持组织的运营。“共享”给人们一种众多人共用一样东西的印象，但是“共享”的实际意义在于，人们通过互相献出私有资源来构建统治性组织。所以，我们需要考虑的是，如何构建良好的组织来充分发挥组织性力量。

我在前些日子拜访了陆前高田市，和当地的运营组织举办了例会。“陆咖啡”得到了广大居民的广泛利用，让我感到十分欣慰。当地居民本来是没有在咖啡馆喝茶的习惯的，所以目前还是很少有人会随意地进入该店，但是，有一些老年人从一大早就过来喝茶、聊天、吃便当什么的。所以该店今后的发展状况令人期待。

我一直在想如何通过日常的设计活动来参与人们的日常生活，然而，最终让我参与到居民生活里的契机竟是“3・11大地震”，不过能够在陆前高田市的居民的协助下，参加了社交据点的构建活动，我觉得十分有意义。

此外，让我认识到了“共享”这个关键词，觉得建筑之外的世界的表面积在不断地扩大。在今后的建设活动中更应该考虑到人们与社会的真正需求，希望能够构建满足这些需求的建筑。我想在今后多提一些组织性的、团体性的建筑方案。

成濑友梨

1979年出生于爱知县。毕业于东京大学大学院工学系研究科建筑学专业硕士课程。2007年起，共同主宰成濑·猪熊建筑设计事务所。2009年起被聘任为东京大学特任助教。

通过空地的“草坪”化增强城区活力

采访建造师西村浩

西村：我一直觉得佐贺将会成为地方第一。地方城市构建模式早晚会传到东京。由于东京在这些年为了促进投资，在城市建设方面的限制一定程度上有所缓和，出现了很多高层建筑、住宅楼，但这种现象不一定能够持续下去。

从人口的推算来看，尽管地方城市的人口呈现出减少的趋势，但是东京地区的人口至少在10—20年内还是会逐渐增多。地方城市围绕当今的局势采取了各种各样的措施。等到20年之后，东京人口开始减少的时候，人们就该开始关注和参考地方城市了。我想这样的时代早晚会来临，所以现在是大逆转的最佳时刻。

三浦：地方有许多有趣的故事。但是，迄今为止人们都在效仿东京模式。

西村：因为，东京对于地方人来说，是最理想的地方，所以即便在时代的转换期，人们依然无法改变惯有的想法。

三浦：可不可以告诉我，佐贺今后具体会采取什么样的措施？

西村：好的。佐贺市的市中心商业街在半径大约 300 米的范围内。但是，走在商业街上你随时会发现，原有店铺基本上都成了露天停车场。

经历过一次破产后复兴的再开发建筑“S 大厦”（S-Platz）、自古以来就有的百货店“玉屋”、“佐嘉神社”、已经成为烂尾楼的“旧窗之梅”超市建筑，我们要做的并不是通过 20 世纪以来的传统手段对“四核”进行再开发，而是通过珍惜利用自古以来的设备，让更多的人在“四核”之间来往。

由于佐贺市的地形平坦，在城市许多地方都建有旁道，城区功能以及大型商铺渐渐向郊外转移，城市中心开始失去了活力。人们试图把向郊外扩展的范围集中在一起，但这是不可能的事情。所以我们要考虑的是如何利用空荡无人的城区创造出新的环境。

我问过市政府的工作人员：迄今为止都为城区建设做了些什么？市政府工作人员答复说“就是在一年时间内举办过一些大型活动”。但是，就算举办再多的大型活动，活动一结束，城区很快就恢复了往常的寂静。这样根本不会有太明显的作用。

因此，我们在 2011 年 3 月制定了“城区复兴计划”。在这个计划当中最重要的就是空地的管理。要是在过去，会有更多的开发商购买空地进行再开发，建造高楼、招来大量的承租者，从而引来大量的人，这就是在 20 世纪普遍使用的手段。而当今如果这样做，也许在起始阶段会比较顺利，但是随着时间的推移，高楼里的空荡店铺依然会不断增多。所以要想促进城区的发展，关键在于保持空地

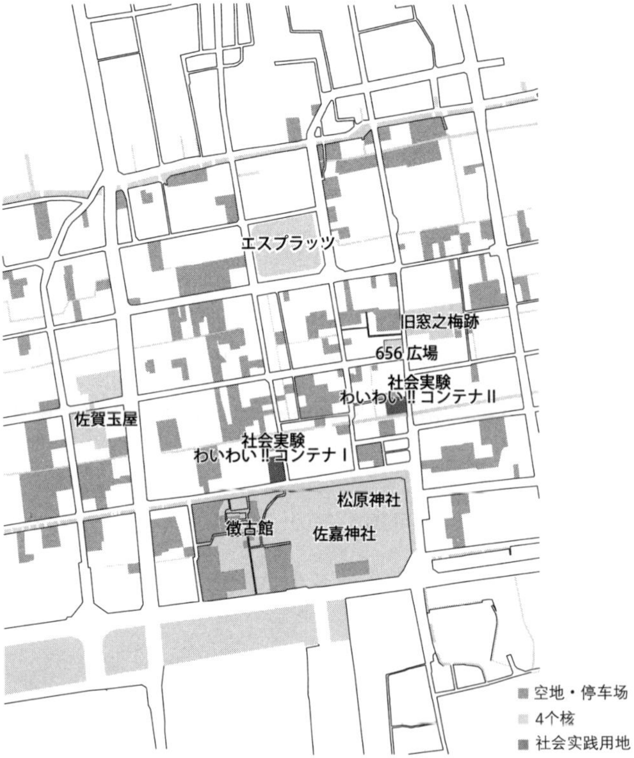

在佐贺市中心街道上，建立了“四核”，促进城区复兴 。(资料提供：WORK VISIONS)

空荡的状态下引来更多的行人。

我们于是想到了一种方案，即使空荡的停车场恢复成原来的空地，此方案或许能够改变城区的面貌。如果这些停车场变回空地，居住环境将会得到进一步的改善，越来越多的人会愿意生活在城区。随着有利于育儿以及年轻夫妇生活的条件的产生，越来越多的人开始试图把城区里的空店铺改造为住宅。

不管怎么样，我们首先还是要尝试一下，于是举办了“欢乐集装箱”工程。市里借用了银行拥有的土地，在此设置了草坪广场和集装箱，目的在于进行社会实验考察如何才能够引来更多的人。集装箱内装有 300 多种杂志、漫画、图画书，供市民免费阅览。

三浦：这些书籍都是通过商业振兴科的预算得来的吗？

西村：没错。还有一些是通过开盘搞来的。我们在选择书籍时，为了能够满足不同年龄段人的需求，在网上搜索了人气排名靠前、市图书馆最有人气的书籍等，此外还摆放了国外的杂志、图画书等。在佐贺这种地方，根本买不到什么国外的杂志。（笑）从最终结果来看，来访问该实验地的居民不分男女老少。有很多小孩在草坪上玩耍，所以我不敢相信原来有这么多小孩生活在该地区。还有不少幼儿园小朋友到这里来散步。

三浦：在此地可以享受餐饮吗？

西村：人们可以随意带食物到此地，也可以让联合店在此地发放食物，也可以委托商家在此地销售零食。夏天，到了清凉的傍晚时，很多人都会聚集在这里吹笛子什么的。（笑）

三浦：感觉就像是在吉祥寺的井之头公园里似的。

西村：迄今为止，市民都在反映：“城区里既没有人，也没有什么东西。在城区里没什么意思。”我们都在鼓励商业街里的店主为引来更多的客人而努力，而这些店主们都在抱怨：“客人根本就不来，叫我们怎么努力。”（笑）所以我们经常在城区内，通过举办一些大型活动来招人。但是光靠大型活动根本无法持续下去。

这回的“欢乐集装箱”工程的目的并不是一味地增强该地域的活力，而是让该地域商业街的居民通过宣传、发放物品、介绍商品等方式来增加城区的客流量。例如，让行人在经过该商业街地域时产生消磨时间、用餐、购物等意愿。

孩子们聚集在草坪玩耍。
（图片提供 / 日经艺术〈ARCHITECTURE〉，摄影 /IKUMA SATOSI）

此外，空地的草坪的铺设工作由该地域的居民负责。如果能带领孩子们铺设草坪，就会培养出孩子们今后不再随意丢垃圾的好习惯，因为他们亲自参加了草坪铺设活动，没有人不珍惜自己的功劳吧。这里的散步踏板是在我们的工作组成员、市政府的工作人员、大学生三方的共同协作下制作的，我们三方从家具城买回来一些建筑材料，对其进行了加工。在集装箱内的活动也多种多样，例如，供孩子们在里面读书、邀请外国人担任教师举办英语课，举办展览会，邀请美国舞者在集装箱前表演供广大居民欣赏等。

下面谈一谈商业街。有一天，城区内的一家饺子馆在自家主页上发布了“草坪上的饺子”这样一个帖子，上传了放在草坪上的饺子的照片。翌日的报纸上登载着这样一句广告词“城区内有草坪，城区内还有饺子馆”，并附带着优惠券。（笑）因为此草坪不需要拍摄许可和使用许可，市民可以自由发挥各自的想象力，充分利用这块草坪。我认为这一点十分重要。

摆放杂志等书籍打造为人们的休憩之地。（图 /WORK VISIONS）

关于草坪地的维持管理方面，不一定要全部依赖于行政部门。凭借当地居民的力量就可以进行良好的管理。例如，可以让当地的造园师把草坪当作宣传场所，以收费的形式为喜欢园艺的市民举办园艺方面的课程，可以以课时费充当草坪维持管理费。这样既起到了造园师的宣传作用，又能够提高造园师的收益，一举两得，从而草坪地自然会得到维护，对于市民来说也是受益匪浅。所以我们也会尝试一下此方案。

此外，我们还试图邀请马场正尊先生，通过有效利用东京 R 不动产之佐贺版媒介，来促进空店铺的再利用。重要的内容再就是社区活动了。我们试图邀请山崎亮先生，希望能够把城区内的草坪地规划为市民进行日常活动的场所。

西村浩

1967 年出生于佐贺县。东京大学工学系研究科硕士。于 1999 年设立了“Work Visions”。把主要焦点放在建筑、土木等城市构建上，还热衷于创建超领域的作品。主要项目和作品为佐贺市城区复兴计划和岩见泽火车站复合车站楼（荣获 2009 年度最佳设计奖头奖、2010 年日本建筑学会奖）等。

面向“无印良事”的时代

特别采访东京西武流通集团文化财团理事长辻井乔

辻井乔氏目睹了从战前、战后到现代日本经济社会发展的过程。他在战后担任了零售商品流通业“东京西武流通集团”（Saison Group）的生活综合产业总监。在本章节我邀请了辻井乔氏，从战后的消费社会的历史角度探讨日本经济的过去、现在和未来。

消费者的第一次解放——1960 年前后

三浦：我一直认为辻井先生的最大功绩就是创立了无印良品，十分想了解您创立无印良品的动机。希望您能够从战后的消费社会论的角度来讲述创业的动机。

辻井：过去的日本人在消费方面落后于西方，在消费方面外行占绝大多数。明治时期以后的消费者还没来得及成熟，日本就战败了。消费者刚刚变得有些成熟了，但很快就被部队招去参军了。

此外，有些店主、店员刚刚对产品有了充分的了解，正准备创办专卖店的时候，就收到了入伍通知书，所以在那时很难成为真正的产品专家。

因此如今走在银座大街上就会发现，日本老字号专卖店铺数量屈指可数，少得可怜。即便是存在这样的店铺，在竞争力上也根本无法与爱马仕（Hermes）之类的名品店匹敌。

即便是在战后，从1945年至1960年高度成长期开始之前，日本也未能构建有利于专卖店发展的社会，因此消费者同样处于“锁国”的状态。

要是在欧洲，专卖店的店长、店员可以免服兵役，因为他们在该领域具备专业知识技能。

三浦：也就是说，欧洲的做法防止了专业领域人才的流失。

辻井：没错。人们都能意识到，商品的价值在于专家的亲手制作。然而，明治时期以后的日本却没有这种意识。“奢华”在当时的日本政府的眼里就是“天敌”。所以在明治四十一年（1908年）的《戊申诏书》上写着这样一段话：“虽然陶醉于日俄战争胜利之喜中，但是只有质朴刚健才是我们的国策。”后来，山本权兵卫在关东大地震之后借用大正天皇的名字，说了这样一句话：“过去的轻浮才是日本最致命的过错。”过了若干年之后，石原慎太郎说“这是天诛”。我当时正听着石原的天诛言论，觉得日本明治时期的那种情感仍在持续，为何不能从商业发展的角度来看，我对此感到十分遗憾。

随着时间的迁移，日本也渐渐地摆脱了这样的“锁国”状态，开始大量引入、使用和赞扬国外的产品，目光转向了国外。

高岛屋在1956年举办了意大利产品展销会，产品销售得十分火爆。在此之前，国外的产品对于日本的消费者来说，是一种不可触摸的事物。从1868年明治维新以后到1945年，又从1945年到1960年，日本的消费者一直处于“锁国”状态。

受到意大利产品展销会的启发，我也试图在1959年举办一场法国产品展销会，于是前往巴黎进行采购。我虽然只是一名普通的百货店主，但决不能服输，因此，通过一段时间的努力，我取得了良好的收益。不论是烟灰缸，还是果皮箱，只要是产品都一份不落地卖出去了。当时我在想，经历了很长一段时间的“锁国”状态的日本消费者，在这一天终于爆发了。之前不少日本消费者觉得外国货在日本战胜之前，是可望而不可即的。进入20世纪60年代，日本的消费者终于可以敞开心扉购买外国货了。

正因为这样，直到80年代我一直专门做国外品牌的介绍。从头数一数，我差不多做了50多个品牌的介绍。

随着日本的经济发展，越来越多的日本百货店试图做欧洲产品的代理店。同时，欧方也从数据上看到了日本经济不断好转的趋势，于是以试销的形式答应了日本百货店的要求。

消费者的第二次解放——20世纪70年代后期

辻井：那个时候我还收获了副产物。我利用休息日参观巴黎的美术馆，在参观的过程中发现了让我感到稀奇的东西，这时候我意识到自己在美术、艺术的历史方面仍然处于“锁国”的状态。那时，我对绘画方面的认识停留于后期印象派。

三浦：是不是在1959年之前都是这样？

辻井：没错。不过，当我在巴黎看到康定斯基、克利等人前所未见的作品的时候，既感到稀奇，又感到有趣。这时，我深深意识到自己依然处于“锁国”的状态。当我逛累了，回到住宿的地方开始试听收音机，这时又听到了奇怪的声音，再次让我感到很稀奇，又仔细地听了一遍，才知道这是由科隆广播局播放的施托克豪森的歌曲，这时我再次深深意识到自己在音乐方面也处于“锁国”的状态。这就是我的副产物。

下面介绍一下我的另外一个副产物。1961 年，我在洛杉矶待了一年时间，不过我实在是不想再去那么无聊的地方了。(笑) 洛杉矶有迪士尼乐园和好莱坞的高档餐饮街，在建造这类东西的过程中确实投入了不少资金，但是我总觉得这类东西在哪里见过似的，根本提不起兴趣来。

有时候因公司债券发行等业务会前往纽约，而我每次都在期待着去往纽约的机会。这是因为波普艺术在那个时候刚刚开始盛行。我在巴黎受到了当代艺术的熏陶，到了纽约又遇到了波普艺术。

三浦：那时候的洛杉矶还没有波普艺术吗？

辻井：没有。所以，从 1959 年到 1961 年的这段期间可以说是我自身内部的改革吧，从“锁国”状态到“解放”这一过程就是我的另外一个副产物。

从这一点来看，日本在消费方面从“锁国”状态进入第一次“解放”状态是在 1960 年前后。但是，我看到了这样的趋势就觉得，艺术、文化、生活等方面的第二次“解放”即将来临。

于是，无印经济象征着第二次“解放”的出现。我重新整理了一下记忆，觉得日本的经济确实是以这样的过程发展的。我可以把日本消费社会分成两个阶段，首先，在 60 年代末之前的日本因受第一次“解放”的影响，有着深远的社会改革意义。但是进入70年代之后，再也体会不到那种“解放”感了。所以我就在想，“无印”代表着第二消费社会的解放吧。

马克思曾经说过这样一段话，消费并不完全都是劳动力的再生产过程，真正的消费就是一种人性的恢复过程。按照马克思的话来看，我觉得日本已经达到了第一次解放，但是离所谓“人性恢复”的第二次解放还是有一点距离的。

除此之外，我已经对品牌之类的东西感到了厌倦。

三浦：什么时候开始厌倦的？

辻井：差不多在70年代后期左右吧。贴了商标之后，商品价格就可以提高两成左右，这感觉就像是在搞欺诈。

但是生活综合产业就没有那么简单了。要想摆脱第一次“锁国”状态，仅仅靠纤维、化妆品之类产品远远不够，需要在生活中的各领域获得“解放自由”。

三浦：原来如此，就是想通过创造非品牌“无印”产品来达到第二次解放。

辻井：但是，1983年准备在青山地域开店时，公司内部讨论了三个多月时间。现在回忆起来虽然觉得有点可笑，但那就是西友公司的事业部门之一。西友公司最早虽然发誓绝不创办本业之外的店铺，但是后来也开始考虑在青山地带开办无印商品店的可行性，最后对无印商品店的创办表示默认。在开办无印商品店之前，西友就创造过“故乡铭品”“主妇之眼”之类的独特产品，最后还是觉得缺点什么。

三浦：我好像也购买过“主妇之眼”的菜板。(笑)

辻井：是吗、是吗？(笑) 那真是令人感激不尽。

三浦：是一件十分简单的商品。

辻井：但是从“物”这个角度来看，也是一件有价值的事物。

三浦：正是无印商品的前身。

辻井：没错。不过还是觉得有一些障碍，仔细想了一下，发现问题还是出在价格上。

三浦：“主妇之眼”的商品不便宜吗？

辻井：不便宜，基本上都是在一件一件地生产。因为不能大量生产，所以虽然质量很好，但在价格上却不尽如人意。就算以单品形式出售这类产品，还是缺乏竞争力，因此觉得很有必要专门从商品群中把这类商品挑出来，进行宣传。

所以，刚刚开办无印商品店时，几乎没有多少西友公司、百货店里的人过来参与。我在私下和田中一光、小池一子、杉本贵志、丝井重里等人进行过讨论。有时候和他们聚在代代木的酒吧里一起商讨。

我利用白天时间拜访了西友店，对价格为最大出售障碍的商品进行了考察，发现不少产品完全可以以低价、低成本销售。例如，带有裂纹的香菇就可以低价出售，生产蟹肉罐头过程中除掉摆放蟹足环节就可以降低成本等。毛衣的制造方面，厂家通常会到牧场采购羊毛材料，当今的优衣库差不多也在这么做，于是我方和优衣库共同前往材料生产地，开始了产品的制造，而且剩余的材料可以返还给批发商。但这种方式在百货店恐怕行不通。

三浦：辻井先生说过，无印产品是从不崇拜海外品牌的“反体制商品”。您刚刚说过的那些事例就是反体制活动，不以企业为中心，把消费者主权放在第一位。

辻井：这是在我准备开办无印商品店时说过的一句话，没有比它更能体现出当时的状态的语言了。(笑) 确实是这样。我本身就听不惯“体制”这一说法，“反体制”就不用说了。

三浦：您打招呼的第一个人就是田中一光先生吗？

辻井：没错。

三浦：那么，“无印良品”这个词是一光先生创造出来的吗？

辻井：没错。

三浦：那么“无印良品”这个观念是辻井先生您想出来的吗？

辻井：我记得当时提出的是“无品牌商品”，而田中先生命其名为“无印”。

三浦：这些年，这样的日语称呼方式十分普及。

辻井：这些年确实变得普及了。

三浦：要是在30年前的话，需要一定的勇气是吧？

辻井：那个时候这样用日语命名，很容易给人留下“俗气”“落后”等印象。不过如今进入国外的无印商品店时会发现，店里都有声明。

三浦：在店内吗？

辻井：没错。而且不少人在此烧香。

三浦：可能是因为当地人觉得这样才能够体现日本的风格吧。

辻井：我也是这么想的……不过在实际中还真的起到了不少作用。

三浦：是从禅道的角度来看吧？

辻井：应该是从民族风格的角度来看的吧。我个人倒觉得很好。不过“民族风格”这种说法只能在七八年内有效。在此期间，如果不能和当地的生产据点保持密切的联系，生产销售活动早晚会中断。

三浦：当您刚刚开办无印商品店时，有没有想过把无印商品推向全世界。

辻井：说实在的，一开始的时候只想着在日本获得一席之地。(笑)

三浦：是这样啊。不过这样的商品能够走向国外，也是一种很稀奇的事情吧。

辻井：我也觉得是很稀奇的一件事。

三浦：既不是机械，也不是碗面（Cup Noodle）。

辻井：商品能够以商品群的形式走向世界，确实是一件十分稀奇的事。

了解时代的方式

三浦：不光是辻井先生，只要是经营者都需要了解时代吧。因为无印商品店是零售业，所以辻井能够格外敏锐地了解时代的趋势。

我想您也经历过几次失败，我很想了解一下怎样才能准确地了解时代。

辻井：开个玩笑，先融入财界大亨当中。如果你能够否定财界大亨之间达成的意见，你就把握了时代的趋势。(笑) 因为这些大亨不大愿意去把握时代的趋势。

三浦：他们不想把握?

辻井：因为迄今为止的时代背景支撑了他们的权威。

三浦：原来如此。

辻井：另外一个就是一致的意见，当然这也只是玩笑而已。不过，当今的日本媒体界相当差劲，所谓的日本六大新闻报社，根本就不行。如果能够推翻财政、媒体两界的一致意见，你就把握了今后大概的趋势。

三浦：没想到媒体界都把握不了时代的趋势，这太可怕了。

辻井：没错。下面讲讲第三个，这才是真正的方式，即在大街上漫步。漫步的地点倒是没有限制，但是我建议你去连锁药店松本清或优衣库之类的地方。在这类地方随便逛一逛，多和各类人谈话了解一些信息，会给你带来启发。这个方法不错。也可以在电车上和其他乘客聊一聊。

光凭一两点想要了解大众消费的整体形势是不大可能的。由地震引发的海啸把街上的汽车推翻得到处都是，就像随地乱扔的玩具似的。人们看到这一场面后渐渐地失去了购买汽车的欲望。越来越多的人开始觉得即便没有曾经不可或缺的东西，照样能够生存下去。

不知是内阁府还是总务省提出了“日本很强壮”“日本加油”之类的标语，但是我非常不看好。因为这些标语给人的感觉就是日本没有经历过战后60年似的。

我认为，地域将会在今后成为中心，我们要创造的是与过去不同的共同体。到时候，整个社会在某种意义上都会发生变化。我觉得今后要面临的问题，中央政府恐怕难以克服。

三浦：我也觉得这回“3·11大地震”给我们带来了史上最困难的问题。由于神户是一个比较年轻的城市，只要重建毁坏了的设施就可以解决。但是东北地区却并非如此。很多人认为田中角荣要是在位，很快就能制定出复兴计划。但是我认为并非如此。

辻井：这回确实不大一样。

三浦：东北地区地势广，地域特性多样，且没有多少现代化都市，既有工厂，又有田园、渔村，所以不知道该从哪里入手。此外，我认为最关键的因素在于国民意识的变化。东北地区要是在30年前受了灾，人们会把灾后重建看作是发展经济的最佳契机，大力建造高速公路、高层建筑等设施，促进东北地区的现代化。然而，在当今人们并没有把现代化看作是最佳选项，很多人都在呼吁保持东北地区的原生态。所以无法按照田中角荣的方式复兴东北。

辻井：我也有类似的想法。通过这次震灾，我觉得日本不应该就这样被丢弃。因为现在的日本不是我们想象的那样。

三浦：究竟是怎么回事？

辻井：东北地区的人们在堂堂正正地反对着中央集权。迄今为止从未有过这种情况。当石原慎太郎阁下说“这是天诛”的那一刻，地方自治体、县知事、市长、村长都在异口同声地反驳：“我们受了这么大的苦，你竟然说是天诛，岂有此理。”第二天，那个高傲自大的石原慎太郎就低下了头。

小小共同体成为核心

辻井：自治体的领导、知事、市长、町长、村长等领导发现自己完全有能力重建灾区，根本不需要依靠中央的力量。这是个大发现。

三浦：这正体现了“无印日本”。

辻井：没错。这件事值得在今后震灾方面的报道上大书特书。迄今为止，人们一直觉得没有中央的力量什么都办不到。但是，知事和市长今后也会获得相当大的权力。此外，全日本从町长、村长中发现了许多出类拔萃的人才。

三浦：连国会议员都办不到的事情，地方的领导们能够承担得起吗？

辻井：中央的官员以及大臣办事十分磨蹭，我都怀疑这帮人和我们是否同属一国国民。如果把希望寄托于地方的领导，我觉得将来的日本会踏上新的台阶。

此外，也可以说东北地区依然保留着许多村落共同体。但是，这些共同体遭遇过来自某组织的破坏，刽子手就是第二次世界大战时期的军阀政府、东条英机内阁，他们破坏了所有村落共同体。后来，被称为日本经营之宝的终身雇用制、论资排辈制度也遭到了东条英机的破坏。日本在第二次世界大战期间的国家体制为极权主义，那时候政府的主张令人十分震惊。与中央地区相比，东北地区的人们受政治煽动洗脑的程度较轻。如果反过来讲，也就是说，日本的许多传统之美保留在东北地区。

三浦：这回的震灾体现出当地人强烈的自治意识。

辻井：有那么多的村长、町长具备自行决定的能力以及领导能力，这让我很震惊。

三浦：所以说，“地方无法自立，需要中央来照顾”这种说法纯粹就是中央的说教。

辻井：我觉得这个跟核电幻想是一样的，最终却崩溃了。

三浦：这样一来，在地方收集的税金全部交由地方负责使用的机会将越发多起来。

辻井：我担任政府税调委员时，提到这件事，引起了很大的轰动。我说：“地方首先要收集税金。在这一过程中，地方可以占用一大部分，剩余的部分交给中央。德国就在这样做。目前，好像只有日本一切都跟在中央的屁股后面走。”这段话使我遭到了很多人的批判，他们说这是难以想象的非常危险的发言。

三浦：但是，从这回东北地区的事态来看，东北的人们完全有提出免受中央法律规章限制的理由，进行自治管理。

辻井：没错。

三浦：尽管中央也知道东北处于紧急状况，但是中央一旦允许东北地区自治管理，后果将不堪设想。即使中央想给予认可，也不敢开口。

辻井：中央的各省厅感觉到了这种危机感。如果把东北地区的自治管理和以“加油日本”为口号的灾区复兴相提并论，会出现许多麻烦。再看看东北地区就会发现，目前全日本没有一个地方在实行都市计划。

三浦：没错。

辻井：过去的人们总觉得“在我的地盘用我的钱建立属于我的东西，有什么错”，抱着这样的心态建了很多东西。后来又补建了公园、幼儿园等一些不可缺少的设施，渐渐地形成了如今的城市。

但是我们通过这回的震灾吸取了很多教训，其中之一就是对私权的一定程度的限制。在日常生活中我们不否定私有制，但这不意味着没有任何限制，如果以公共性为理由，私权在一定程度上就不得不受到限制。今后我们应该会产生这样的意识形态的变化。

三浦：我想应该是。同时，政界、财界人士必须有“我们应该这样改变都市”的意识。即便是流通业，利用电脑进行人口分析，在人口容易集中的地带开店。这一点既没有体现都市论，也没有体现东京论。

我觉得东京都中心变得越来越无趣。在东京都中心建造了许多要塞般的大楼，并把所有大楼都集中在此地，以“连一分钱也不用在东京都中心之外”的心态，在高楼、火车站等地建造了购物中心。虽然想通过漫步街头进一步了解时代，但能漫步的街道却越来越少。

辻井：确实如此。所以我觉得这种动态早就开始了。曾经有一段时间人们说过，街区早晚会萧条，如今街区果真萧条了。至于今后如何复兴这些萧条的街区，我认为将会构建新共同体，即联系住宅区和工作单位的新共同体。不知道什么时候能够形成，也许是在30年之后，也许是在40年之后。大都市一旦萧条，就会以新的小共同体为核心，从而诞生新的集团、新的行政部门。“树木”将会在集团与集团之间生长，最终会形成“森林”。

这是一个时间上的问题，可能是在遥远的100年之后。我觉得今后的东京不可能进一步扩大。如果不把“共同体”这个因素考虑在内，难以看到都市城区的复兴。

三浦：说的没错。我正准备在都市计划学会杂志60周年纪念号上发表文章，在文章开头需要叙述与专家的谈话内容，于是前几天我和法政大学阵内秀信先生一同视察了郊外以及城市的居民区。正如辻井先生刚刚所说的那样，小小共同体的构建正在城市郊外产生。40岁左右的主妇从地主那里得到了使用许可后，在空置农地上建造社区花园。周围的居民来到该农地一起务农活儿，临走时会带走一些采集到的农作物，使用的肥料是从周边住宅区收集到的废弃食材垃圾。虽然看起来是十分普通的一件事，但是这样的活动早已开始。主妇们通过这样的活动了解到都市计划、建筑基准法等方面的内容。

辻井：原来如此。我听不少人说东京周围最理想的地带是人形町，其次应该是神乐坂吧。总之，这些地方还保留着一些社区。

三浦：是因为不少做生意的人居住在那一带，是吧？

辻井：他们的目标就是构建舒适、和谐、充满人情味的城市。

三浦：无印观就是不受品牌等体制性价值基准影响的一种观念，今后这样的观念不仅限于“物质”，还会扩大到“事情”“人”，将来我们也许能够构建“无印良城”。

辻井：没错。在构建“无印良城”的过程中，说不定无意识地发现自己不再拘泥于“物质”层面，而是到了更高的一个层次，产生了新的价值观。这不是挺好的吗？

三浦：我们的目标不在于构建使用“无印良品”之城市。

辻井：对对。

三浦：而是创造“无印良事”“无印良品”。

辻井：是吧。(笑)

辻井乔

诗人、作家。原名堤清二。1927 年出生于东京。2006 年荣获第 62 回恩赐奖、日本艺术院奖。担任日本艺术院会员、日本笔会理事、日本文艺家协会副理事长。近期著作了诗集《辻井乔 全诗集》(思潮社)、小说《茜草色之天空》(文艺春秋)、随笔集《流离的时代》(幻戏书房)、与三浦展的对谈《无印日本》(中公新书) 等。

后　记

本人大学毕业于1982年，毕业后的头八年在PARCO负责市场销售类杂志《穿越》的编辑工作。我想，在20世纪90年代从事市场营销、商品策划、广告等方面工作的人都应该读过《穿越》杂志吧。

接下来的九年我在三菱综合研究所工作，主要从事经营咨询、厚生行政、劳动行政等方面的工作，市场营销方面的工作占了其中一部分。后来我辞去了三菱综合研究所的工作，在接下来的十三年充当了消费社会研究专家、市场营销策划员、市场营销分析家等角色。从我大学毕业至今正好是30年。

虽然《穿越》是市场营销类的杂志，但是它会从社会学、社会心理学等角度分析市场动态，不仅调查了消费者的需求，还对消费者价值观的实质性变化进行了分析和预测。此外，正因为PARCO本身就是房地产业，于是我就撰写了消费论、都市论、东京论、城市构建等方面的报道。虽然编辑的是市场营销类杂志，但是涉及了很多领域的内容。

编辑室员工都是来自PARCO股份有限公司的正式职员，所以企划、调查、分析、执笔、摄影等工作一切都由员工自己负责。每年能有 12 人左右的部员，其中男性只有三四人，剩下的都是女性。虽然雇用机会均等法在当时还没有成立，但是 PARCO 不分男女，公平地雇用年轻员工。PARCO 编辑室无论是杂志内容还是体制方面都很独特。

我这些年写过的书均以消费活动为分析对象，所以不少人把我的书归类为市场营销。当然我撰写内容的多数确实也是与市场营销相关，但我并没有打算局限于市场营销方面。实际上，读者们不一定都在从事市场营销，不少读者从事着都市规划、建筑、居住学、青少年论、家族论等领域的研究。我在大学期间学习过所谓“学问之大杂烩”的社会学，这就是我撰写这些涉及各方面领域书籍的契机。当然，我也是受到《穿越》这种“大杂烩”式杂志的熏陶。

我在 PARCO 工作以来的研究题目有“婴儿潮一代论”“郊外论”“东京论”等。我早就想分别对这些研究成果进行总结了。

关于“婴儿潮一代论”，我在 PARCO 工作的时候出版了《大漫游 徘徊于婴儿潮一代的过去与现在之间》(1989 年)，后来在 2005 年、2007 年分别出版了《婴儿潮一代之总括》(随后改名为《婴儿潮一代之战后史》，文春文库出版)、《婴儿潮一代之落差》，这两者可以说是我的后期研究成果。

关于郊外论，我在 1999 年出版了《“家庭”和“幸福”的战后史》，在 2011 年又出版了《今后郊外的去向》，后者是以 PARCO 时代的“第 4 山手论”为中心介绍东京郊外历史方面的书。此外，我还出版了《“东京”之侵略》，描绘了东京像，我计划在近期对其面貌进行再次验证，准备出版有关未来东京预测的书籍。另外，我还准备出版欧美国家城市郊外史方面的总括性书籍。

我在撰写本书时，结合自己的30年经历，对《穿越》的主题“消费”进行了探讨。本文提到了当时的PARCO社长增田通二氏创造了“创费”一词，不过，随后增田氏透漏出他再也无法了解消费的实情。经常在他身边工作的我，通过这件事深深体会到增田氏的苦衷。

这回我论述的也是消费社会的这方面内容，涉及领域相对较广，但是在一本书里涉及所有内容很困难。年轻人消费方面的内容较多，具体的畅销产品、流行风俗方面的内容相对较少。互联网、漫画、动漫、游戏等都是我不大擅长的领域，所以很少在本文中提到。虽然多少涉及了住宅方面的内容，但没有提到家族、性别与消费社会之间的关系。男女的恋爱、婚姻等都是消费社会中重要消费活动之一，但在本书中几乎没有提到。此外，应该对“家计调查”等基本消费统计进一步分析。最初我打算论述消费与政治之间的关系，但因经历有限最终未能涉及这方面内容。我对这些内容没有异议，只是光在消费社会主要内容上耗费了不少篇章。只要是在消费社会，任何一样事物都有可能成为消费对象，很难总揽消费社会。如果今后有机会，我想多花费笔墨和纸张再论消费社会。

因此，我在本书论述的内容只是消费社会的一部分，但是至少掌握了本质性内容。用一句话讲，本书探讨的是消费社会之起源与去向。换句话说就是以“人的起源与去向”为主题，比如逃到了南岛的高更（Gauguin）的画作。进一步讲，由于本书所涉及的消费社会史与个人史相互重合，本文多少提及了“我的起源与去向”等个人内容。

1975—1976 年间我就读于高中。我曾经把这段时期的部分新闻报道内容剪辑了下来，制作成一本剪贴簿。撰写本书时为了寻找罗马俱乐部方面的报道再次翻阅起这个剪贴簿，发现其内容和我记忆当中的有些不同，剪贴簿上贴着关于围绕核裁军问题举办的帕格沃什会议的报道。又仔细阅读了剪贴簿，让我惊奇的是里面记载着如下内容：山崎正和氏的随笔、有关调查代官山同润会公寓的日本大学望月照彦氏的报道、有关石岗瑛子氏指导的角川书店的广告“女性们，请关掉电视机”的报道、美国的《全球营业指南》的出版、DIY 等手工制作意识的推广、以勤俭朴素为旨趣的夏克（Shaker）牌家具、西德意志劳动者的经营参与、核电问题、粮食危机、砖结构建筑的保护、女性就业市场、生涯教育，等等。

这些问题和我现在所关心的问题差不多，也就是说，我们在当今所面对的种种问题早在三十六七年前就开始出现，这一点让我很吃惊。三十六七年前正处于第三消费社会的起始阶段，经济高速增长因石油危机的出现而结束，日本人正摸索着新社会的构建方式。随着越南战争的结束，有关战争的新闻报道渐渐地消失，有关“向进步和成长一边倒”的报道也在减少。取而代之的是新主题、新价值观，包括对昭和同润会的再评价、女性的新谋生方式等方面的内容。

我随后进入大学，毕业后进入了因石岗瑛子氏的广告而著名的PARCO公司，在《穿越》杂志中发现了望月照彦氏的姓名，于是每当自己在论述消费社会方面的内容时就会引用山崎正和氏的事例。可以说我的一切都是始于36年前的剪贴簿。

最后，真心感谢朝田亘、山崎亮、西村浩、成濑友梨、小泉秀树、猪熊纯、后藤智香子、辻井乔氏的协助。

此外，在制作本书卷末的年表过程中劳驾了我的职员阪后纯子女士、清水郁子女士，在执笔的过程中得到了旧友石井伸介先生的良好建议，在此我对他们表示真心的感谢。

我在编辑本书以及《天空树 东京居民区漫步》的时候，受到了朝日新书编辑部山田智子女士的关照，尽管在策划阶段经历了一些挫折，但是在山田氏的鼓励和帮助下，最终克服了这些困难。为此，我向山田女士表示真心的感谢。

消费社会 160 年史年表

年	主题	日本	海外　　没有（）的部分为美国事业
1851	英国强权下的世界和平		世界最早的世博会，伦敦世博会开幕（英）
1852			世界最早的百货店乐蓬马歇（Bon Marche）在巴黎开业（法）
1853		佩里（Perry）来日	
1854		日美和亲条约缔结	
1858		日美修好通商条约签署	
1866		福泽谕吉《西洋事情》	
1867	文明开化	首次参加巴黎世博会	
		中川屋嘉兵卫在东京高轮创立牛肉店	
1869		（明 2）电信在东京—横滨间开通、公共电报业务开始	
		日本最早的公共马车运输业在东京—横滨间开始运营	世界最早的横跨大陆铁路竣工
1871		日本最早采用国产铅活字的日刊《横滨每日新闻》创刊	

伦敦世博会

（续表）

年	主题	日本	海外　没有（）的部分为美国事业
	文明开化	近代邮政业务在东京—京都—大阪间展开	
1872		新桥—横滨间的铁路开通	纽约百货店布鲁明戴尔（Bloomingdale's）前身，洋品店登上历史舞台
		日本最早的油灯在横滨亮相	
1874		木村屋店铺于银座4丁目开业，酒种红豆面包上市	
1875			百货店“自由”（Liberty）开店（英）
1877		第一回内国劝业博览会在上野公园举行	第一回网球选手权大会于温布尔顿开幕（英）
1878		美国教练利兰（Leyland）到东京一桥体操讲习所指导	
1881		第二回内国劝业博览会在上野公园举办，展出数量和来访人数分别比第一回增加了4倍和2倍	
1882	浅草时代	弧光灯在东京银座首次亮相	
		上野公园内开设了博物馆、动物园等附属设施	
		木村屋的酒种红豆面包成为银座特产	
1883	美国抬头	鹿鸣馆于东京麹町成立	《女士·家庭·日报》（*Ladies Home Journal*）创刊
1884			地铁的内环线形成（英）
			英国玛莎百货（Marks & Spencer）之前身成立（英）

（续表）

年	主题	日本	海外　　没有（）的部分为美国事业
1885	浅草时代 美国崛起		奔驰公司制造三轮汽车（德）
			蒂芙尼（TIFFANY）玻璃工坊开设于纽约
1888		日本最早的咖啡馆“可否茶馆”于东京下谷地区开业	邓禄普（DUNLOP）公司发明了汽车专用充气橡胶轮胎（英）
1889		公共电话业务在东京—横滨间开通	
1090		通称为“十二楼”的浅草凌云阁开场，日本最早的电梯开始运行	巴黎世博会开幕。法国大革命100周年纪念。埃菲尔铁塔建成（法）
			汤玛士·立顿进入锡兰（英）
1892		服部金太郎设立了精工舍，开始设计钟表	可口可乐公司成立
			钢笔制造商派克（Parker）成立
			《时尚》（*VOGUE*）创刊
1893			纪念哥伦布发现新大陆400周年，芝加哥世博会开幕
1894			《告示牌》（*Billboard*）创刊
1897		稻畑胜太郎在大阪难波的南地演舞场放映了日本最早的电影	金宝汤公司发明了罐装浓缩汤
1898		在上野公园举办最早的自行车竞技比赛	
1899		日本麦酒股份有限公司（现札幌啤酒）在东京新桥开办日本首家啤酒馆	埃比尼泽·霍华德（Ebenezer Howard）设立田园都市协会（英）

1890年第三届内国劝业博览会（ADO·MUSIUM所藏）

引领时尚的*VOGUE*

（续表）

年	主题	日本	海外　没有（）的部分为美国事业
	浅草时代　美国崛起		巴黎世博会开幕，4700万人入场（法） 巴黎地铁1号线开通（法） 出售1美元的柯达相机  1900年巴黎世博会
1901	美国大量生产时代		高级时装百货店波道夫·古德曼（Bergdorf Goodman）纽约开店 留声机 & 打印机（Gramophone & Typewriter）有限公司发行SP唱片（英）
1902		美国胜家缝纫机分店于银座开业	百事可乐公司成立 第一辆凯迪拉克牌汽车诞生
1903		堺利彦《家庭杂志》创刊 羽仁元子《家庭之友》创刊 第五回内国劝业博览会在大阪天王寺开幕。会场采用霓虹灯，展望塔设有电梯。被称为“快回机”的旋转木马登场  最早的田园都市列契沃斯（L）（三浦摄影）	首届世界职业棒球锦标赛开幕 最早的田园都市列契沃斯（Letch Worth）形成于伦敦郊外（英） 哈雷·戴维森（Harley Davidson）摩托车上市 福特汽车公司成立

（续表）

年	主题	日本	海外　　没有（）的部分为美国事业
	美国大量生产时代	东京日比谷公园开业	莱特兄弟进行最早的动力飞行，飞行时间为42秒
		东京电车铁道公司在新桥-品川间开通日本最早的有轨电车	W. 西门子开发了电力机车（德）
			卢米埃尔兄弟发明了三色彩色摄影法（法）
		首家常设电影院“电气馆”在浅草开业	
		电冰箱在内国劝业博览会上展出	
1904		日本首家百货店“三越和服店”在东京开业	
1905			
1906		《妇人画报》创刊	罗尔斯·罗伊斯公司成立（英）
		《妇人世界》创刊	第一回法国汽车大奖赛（France Grand rix）在勒芒开幕（法）
1907		大型溜冰场在诹访湖开业	德·弗瑞斯特（De Forest）无线电信社成功播送世界最早的无线电广播
			爱迪生和主要制作公司获得了电影专用相机的专利
1908			通用汽车（General Motors）公司成立
			T型福特上市
			胡佛（Hoover）公司出售电动吸尘器（英）
			奥利维蒂公司创立（意）

三越和服店陈列场（国会图书馆所藏）

帝国剧场（国会图书馆所藏）

（续表）

年	主题	日本	海外　　没有（）的部分为美国事业
1909	美国大量生产时代	帝国剧场开业。流行语“今日在帝剧、明日在三越”诞生	通用电气（GE）公司开始出售世界最早的电烤箱 爱迪生发明了有声电影
1910		东京市有轨电车公司成立	Hotpoint Electirc Heating 公司成立
1911			IBM 的前身 CTR 公司成立
1912	大正现代主义	（大 1）留声机月生产量超过 5 万台、唱片超过 5 万张 首家出租车公司在东京数寄屋桥开业 在大阪天王寺的第五次劝业博览会旧址设立游乐场“月光公园”，通天阁建成	
1913		桥本增治郎的快进社首次在日本制造了 DAT 号（脱兔号），随后发展成为达特桑（DATSUN），成为日产汽车公司的产品 森永食品公司开始出售奶糖 银座千疋屋开始称为“水果茶室”（Fruit Parlor） 胜家缝纫机公司销售家用缝纫机  描绘围绕卓袱台的家庭的松田LAMP广告（朝日新闻）	香奈儿公司在杜斐内创办了最早的店铺 最早的家用电冰箱上市 爱迪生公映有声电影 骆驼（Camel）烟草（世界最早的混合叶纸卷烟草）上市（法）

（续表）

年	主题	日本	海外　　没有（）的部分为美国事业
	大正现代主义	宝冢歌剧团（宝冢音乐学校前身）成立	
		东京电器（东芝前身）成功量产钨电灯泡“松田电灯”	
1914		早川德次出售“螺旋铅笔”（自动铅笔）	华纳·兰勃特（Warner Lambert）公司出售漱口水“李施德林”
1915		家庭博览会在上野开幕	
1916		《妇人公论》创刊	
1917		（大 6）《主妇之友》创刊，3 年后的发行数量在妇女杂志中排名第一	
1919		乳酸菌饮料可尔必思（Calpis）上市  ADO·MUSIUM 东京所藏	
		 ADO·MUSIUM 东京所藏	欧洲首次量产汽车雪铁龙 A 型上市（法）
			美国电话电报公司（AT&T）引入世界最早的转盘式电话机
1920	文化	阪急公司在大阪梅田站前建立 5 层的大楼，白木店分店开业	立顿公司开始出售茶包（英）
1921		森永食品公司开始出售奶粉	Arrow 公司开始出售固定颜色的衬衣“Arrow Trump”
			强生（Johnson & Johnson）公司开始出售“邦迪”创可贴

（续表）

年	主题		日本	海外　没有（）的部分为美国事业
1922	文化	大正现代主义	合伙公司江崎商店（现江崎格力高）开始出售奶糖“格力高”（Grico） 文化裁缝学院（现文化学园）建校 和平纪念东京博览会在上野开幕。展示了被称为“文化住宅”的西式小住宅 《周刊朝日》《Sunday 朝日》创刊	香奈儿公司发表了代表作“香奈儿5号”（法） BBC 无线广播开始 无线广播广告出现 《领导力文摘》（*Leaders Digest*）创刊 由双色彩色影片法制作的世界最早的彩色电影《恋爱之睡莲》上映
1923	文化	郊外	“丸”大厦竣工，约有350家公司入驻，成为容纳1万员工的办公楼。山野千枝子在里面开办了美容院 分户住宅始于田园调布 《文艺春秋》《朝日 Graph》创刊 孔雀牌咖喱上市（现 S&B 咖喱） 施敏打硬（Cemedine）胶合剂上市 菊池制作所出售印有老虎商标的暖瓶（现老虎〈Tiger〉暖瓶） 资生堂公司开始了连锁店制度 由弗兰克·劳埃德·赖特（Frank Lloyd Wright）设计的帝国宾馆新馆竣工	苏格兰威士忌（Scotch whisky）出售“Cutty Sark”（英） 洋基体育场（Yankee Stadium）成立于纽约 以“艺术和科技的新综合”为主题的包豪斯首届公开展览会“包豪斯周”开幕（德） 奔驰公司制造了装载内燃发动机的大卡车（德） 《时代周刊》（*Times*）创刊  丸大厦 出自：《日本地理体系大东京篇》  帝国宾馆新馆 出自：《日本地理风俗体系大东京篇》

（续表）

年	主题	日本	海外　　没有（）的部分为美国事业
		关东大地震	
1924		宝冢大剧场开业	莱卡相机开始大量生产（德）
1925	都市大众消费文化繁荣	东京广播局开始了日本最早的无线广播	《纽约人》（*New Yorker*）创刊
1926		（昭1）日本放送协会（NHK）成立	贝尔德（Baird）公司（英）首次进行电视机的实验
1927		日本最早的地铁在浅草-上野间开通	魏森霍夫（Weissenhof）住宅区展（德）
1928		白木屋百货店于五反田站前开业	米老鼠漫画电影第一部作品《威利号汽船》上映
		三越和服店把商号改为“三越”	电视节目开始定期播送，每周三次，每次90分钟
			Devon Corporation 首次出售家用普通电视
1929	中转站	终点站百货大楼阪急百货店开业于大阪梅田	大恐慌
		新宿三越开店	纽约近代美术馆开业
		寿屋（现三得利）开始出售日本产威士忌	克拉蕾丝（美）公司销售自1917年起开始研发的食品速冻方法
			纽约克莱斯勒大厦建成
1930	百货店	银座三越开业	最早采用磁性塑料的磁带录音机问世，实现了高音质且可编辑
1931		浅草松屋开业	勒·柯布西耶设计了《萨伏伊别墅》（法）
			世界第一棵圣诞树出现在洛克菲勒中心

（续表）

年	主题	日本	海外　　没有（）的部分为美国事业
1932	无线广播　银座时代	无线广播收听量突破了 100 万 地铁“三越前”站开通 东京市 35 区制度设立 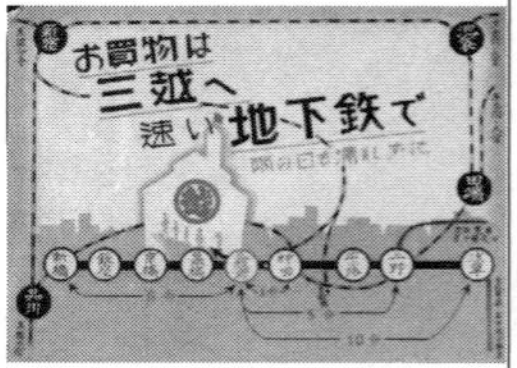 ADO・MUSIUM东京所藏	直通电报（Telex）之前身，史上最早的电信印刷交换局在伦敦营业（英） 无线电城（Radio City・Music Hall）在纽约开馆，是一家容纳 6000 人的世界最大电影院 收音机的年销量达到了 400 万台，半数以上家庭都拥有一台。英国的年销量为 150 万台 洗碗机首次上市销售 RCA 公司对采用显像管的电视显像器进行公开实验 飞机制造商洛克希德公司诞生
1933	新宿・涩谷发展	（昭 8）新宿伊势丹开业 日本桥高岛屋开业	（昭 8）芝加哥世博会开幕，以“进步的世纪”为主题 报道周刊《新闻周刊》（*News Week*）创刊 ICI 公司开始发明聚乙烯
1934		涩谷东急东横店开业	哈蒙德风琴诞生 “基波”商标注册（于 1937 年获得专利权）
1935		咖啡馆在日本大流行，东京市内已有约 2500 家店 日本桥三越总店扩建整修施工完成。中央大厅建成，地上 7 层，地下 2 层。在中央大厅设有管风琴	企鹅图书（Penguin Books）创刊（英） 波音公司开发了世界最早的四发引擎、金属制低翼单叶爆击机 B-17，后被称为“飞行要塞”

（续表）

年	主题	日本	海外　没有（）的部分为美国事业
1936	法西斯主义	日剧舞蹈队首次公演	《生活》（*Life*）创刊
1937		 新宿伊势丹开业时的海报。在当时，去百货店购物成为一种时尚（图：风间四郎/ADO·MUSIUM东京所藏）	迪士尼最早的长篇彩色有声卡通电影《白雪公主》上映
1938			超级柯达 620 相机上市，这是世界最早的配备完全自动曝光功能的相机 班尼·古德曼（Benny Goodman）的爵士音乐会首次在纽约卡内基音乐厅开幕 H. G. 威尔斯的小说《世界之战》被改编为广播剧《火星人入侵》，由奥逊·威尔斯播放。由于内容过于逼真，引起了巨大的轰动 斐迪南博士公布了大众（Volkswagen）汽车公司的“甲虫”的试制品 尼龙的生产开始于杜邦公司，最初的商品为牙刷毛
1939			纽约世博会开幕
1940		武藏野百货店（现西武百货店）在池袋开业	雷蒙·洛伊威（Reymond Loewy）再次对好彩香烟（Lucky Strike）包装进行设计 洛克菲勒中心（Rockefeller Center）于纽约竣工 杜邦公司的尼龙制长筒袜上市，风靡一时

（续表）

年	主题	日本	海外　没有（）的部分为美国事业
1941	法西斯主义		柯达发明了彩色电影胶片
1944			工业设计师协会成立
1945		（昭 20）战争结束	特百惠（TupperWare）公司在家庭派对上以汇演的形式出售家用塑料制品
1946			达斯卡尼欧设计了比亚乔（Piaggio）公司的滑板车
1947	美国化	乐天公司开始制造口香糖  纽约世博会海报  优雅的迪奥（DIOR FASHION）在全世界大受欢迎	最早的郊外住宅社区莱维顿（Levittown）在长岛诞生 微波炉上市 克里斯汀·迪奥（Christian Dior）发布女性流行服饰“New Look”，这是一种强调女性特征的长裙设计，完全不同于第二次世界大战期间的时尚风格（法） 勒·柯布西耶在马赛开始了集合住宅（Unité d'Habitation）建设（1952 年竣工）（法）
1948		日绊药品工业株式会社开始出售透明胶带“cellophanetape”，“胶带”一词开始普及 歌舞伎町诞生于东京新宿	宝丽来相机上市

（续表）

年	主题	日本	海外　　没有（）的部分为美国事业
1949	美国化	《女服童装制作》（*Dress Making*）由裁缝女学院创刊 橙汁“Bireley's Orange Juice”首次从美国引进 《朝日新闻》开始连载《金发女郎布朗娣》	CBS社开始出售LP唱片
1951	现代化	（昭25）寿屋（现三得利）开始出售三得利老牌威士忌（Suntory Old）。1955年，国民酒场托利斯酒吧（Torys Bar）在各地成立 男子专用时装样本《男子专科》创刊 小田急电铁的“浪漫号”（Romance Car）特快列车开始在东京新宿—箱根汤本间运营 东京通信工业（现索尼）出售日本最早的唱片 Peace烟草公司的标志更换为“鸽子”图案，雷蒙·洛伊威（Raymond Loewy）的设计费用为150万日元 中内功在大阪市内开办了药物批发店“SAKAE药品”，大荣之前身 朝日麦酒开始销售橙汁“Bireley's Orange” 东京羽田国际机场竣工	《花生米》（*Peanut*）连载开始 信用卡（Credit Card）公司设立了大来卡（Diners' Club）子公司 世界最早的彩色电视节目开始播送 拥有私家车的户数占60% 开发视频录像技术 CBS开始放送彩色电视节目 留声机（Gramophone）公司开始出售世界最早的33回旋转式LP唱片

（续表）

年	主题	日本	海外　没有（）的部分为美国事业
	家庭电气化；美国控制下的和平	因《公营住宅施行法》的适用，公营公寓在厨房、餐厅等的南面设置方面有所改善。同年，开始采用厨房兼餐厅的空间	
1952		不二家开始出售“Milky”奶糖，小女孩“Peko 酱”为吉祥物	《电视指南》（*TV Guide*）创刊
		明治屋开始制造浓缩橙汁。4 月，札幌啤酒销售果汁“Ribbon Juice”（随后，改称为“Ribbon Orange”）	
1953		NHK“红白歌会”首次在东京日本剧场公开播放	《花花公子》（*Play Boy*）创刊
		日本最早的超市“纪之国屋”在东京青山开业	
1954		三维浦（Sunwave）开发出不锈钢制的洗物槽，象征着文化生活的开始。电冰箱、洗衣机、电视机被称为“三大神器”	容纳了 1000 家店铺的购物中心于底特律开业，翌年全美国的购物中心数量达到 1800 家
			汉堡王创立
			胜利（Victor）公司开始出售录音磁带
			第一届新港爵士音乐节开幕
			埃尔维斯・普雷斯利（Elvis Presley）正式登场

（续表）

年	主题	日本	海外　　没有（）的部分为美国事业
1955	住宅区；55年体制；美国控制下的和平	自由党和日本民主党的两大政党保守合并，自由主义体制“1955年体制”确立 丰田汽车开始出售“丰田宠物皇冠”（Toyo-pet Corona） 日本住宅公团成立。开始使用“DK”单位表示房间数 广告标题“光亮的不锈钢制成套厨具”受到好评，不锈钢制厨房象征着文化生活 通产省发表“国民车构想” 森英惠在东京银座开分店	住宅建设户数达到了165万户高峰 迪士尼乐园于加利福尼亚州开业 雷·克拉克开始将麦当劳改造为连锁餐厅 詹姆斯·迪恩（James Dean）因车祸去世，享年24岁 RCA公司公开了电子音响合成器 艾伦·金斯堡（Allen Ginsberg）发表了象征美国“垮掉的一代”（Beat Generation）的长篇实验诗《嚎叫》，这首诗被评为美国梦之哀歌
1956	住宅区；周刊杂志；美国控制下的和平	高岛屋意大利产品展开幕 日本道路公团成立 《周刊新潮》创刊 周刊杂志开始流行	州际公路（Interstate Highway）规划正式实现 贝尔（Bell）电话公司开发出电视电话 安培（Anpex）公司在芝加哥进行磁带唱片的宣传，正式进入磁带时代

《周刊朝日》1957年10月13日广告

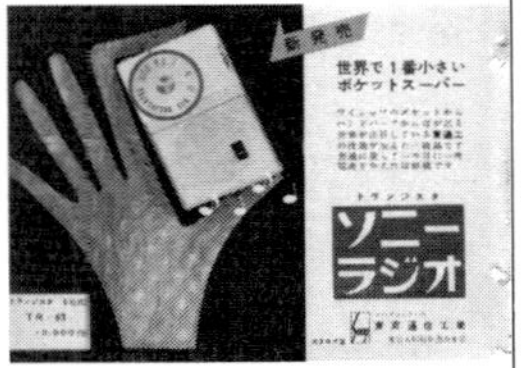

《周刊朝日》1957年5月12日广告

（续表）

年	主题	日本	海外　　没有（）的部分为美国事业
1957	半导体管 周刊杂志 美国控制下的和平	住宅公团的光之丘住宅区在千叶县柏市建成。从这时候起，“新型城市”（New Town）称呼开始普及 河出书房开创日本最早的女性周刊杂志《周刊女性》，8月由主妇与生活社重版 东京通信工业（现索尼）发表了世界最小的半导体收音机“手提收音机（Pocketable Radio）TR-36” 大发（DAIHATU）工业发布了轻三轮卡车“Midget” 丰田汽车开始出售“卡罗拉”（Corona） 制定最佳设计（Good Design）奖（G mark） 鸭居羊子在大阪举办内衣展 电视剧 *I love Lucy*，《名犬 Lassie》上映	《西区故事》（*West Side Story*）初次上演于百老汇大街 苏联的人造卫星“卫星-1 号”（俄 Sputnik）发射成功，美国的自信受到打击（苏） 飞盘“Frisbee”上市 世界最早的立体声唱片在美国上市 埃罗·沙里宁（Eero Saarinen）使用塑料和铝制作出优雅的郁金香椅子（Tulip Chair）  《朝日新闻》1957年10月5日

（续表）

年	主题	日本	海外　没有（）的部分为美国事业
1958	美国家庭故事片 经济高速增长拉开帷幕 私家车 超市	（昭 33）东京饮料（现 Coca Cola Bottling）开始出售橙子、葡萄味“芬达” 伊势丹首次出售情人节专用巧克力 武田药品通过大米专卖店出售果汁饮料“Plush” 《女性自身》创刊 第一回西方狂欢节（Western Carnival）开幕于东京日本剧场。乡村摇滚乐开始在日本走红 日本胜利（Victor）公司开始销售国产第一台电子风琴“Victoron”。8 月，最早的国产立体声唱片上市 富士重工业开始出售“斯巴鲁 360” 日清食品开始出售日本最早的方便面“鸡肉（Chicken）拉面” 花王肥皂（现花王）出售洗涤剂“Wonderful K” 《周刊朝日》的报道中出现“团地族”一词 呼啦圈大流行 东京铁塔竣工，高度为 333 米，是当时世界第一高的塔 皇太子与正田美智子的婚约正式发表，掀起了“美智子”热	得克萨斯州仪器制造公司发明了 IC 美国运通卡（American Express Card）登场 布鲁塞尔世博会开幕。人造“卫星-1 号”（俄 Sputnik）在苏联馆展出 西格拉姆大厦（Seagram Building）于纽约竣工

掀起美智子热的皇后

《朝日GRAFH》1959年5月7日广告（三浦藏）

《女性自身》1962年5月21日（三浦藏）

（续表）

年	主题	日本	海外　　没有（）的部分为美国事业
1959	快餐、方便食品 漫画时代 装配房屋	主妇之店“大荣”于神户三宫开业 电视剧《爸爸是万事通》开播 本田汽车开始出售“超级俱乐部（Super Cub）C100” 《周刊少年 Magazine》（讲谈社）、《周刊少年 Sunday》（小学馆）同日创刊。少年周刊杂志时代开始 《周刊现代》《周刊文春》等杂志创刊，周刊杂志热正式开始 日产汽车开始出售“蓝鸟”（Blue Bird）汽车 奥林巴斯（Olympus）公司开始出售半格小型照相机“Olympus Pen” 西武百货店举办法国产品展 雅马哈（YAMAHA）公司开始出售电子琴“Electone” 大和建筑开始出售第 1 号装配式住宅“Midget House” 索尼公司发表了最早的便携式晶体管电视机	美国国家展览会在莫斯科举办。尼克松和赫鲁晓夫的厨房论争成为话题 奥斯丁汽车（Austen Motor）公司发布了小型自驾车“Mini”（英） 芭比娃娃上市 安利（AMWAY）公司创立 富士施乐（Xerox）公司的复印机首次开始销售  《朝日新闻》1959年10月4日登载的法国展广告

（续表）

年	主题	日本	海外　没有（）的部分为美国事业
1960	休闲时代	电视剧《我妈妈世界第一》《小河狸》《派瑞·梅森》《皮鞭》开播 井上工业开始出售不锈钢制洗物槽“Cleanap” 森永食品开始出售速溶咖啡 大宅壮一创造了新词“休闲”（leisure） VAN、JUN等学院式轻装开始流行 电视剧《77号日落大道》开播 三菱500、马自达R360双座小轿车上市 日本政府公布收入倍增计划	
1961	所得所增	厚木尼龙工业（现厚木）正式开始销售无缝长筒袜以及紧身衣裤	便利连锁店“7-11”（7-ELEVEn）的隶属单位南洲国际（South Land）公司成立 由雷昂那德·伯恩斯坦（Leonard Bernstein）的人气音乐剧改编的电影《西部故事》上映 世界第一位乘坐宇宙飞船上天的苏联宇航员加加林环绕地球一周（苏）

（续表）

年	主题	日本	海外　没有（）的部分为美国事业
		明治食品开始出售彩豆巧克力“Marble Choco”，1963 年畅销 森永乳业开始出售咖啡伴侣“Creep”。随后，电视广告语“不放‘Creep’的咖啡怎么能喝!”成为流行语 丰田汽车开始出售大众车系“Publica” 妇女杂志《太太》(*Mrs*)（文化出版局）创刊 电视节目“米老鼠俱乐部”(Micky Mouse Club）开播	
1962	男性时尚	（昭 37）大正药业出售营养剂“Ripobitan D” 可口可乐公司采用“清清爽爽可口可乐”标语 狮王牙膏（现 Lion）开始出售男性护发专用软膏料“Buytalis” 马自达“Carol”、“Suzu Light Fronte”、三菱“minicar”等轻型私家车上市	战前的“摇摆乐之王”本尼·古德曼（Benny Goodman）在莫斯科的首次公演，赫鲁晓夫出席观看（苏） 鲍勃·迪伦（Bob Dylan）发表了作品《答案在风中飘荡》 披头士（Beatles）和 EMI 签订契约，发表了作品《爱我吧》(*Love Me too*)（英） 英国和法国在超音速旅客机“Concorde”的共同开发上达成共识 蕾切尔·卡逊（Rachel Carson）出版发行《寂静的春天》，在以双对氯苯基三氯乙烷（DDT）为代表的化学药品对生态的危害方面发布了警告

（续表）

年	主题	日本	海外　　没有（）的部分为美国事业
1963	男性时尚	大日本文具（现派通<Pentel>）出售水性签字笔“Sign Pen”（通称），翌年掀起了签字笔热 资生堂开始出售“MG5”。男性化妆品激烈竞争时代到来	雅诗兰黛开始出售男性化妆品“雅男士”（Aramis） 滚石乐队出售最早的专辑 *Come On*（英） 世界最早的女性宇航员捷列什科娃乘坐 Vostok6 号宇宙飞船，环绕了地球48圈（苏）
1964		卡乐比（Calbee）食品开始出售“河童虾条”	设计师玛丽官（Mary Quant）发表了短裙“Mini Skirt”（英） 纽约世界博览会开幕 IBM 开发了文字处理机“Word-Processor”

男人的化妆时代开始（資生堂提供）

（续表）

年	主题	日本	海外　　没有（）的部分为美国事业
		JUN（日本时尚品牌）在银座开业 《平凡 Punch》创刊 东京奥运会开幕 东海道新干线开通 大关制酒公司开始出售杯装清酒“One Cup 大关” 马自达“Familiar Sedan”汽车上市 十条金伯利（Kimberley）开始出售舒洁卫生纸（Kleenex Tissue）  福来美（FAMILIAR）汽车（马自达 提供）	世界最早的迪斯科“Whisky A Go Go”开业于洛杉矶 披头士在纽约公演，受到热烈的欢迎 小型奥斯丁汽车“Austain Mini”的总生产台数达到100万台（英） 世界最早的特制高级汽车“福特野马”（Ford Mustang）问世  风靡一世的崔姬（Twiggy）（图/朝日新闻社）
1965		大冢制药开始出售碳酸营养饮料“ORONAMIN C”	
1966	单身贵族 3C、私家车	经济企划厅首次对单身工作者的金钱的使用状况进行了调查。平均月收入为2.32万日元，积蓄为13.8万日元，“单身贵族”引起关注 名神高速公路全线开通 早川电机工业（现夏普）开始出售日本最早的家用微波炉	五月风暴（法） 蒙特利尔世博会开幕（加）

（续表）

年	主题	日本	海外　　没有（）的部分为美国事业
1967	昭和元禄　3C 私家车	漫画周刊杂志《少年 Magazine》销量突破 100 万部	
		日产阳光（Sunny）、丰田花冠（Corolla）上市。后来，这一年被称为“私家车元年”	
		彩电、空调、私家车成为新“三大神器”，宣布进入“3C”时代	
		电视剧《太太是魔女》《小顽皮 Flipper》开播	
		电视节目《安迪·威廉姆斯秀》（*Andy Williams Show*）开播	
		国内的彩电销售量突破 100 万台	
		丰田汽车月产量达到 8 万辆。其中，“科罗娜”（Corona）汽车占 3 万辆	
		Licca 娃娃上市	
		模特崔姬（Twiggy）来日。短裙大流行	
		以起居室“Living Room”的流行为契机，住宅公团开始采用 3LDK	
		公害对策基本法施行	
1968		大冢食品公寓出售了日本最早的真空包装食品“BON 咖喱”	

（续表）

年	主题	日本	海外　没有（）的部分为美国事业
1968	昭和元禄	明治食品开始出售玉米膨化食品“明治 Curl” 地妇联（全国地域妇女联络协商会）开始“100 日元化妆品”运动，以“TIFURE”为商品名销售产品 山本直纯出演森永巧克力“Yell Choco”的广告，广告语“越大越好”十分流行 涩谷西武百货店开业	《全球概览》出版 怀特（Wight）岛文化节迎来了 25 万观众
1969	新宿时代	东京都板桥区高岛平住宅区建设开始 日本第一家郊外型 SC 玉川高岛屋 SC 开店 小川 Rosa 出演了丸善石油（现 Cosmo 石油）广告，广告语“Oh，猛烈”大流行  销量突破1000万部的《少年M》（1969年9月14日 三浦藏）	美国的太空船阿波罗 11 号在月球着陆 伍德斯托克节（Wood Stock Festival） 英法两国共同开发协和式超音速客机（1976 年投入商业飞行）  ADO・MUSIUM 东京所藏

（续表）

年	主题	日本	海外　　没有（）的部分为美国事业
1970	餐饮业的新发展；生态保护；新宿时代	日本世博会开幕，以“人类的进步与和谐”为主题 肯德基首次在大阪世博会亮相。11月，日本第一家肯德基于名古屋开业 第一家家庭餐馆“Sky Lark”（国立店）于府中市开店 《AN·AN》创刊 第一家甜甜圈连锁店“Dankin Doughnut”于东京银座开业 富士施乐（Xerox）发布了新标语“由‘猛烈’向‘美丽’转变” 日本国铁发布了广告语“探索日本”（Discover Japan）（1970—1977年） 日本第一辆高级跑车“丰田赛利卡”上市	罗伯特·穆格（RobertMoog）获得电子音响合成器的特权  “本場の味をどうぞ” 进入以“地道的味道”为标题的时代（《朝日新闻》1971年7月21日一期）
1971	餐饮业的新发展；生态保护；『AN·NON』族	积水化学出售了日本最早的预制结构式住宅“SEKISUIHAIM” 日本第一家麦当劳在东京银座开业	

（续表）

年	主题	日本	海外　　没有（）的部分为美国事业
	餐饮业的新发展 『AN・NON』族 生态保护	集英社出版了《NON・NO》 日清食品开始出售冲热水即食的泡面“杯面”（Cup Noodle） 明治乳业与美国 Borden 公司相互提携，出售高级冰激凌“Lady Borden” 新住宅区“多摩新城”（New Town）开始入驻 汉堡店“乐天利”（Lotteria）第一家店于东京上野的松坂屋开店 日本最早的 DIY 店“DOITO”与野店开店 NHK 彩色电视节目的收视合同数量达到 1180 万，超越了黑白电视节目的收视合同数量 环境厅成立	

《NON・NO》创刊号（三浦展）

《AN・AN》创刊号（三浦展）

（续表）

年	主题	日本	海外　没有（）的部分为美国事业
1972	生态保护；新家庭	浅间山庄事件① 大荣的销售额超过三越，零售业中销售额第一 三得利发布广告语“周五去买红酒” 日产汽车发布“Sky Line”汽车广告“Ken 和 Merry”	罗马俱乐部发布《成长的界限》，其内容为“如果人口的增长与环境污染持续，地球的成长在100年内达到极限” 超市开始导入记载与电脑联动的代码的标签
1973	个人化；新家庭	涩谷PARCO开业。开店时的广告语为“在涩谷公园大街擦肩而过的人真美丽”。 第一次石油危机 井上阳水的歌由《没有伞》大受欢迎 从60年代起，就一直为资生堂、可尔必思、丰田等企业创造广告作品的鬼才杉山登志自杀。杉山生前创作的代表性广告语有“让我们轻松过去吧”等	经济学家舒马赫（E. F. Schumacher）出版的《小的是美好的》（*Small is Beautiful*）畅销，提出如何从人类的破坏中拯救地球（英）
1974	个人化；新家庭	麒麟子公司（KIRIN Sea Gram）出售威士忌“Robert Brown” 朝日文化中心成立于东京新宿	

广告开始强调夫妇间的私生活（三得利）

① 联合赤军绑架人质事件，电视直播收视率近90%，创收视率纪录。同时，电视转播期间警察吃“日清杯面”充饥的镜头，使杯面畅销至今。

（续表）

年	主题	日本	海外　没有（）的部分为美国事业
1974	商品目录文化 个人化 节能、低成长	冰激凌连锁店“31 冰激凌”（Thirty One Icecream）第一家店于东京都目黑区开业 便利店“7-11”（7-ELEVEn）第一家店于东京都江东区丰洲开业 商品目录杂志 *SAISON DE NONNO* 出版	 由石岗瑛子创作的角川书店广告成为新闻的焦点话题（《朝日新闻》1976年1月27日/三浦藏）  以自立的女性为广告（提供）
1975		索尼开始出售第一部家用 VTR“SL6300” 日本招聘中心（现 Recruit）出版《就业信息》 西武美术馆开业 光文社出版 *JJ* 山崎·纳贝斯克（Yamazaki Nabisco）食品出售日本最早成形薯片“Chips Star” 大和运输开始运营“黑猫大和”（YAMATO）宅急送 连锁便当店“热腾腾（HOKKA HOKKA）亭”第一家店于埼玉县草加市开业 《消费者发生了变化》日本经济社会新闻社刊 PARCO 广告“不要看裸身，而是要变裸身”“光靠脸蛋，不可能成为模特”大流行	

（续表）

年	主题	日本	海外　没有（）的部分为美国事业
1976	Mild 化 女性的新生活方式之摸索 商品目录文化 游戏	*Made In USA Catalog*、《AN · AN 增刊 · 商品目录集》、《产经周刊特别增刊 DO CATALOG》出版 角川书店的广告语“女同胞，请关闭电视机” 青山“BELL COMMONS”开店 平凡出版（现杂志屋〈Magazine House〉）出版杂志 *POPEYE* 本田技研开始出售女性用小型摩托车“Load Pal” 第一家东急手创馆诞生于神奈川县藤泽市 JICC 出版局《全都市 Catalog》出版 雅马哈公司出售 PASSOL 电动车 “柔和七星”（Mild Seven）新上市 ASCII 出版社成立 宝洁公司开始出售一次性尿不湿“PUNPARS” 《我是女人》、*CroissantMORE* 等杂志创刊 女性服饰专卖店“竹之子”于东京原宿开业 森英惠大厦（HANAE MORI Building）、Laforet 原宿于东京原宿开业	 MORE创刊号（三浦藏）  POPEYE创刊号（三浦藏）  全都市Catalog（三浦藏）

（续表）

年	主题	日本	海外　没有（）的部分为美国事业
1979	DIY　游戏	“东急手创馆”于东京涩谷开业 侵略者游戏“Invader Game”大流行 KTV 大流行 市内装饰杂志《两个人的房间》由主妇之友社出版 纪文公司开始出售“豆乳” NEC 开始出售个人计算机“PC8001”，迎来个人计算机热 索尼开始出售随身听“Walkman” 涩谷 109 开店 《广告批评》创刊	皮埃尔·布尔迪厄（Pierre Bourdieu）出版《区分》（*Distinction*），指出不同阶层人们的消费水平和兴趣不同。1990 年出版于日本（法）
1980	室内装饰　涩谷时代	精工的广告语“手表为什么就不能打扮”开始流行 运动饮料“宝矿力水特”上市 《布鲁图斯》（*BRUTUS*）由杂志屋出版 TOTO 卫浴发表多功能坐便“Washlet” 田中康夫著《莫名的水晶》获得文艺奖 *TORABAYUCOSMOPOLITAN* 创刊	 在全世界热销的随声听“Walkman”。图为第1台“Walkman”（索尼提供）

（续表）

年	主题	日本	海外　没有（）的部分为美国事业
1980	高级化 日本第一（Japan As Number1）	1980唱片出租店第一家店“黎红堂”开店于东京三鹰市。随后，唱片出租店数量剧增 华丽型女性杂志《25ans》创刊 汽车生产量世界第一 西武百货店发布广告语“发现新自己” 无印良品开业	
1981	女子大学生	（昭56）增氧健身舞“Aerobics”在日本首次亮相 本田技研出售节能汽车“City”（1200cc） 小学馆出版杂志 *Can Cam*，广播节目 *Miss DJ* 开始，掀起女大学生热 船桥“Raraport”购物中心开店 六本木AXIS大厦开业 明星牌高级方便面“中华三昧”上市 丰田发表第一代高级车“Soarer”，获得年度汽车奖 日本领先于世界各国，在市场公开销售CD播放器	IBM开始出售个人电脑（PC）  被称为高级车的“SOARA”（ADO·MUSIUM东京所藏）
1982	轻薄短小		华特·迪士尼工作室（Walt Disney Production）制作的世界第一部CG电影“TORON”上映

（续表）

年	主题	日本	海外　没有（）的部分为美国事业
	郊外SC分店正式化	《日经 Business》登载“轻薄短小”专刊 NEC 出售 16 比特的个人电脑“PC-9801” 本田出售第二代“Prelude”汽车，在驾驶一侧也设置了活动靠背椅把手，“Date Car”一词诞生 多摩广场（TAMA PLAZA）东急 SC 开店，大宫、立川站也建立了车站大楼 西武百货店发布“美味的生活”广告	锐步（Reebok）公司出售的增氧健身专用鞋受到广大舞者好评（英）
1983	流行语『根明』（性格爽朗） 数字化	任天堂公司开始出售电视游戏机“家庭电脑”，随后掀起“Family Computer”热 个人电脑的普及台数突破 100 万台 富士电视台的电视节目“富士之夜”（All Night Fuji）开播 西友百货公司在东京青山开办无印良品专卖店 东京迪士尼乐园开业 麒麟子公司（KIRIN SEAGRAM）开始出售清爽口感的威士忌“NEWS” 朝田亘的具有思想性的著作《构造与力量》畅销，销售量达到 15 万部	中国的“经济特区”制度开始在上海等 14 个沿海城市实行。这些经济特区可以免除海外投资商的关税及其他相关法规限制，可以雇用中国员工（1979 年成立，当初只有 4 个特区）（中）  成立于日本的东京迪士尼乐园（图/朝日新闻社）

（续表）

年	主题	日本	海外　没有（）的部分为美国事业
1984	大众论、分众论盛行	高级冰激凌制造商“哈根达斯 Japan”第一家店于东京青山开业。随后大受欢迎，成为青山特产，在门前排起长队 掀起千金热，*CLASSY* 杂志出版 山崎正和著的《柔弱的个人主义诞生》出版 藤冈和贺夫著的《再见，大众》出版，提出“少众”一词 从前一年夏季起至今，任天堂的“家庭电脑”销售量达到 350 万台	飞利浦·约翰逊（Philip Johnson）与约翰·伯奇（John Burge）设计纽约市的后现代派建筑“AT&T Building” 苹果公司出售“Mackintosh128k” 迈克尔·杰克逊（Michael Jackson）的专辑 *Thriller* 的销售额达到 7500 万美元 AT&A 贝尔研究所成功利用单一的光纤维同时发送 30 万件信息  80年代为西武百货店时代
1985		8 毫米尺寸的摄像机上市 游戏碟“超级玛丽兄弟”上市 “柔和七星”（Mild Seven Light）上市 博报堂生活综合研究所出版的《“分众”之诞生》、日本长期信用银行调查部小泽雅子著的《新“阶层”消费时代》等有关消费阶层化的书籍相继出版问世	人们开始关注臭氧层上的空洞 戈尔巴乔夫在艺术、媒体两大领域（特别是在文学领域）实施了他提倡的“信息公开”政策。使得当时禁止在苏联国内销售、只能在西方国家购买的许多作品得以出现在广大苏联读者面前（苏）

（续表）

年	主题	日本	海外　没有（）的部分为美国事业
1986	大众论、分众论盛行	《男女雇用机会均等法》施行 丰田汽车出售第二代“SOARER”汽车。约五年间，销售量达到 30 万辆以上 小学馆出版杂志 *DIME* 艾尼克斯（Enix）公司出售游戏碟“勇者斗恶龙” *Dragon Quest*	1 秒内能够演算 17.2 亿回的超级电脑“数值风洞模拟器”开始运行
1987	股价、土地价高涨 高级车 Date Car	（昭 62）松下电器出售的自动烤面包机大受欢迎 涩谷 Loft 开店 《日经 Trendy》创刊 上野千鹤子著《〈私〉探索游戏》出版  泡沫经济时代的面向年轻女子的基本商品为带有鸡冠的长发（图/《穿越》编集室1987年）	
1988		东京圆屋顶棒球场开业 日产“西玛”汽车上市，年销量达到 3.64 万台 日产第五代“Sylvia”汽车上市，历代“Sylvia”汽车中销售额最高	太阳能汽车展“Solar Mobile1989”开幕（联邦德国）

（续表）

年	主题	日本	海外　　没有（）的部分为美国事业
		杂志屋出版杂志《花子》（*Hanako*）	
		西武百货店发布广告语“我要我想要的东西”	
1989	花子（Hanako）族	任天堂开始出售便携式游戏机“Game Boy”，其股价为东证股市中的最高值	始建于 1961 年的柏林墙被推倒（民主德国）
1990	冷战结构崩溃	樱桃小丸子大受欢迎	
1991		朱莉安娜（迪斯科俱乐部）东京开业	英国的南极勘察队发表声明，南极上空三分之二以上的臭氧层被破坏（英） 戈尔巴乔夫辞任苏共中央总书记（苏） 法国的多型人类研究所制作出覆盖人类遗传因子 90%信息的全体地图（法）
1992		土地价格开始从最高峰滑落	
1993	新潮女孩	日本足球队“J 联盟”（J－League）成立 JR 东海开始进行“Let's go to 京都”宣传活动 东北地区最大规模的购物中心“ION 秋田 Shopping Center”于秋田市开业 泡泡袜（Loose socks）大流行。“新潮女孩”（KOGYARU）一词用来指代高中女生	

以“讨厌仅仅为了工作和结婚的生活”为主题创刊

（续表）

年	主题	日本	海外　　没有（）的部分为美国事业
1994	新潮女孩	掀起小室哲哉热	总人口达到 12 亿（中）
		旧衣店在高圆寺一代增多，深受欢迎	
1995		阪神·淡路大地震	Windows 95 上市
		耐克等运动品牌人气大涨	
		从这一年起，劳动年龄人口（15—64 岁）开始减少	
1996	自由市场（FREE MARKET）、旧衣服；环保车	日本第一家星巴克于银座开业	
1997		任天堂公司从 1996 年 2 月开始出售的“口袋妖怪”的销量在这一年达到 800 万本	
		丰田汽车出售“TOYOTA PURIUSU”汽车	
		索尼 VAIO 笔记本上市	
		“URA 原宿 Fashion”人气大涨	
		有关自然派房屋构造的杂志《TIN TIN 人》出版	
		山一证券破产	
		北海道拓殖银行破产	

ADO · MUSIUM东京所藏

（续表）

年	主题	日本	海外　没有（）的部分为美国事业
	自由市场（FREE MARKET）、旧衣服 环保车 手机 失去的十年	日本长期信用银行经营破产。翌年，原经营管理层 3 人因虚假决算被捕 东京市中心第一家优衣库店铺于原宿开业 携带型电子宠物“小蛋蛋”（TAMAGOCHI）深受欢迎 早安少女组登场 自由市场在井之头公园盛行 橘木俊诏著《日本经济之差距》出版 i-mode 开始 索尼 AIBO 上市 世界最早的环境杂志 *SOTOKOTO* 出版 据 Oricon 的调查，儿歌“团子三兄弟”专辑的销量达到 291 万张	i Mac 上市  以涩谷109店的“EGOIST”店员为特辑的期刊书《超凡魅力风格》（文化社1999年刊三浦藏）

（续表）

年	主题	日本	海外　没有（）的部分为美国事业
1999		大量的高中女生涌入位于涩谷 109 的“EGOIST”。很多女生模仿引领潮流的店员，以棕发、短裙、厚底鞋的时尚姿态走上街头	 厚度高达10厘米的厚底鞋大流行（摄影/大井夏代）
2000	上网咖啡厅（Cafe）	辰巳渚著的《“抛弃!”技术》出版 佐藤俊树著的《不平等社会日本》出版 本田发布了 ASIMO 机器人 网吧“PC Ban”在日本开业 掀起了网吧热	
2001	大变革（Renovation）	宫崎骏作品《千与千寻》上映，日本电影史上票房最高的电影 《东京大变革》（*Renovation*）出版，引起建筑整修热	iPod 上市
2002	乐活族	町田、大宫、柏等地方实行的本地特色郊外游“JMTY”深受关注 J-phone 因推行的照片 Mail 效果良好，其签约数上升为日本电话业第 2 位 游戏机 Play Staion2 的出货量突破了 4000 万台	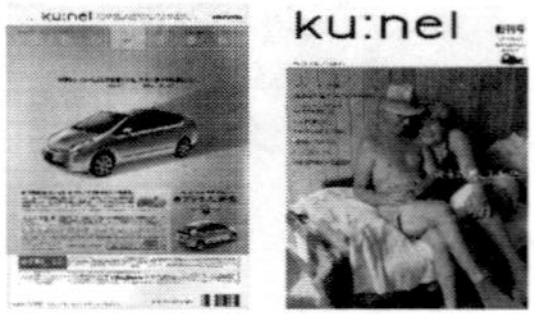 *ku:nel*创刊号的封底广告为丰田 PUTIUSU汽车

（续表）

年	主题	日本	海外　　没有（）的部分为美国事业
2003	乐活族 大变革（Renovation）	六本木 Hills 大厦开业 西武百货店与“SOGOU”公司合并为千禧零售集团（Millennium Retailing Group） 韩剧《冬季恋歌》大受欢迎 杂志屋出版 *ku：nel* 地球丸出版《天然生活》 东京 R 不动产开业 掀起“Ebi-Chan OL”（模特姥原友里）热	iTune 音乐商店（iTune Music store）开业
2004	阶层化、落差社会	中野独人著《电车男》单行本化	脸书上市 联想公司收购 IBM 公司的 PC 部门（中）
2005	阶层化、落差社会 购物中心『Mall』化	（平 17）Seven & I Holding 归属于千禧零售集团 COOL BIZ（清凉商务）开始 《下流社会》畅销 雷克萨斯在日本上市	iPod nano 上市
2006	阶层化、落差社会 购物中心『Mall』化	AKB48 登场 以音乐下载为购买形式的通信市场规模远远超越 CD 唱片	社交网络推特开始流行

人气系的经典著作*Can Cam*，杂志封面为姥原友里（2006年5月三浦藏）

（续表）

年	主题	日本	海外　没有（）的部分为美国事业
	快速时尚（Fast Fashion）；断舍离	任天堂、索尼分别开始出售“DS Lite”“Play Station3”	
2007		日本人口开始减少	iPhone 上市
2008		第一家瑞典的“H&M”于银座开业	次级贷款问题扩大、雷曼冲击
		购物中心 ION Lake Town 开业于埼玉县越谷市。商业设施总面积为 24.5223 万平方米（店铺数为 710），配备容纳 1.4 万辆的停车场，是日本规模最大的购物中心	TATA・NANO 公司开始出售“NANO”（印）
		Outlet Mall 开业高峰：三井 Outlet Park 入间店（4 月）、那须 Garden Outlet 购物中心（7 月）、三井 Outlet Park 仙台港店（9 月）、仙台泉 Premium Outlet 购物中心（10 月）	
2009	共享时代	丰田普锐斯汽车，5 月销售额第一	iPad 上市
2010		绵羊（HITUJI）不动产出版《东京共享生活》，“共享”房的人气度剧增	 「携帯+PHS」1人1台超す 《朝日新闻》2012年2月22日
2011		东日本大地震	
		三越、伊势丹合并	
		有乐町西武百货店变为“LUMINE”百货公司	
		韩国流行音乐“K-pop”大受欢迎	
2012		松下、索尼、夏普等大型企业均出现经营赤字	